Adi Winteler

Professionell lehren und lernen

Adi Winteler

Professionell lehren und lernen

Ein Praxisbuch

Unter Mitarbeit von Hans-Christoph Bartscherer, Claudia Geyer und Gerhard Lehrberger

Für Gabi, Dirk und Daniel

Die Deutsche Nationalbibliothek verzeichnet diese Publikation
in der Deutschen Nationalbibliografie;
detaillierte bibliografische Daten sind im Internet über
http://dnb.d-nb.de abrufbar.

3. Auflage 2008
(Nachdruck der 2., durchgesehenen Auflage 2005)

1. Auflage 2004
Die Herausgabe des Werkes wurde durch die Vereinsmitglieder der WBG ermöglicht.
Umschlaggestaltung und Layout: Lohse Design, Büttelborn
Umschlagabbildung: Seminar an der Uni Zürich, Foto: picture-alliance/dpa
Gedruckt auf säurefreiem und alterungsbeständigem Papier
Printed in Germany

Besuchen Sie uns im Internet: www.wbg-darmstadt.de

ISBN 978-3-534-17258-0

Inhaltsverzeichnis

Vorwort

Wenn jemand ein größeres Vorhaben plant, dann, so heißt es, sollte er oder sie so lange damit »schwanger gehen«, bis die Idee sich so weit entwickelt hat, dass sie quasi von selbst ans Licht der Öffentlichkeit drängt. So ist es mir mit der Idee ergangen, ein Buch über erfolgreiches Lehren und Lernen an der Hochschule zu schreiben. Die Idee hat sehr lange gebraucht, um endlich zum Buch zu werden. Sie als Leserin oder Leser entscheiden, ob das Sprichwort: »Was lange währt, wird endlich gut« auch auf dieses Buch zutrifft und sich das Warten gelohnt hat.

Vor Ihnen liegt das Resultat von mehr als 30 Jahren praktischer Beschäftigung und theoretischer Auseinandersetzung mit Fragen und Problemen des Lehrens und Lernens an Hochschulen.

Am Anfang standen empirische Studien zu den Determinanten der Wirksamkeit akademischer Lehrveranstaltungen und deren Bedeutung für die Entwicklung der Lernmotivation von Studierenden. Diese Studien gingen in eine Dissertation zum Thema ein. Fortgesetzt wurde die Beschäftigung mit solchen und ähnlichen Fragen während der zehnjährigen Leitung eines Hochschuldidaktischen Zentrums. Dabei ging es sowohl um die praktischen Anwendungen der Erkenntnisse, z.B. für die Evaluation von Hochschulunterricht, als auch um theoretische Entwicklungsarbeit, z.B. für ein konzeptuelles Schema zu den Ursachen von Studienabbrüchen. In den darauf folgenden zehn Jahren habe ich mich mehr der Forschung zugewandt und u.a. Fragen des Studieninteresses und seiner Entwicklung untersucht.

In der dritten Dekade ist die praktische Anwendung der gewonnenen Erkenntnisse wieder in den Vordergrund gerückt. Dazu gehört die Konzeption, Entwicklung und Durchführung eines zweijährigen Programms zur Verbesserung der Effizienz der Hochschullehre (ProLehre) für Habilitanden der TU München. Dieses Programm wird seit 1995 jährlich fortgeführt und erfreut sich eines großen Zulaufs und Erfolges. Hierzu zählen auch zahlreiche Seminare und Workshops zu verschiedenen Themen, so z.B. Praxis der Präsentation, Praxis der Moderation, Prüfungen, Vorbereitung einer Lehrveranstaltung. In dieser Zeit entstanden zwei populärwissenschaftliche Bücher zur Kommunikation und zur Selbstorganisation sowie Aufsätze in Zeitschriften und Lehrbüchern über Programme zur Verbesserung der Effizienz der Hochschullehre und über Lehrende an Hochschulen. Währenddessen hat auch die Tätigkeit als Berater und Coach für Präsentationen und Bewerbungsvorträge und -gespräche zugenommen. Ein neueres Angebot beschäftigt sich mit dem Thema »Lehrveranstaltungen auf dem Prüfstand«, in der das Curriculum eines Lehrstuhls oder Instituts zukunftsorientiert unter die Lupe genommen wird. Diese Veranstaltungen werden ebenfalls immer beliebter.

Die über diese Zeit gesammelten theoretischen Erkenntnisse und praktischen Erfahrungen sind jetzt im vorliegenden Gesamtentwurf integriert. Als Lehrende können Sie nach der Lektüre dieses Buches Ihre Wahl- und Handlungsmöglichkeiten in der Lehrtätigkeit nach Ihren individuellen Bedürfnissen erweitern und auf diese Weise professioneller unterrichten.

Zu Dank verpflichtet bin ich mehreren Personengruppen und Personen, die alle auf ihre besondere Weise zu meiner eigenen Weiterentwicklung beigetragen haben.

Erstens den Studierenden, mit denen ich in den Lehrveranstaltungen gemeinsam daran arbeiten durfte, die angestrebten Lehrziele zu erreichen. Von ihnen habe ich u. a. gelernt, was sie von Lehrenden erwarten, was sie an guten Lehrenden und an exzellentem Unterricht schätzen, wie sie lernen, welche Verständnisprobleme sie haben können und worauf diese Probleme zurückzuführen sind.

Zweitens den Lehrenden, die interessiert und engagiert an den Veranstaltungen zum Lehren und Lernen an der Hochschule teilgenommen haben. Von ihnen habe ich gelernt, welchen Problemen sie in der Lehre begegnen, welche Sichtweisen sie einnehmen, wenn es um Unterricht und um die Studierenden geht, und welche Wege es für sie gibt, ihre Lehr- und Lernkonzepte weiter zu entwickeln. Dies gilt auch für die »ProLehrer«, die Teilnehmer und Teilnehmerinnen am ProLehre-Programm. Von ihnen habe ich gelernt, dass Veränderungen ihre Zeit benötigen, um verhaltenswirksam und dauerhaft zu werden, und dass jeder sich auf seine oder ihre ganz besondere und einzigartige Weise entwickeln kann. Ihnen verdanke ich so manche kostbare Tage in Lerngemeinschaften, die weit über das reine Fachsimpeln hinausgingen – ganz abgesehen davon, dass ich von ihnen ein ungeheures Breitenwissen erworben habe: wie Fruchtjoghurt hergestellt wird, wie Atome manipuliert werden können, was in der Notfallmedizin zu beachten ist, wie man Bierproben durchführen kann, was Limnologie bedeutet, welche Probleme ein Basistunnel durch das Alpenmassiv bereitet, warum eine Paprika »schlappen« kann.

Drittens danke ich den Kollegen und Kolleginnen am Institut, die stets bereit waren, meine zuweilen stürmischen und auf die weitere Zukunft bezogenen Ideen kritisch und dennoch respektvoll und freundschaftlich zu kommentieren, und von deren Fachwissen ich profitieren durfte.

Viertens meinen Kollegen und Freunden im ProLehre-Team: Hans-Christoph Bartscherer, Pit Forster und Barbara Greese, mit denen ich das Glück hatte und noch habe, zusammen arbeiten zu dürfen. Mit ihnen verbindet mich eine überdauernde Freundschaft. Einiges von dem, was wir gemeinsam entwickelt und diskutiert haben, und einiges von unseren Unternehmungen im »forum momentum« (Pit Forster) und im »aviation forum« (Wolfgang Müller) hat auf die eine oder andere Weise Eingang in dieses Buch gefunden.

Last, but not least danke ich der Autorin und den beiden Autoren, die auf denjenigen Gebieten eigene Beiträge zu diesem Buch geleistet haben, auf denen ich über kein hinreichendes Fachwissen verfüge. Danke also an Hans-Christoph Bartscherer, Claudia Geyer und Gerhard Lehrberger. Ohne sie hätte dieses Buch nicht die vorliegende Form finden können. – Im Text wird zwischen männlicher und weiblicher Form gewechselt, um beide Geschlechter zu berücksichtigen.

Einleitung

Alles schläft,
nur einer spricht, das nennt man
Hochschulunterricht.

ANONYMES GRAFFITO

Die didaktische Ausbildung der Lehrenden an deutschsprachigen Hochschulen bleibt bislang weitgehend dem Zufall überlassen. In der Regel wird das Lehren über die Methode des »cognitive apprenticeship« gelernt, d.h. sie erfolgt nach dem Prinzip der »Meisterlehre«, durch die Beobachtung von Modellen und die anschließende Übertragung in die eigene Lehrpraxis. Von einer systematischen und professionell durchgeführten Aus- und Weiterbildung der Lehrenden zum Themenbereich Lehren und Lernen an der Hochschule kann bislang nicht die Rede sein (Winteler, 2001, 2002).

Überraschenderweise ist die Mehrzahl der Hochschuldozenten dennoch davon überzeugt, dass sie für die Lehrtätigkeit besonders qualifiziert sind. Sie schätzen ihre Lehrleistungen im Durchschnitt mit der Note »gut« ein, während die Studierenden bei der Bewertung ihrer Dozenten deutlich kritischer sind. So geben in der repräsentativen Studie der Hochschul-Informations-Systeme (HIS) zu den Ursachen des Studienabbruchs die 3000 befragten Studienabbrecher (27 % des Studienjahrgangs 2000/2001) der Qualität der Lehre in den Wirtschafts- und Sozialwissenschaften und in der Informatik besonders kritische Noten. Auch das Centrum für Hochschulentwicklung (CHE) hat mit einer aktuellen Studie den schlechten Zustand der Beziehung zwischen Hochschulen und Studierenden belegt. Danach haben immerhin mehr als ein Drittel (35 %) der *erfolgreichen* Absolventen eine ebenso kritische Distanz zu ihrer Hochschule wie Studienabbrecher und Studienwechsler. Als eine der Hauptursachen hierfür ermittelte das CHE in einer Befragung unter rund 6000 Studierenden eine *schlechte Bewertung der Qualität der Lehre* an den Hochschulen.

Es ist anzunehmen, dass die Selbstüberschätzung der Lehrenden im Hinblick auf die Qualität ihrer Lehre mit den unterschiedlichen Anspruchsniveaus und Bewertungsmaßstäben für die Qualität von Forschung und Lehre zusammenhängt. Die Kriterien, die für die Beurteilung der Forschungsqualität angelegt werden, finden bislang keine Entsprechung in der Beurteilung der Lehrqualität. Auch die Überzeugung, dass exzellente Dozenten als solche geboren werden, oder, wie es ein Teilnehmer in einem unserer Seminare zur Praxis der Präsentation ausgedrückt hat: »Entweder man hat's oder man hat's nicht«, ist unter Hochschuldozenten nicht selten anzutreffen. Dies kann u. U. für solche Merkmale wie Humor oder für sozialpersonale Fähigkeiten gelten. Dass Dozenten als Experten oder mit der Kompetenz geboren werden, Lehrveranstaltungen gut vorzubereiten, effiziente Unterrichtsstrategien zu verwenden, funktionierende Lerngruppen zu bilden, Unterrichtsmedien sinnvoll einzusetzen, überhaupt das Management des Unterrichts zu beherrschen, darf füglich bezweifelt werden.

Ein ähnliches und paradoxes Ergebnis zeigt sich, wenn man Lehrende nach den Zielen ihres Hochschulunterrichts befragt. Die meisten Dozenten äußern dann die Überzeugung, neben quantitativen auch qualitative Ziele zu verfolgen, so z. B. die Befähigung zu kritischem Denken, zu Analyse, Synthese, Beurteilung und zum selbständigen Problemlösen. Was sie dann jedoch in ihren Lehrveranstaltungen tatsächlich *tun*, besteht vor allem darin, umfangreiches Fachwissen an die – dieses Wissen in der Regel passiv aufnehmenden – Studierenden zu übermitteln und anschließend die Quantität des Wissens abzuprüfen.

Für eine qualitative Änderung des Lehrens und des studentischen Lernens ist die »Wiedervereinigung« von Überzeugung und Tun notwendig, die Passung von erklärten Zielen, die in Lehre und Studium angestrebt werden, und Mitteln, mit denen man diese Ziele zu erreichen sucht. Exzellente Lehrende erreichen eine besonders gute Passung. Sie sind »reflexive Praktiker«, die ihre Kompetenz in der Lehre durch ständiges Lernen in ihrer Lehr- und Lernumgebung erworben haben und kontinuierlich weiter erwerben. Sie durchlaufen dabei Lernzyklen, in denen sie eine bestimmte Methode erproben, die Effekte registrieren und dann entscheiden, ob, wann, wie und wo sie effizient eingesetzt werden kann. Was hervorragende Lehrende also auszeichnet, ist die bewusste Reflexion über ihr Tun in der Lehre. Sie wissen nicht nur, was sie tun, sondern auch, warum es erfolgreich ist und warum es in einer bestimmten Lehr- und Lernumgebung angemessen ist und in einer anderen nicht.

Hervorragende Lehrende verfügen darüber hinaus nicht nur über eine weit entwickelte Konzeption ihrer Disziplin, sondern sie sind auch emotional mit ihrem Fachgebiet verbunden, was sich in ihrem Enthusiasmus für das Fach zeigt, wenn sie Studierende unterrichten. Sie verfügen über ein weites Repertoire an Lehr- und Prüfungsmethoden, sind versiert in der Vorbereitung von Lehrveranstaltungen und beherrschen das Management im Unterricht. Darüber hinaus wissen sie, wie Studierende das lernen, was sie in ihrem Fach lehren, und sie entwickeln eine persönliche Beziehung zu ihren Studierenden. Sie betrachten ihr Engagement in der Lehre als etwas, das Sinn für sie macht und das einen hohen Stellenwert einnimmt, weil es ihr Selbstkonzept als autonome, effektive »scholars« festigt und zu persönlicher Befriedigung und Kompetenzerleben in sozialen Lernsituationen führt.

Wenngleich Sie ein Praxisbuch für Lehrende in Händen halten – und die praktischen Anteile überwiegen bei weitem – so ist es doch gleichermaßen notwendig, auf die theoretischen Grundlagen des Lehrens und Lehrens an der Hochschule zumindest soweit einzugehen, dass Sie als Lehrende in der Lage sind, auf *veränderte* Bedingungen der Lehr- und Lernsituationen angemessen, flexibel und damit professionell reagieren zu können.

Lehren ist eine komplexe Tätigkeit, die inhaltliches Wissen, das Verständnis des menschlichen Verhaltens, das Bewusstsein, wie Studierende lernen, den Einsatz angemessener Lehrstrategien und die Fähigkeit erfordert, dies alles durch effektive Planung zu einem stimmigen Ganzen zusammenzufügen. Wenn Sie Lehren lediglich als ein »Set« von Kompetenzen betrachten, die man erwerben und in die Praxis umsetzen kann, ohne zu verstehen, *warum* diese Methoden und Techniken zu effektivem Lernen und Lehren führen, dann fehlt Ihnen die notwendige Flexibilität im Fall von veränderten Lehr- und Lernbedingungen. Erst das Verständnis der zugrunde liegenden Unterrichtstheorie ermöglicht es Ihnen als Lehrenden, sich auf Unterschiede zwischen Studierendengruppen einzustellen und adäquat auf veränderte Bedingungen und Lehr- und Lernkontexte zu reagieren. Die entsprechenden Forschungsergebnisse zum Lehren und Lernen an der Hochschule werden dabei für Sie als interessierte Leser so vermittelt, dass sie sowohl verständlich als auch praktisch nutzbar sind.

Noch ein Hinweis zum Aufbau des Buches: Sie können an jeder Stelle »einsteigen«, denn die einzelnen Abschnitte und Kapitel sind als Module aufgebaut, die sie unabhängig voneinander lesen können. Falls notwendig, sind Querverweise zu anderen Kapiteln angegeben, in denen die jeweils angesprochenen Themen vertieft behandelt werden. Wenn ich Ihnen jedoch eine Empfehlung geben darf, dann ist es die, zu Beginn die beiden ersten Kapitel zu studieren. Damit verfügen Sie über eine solide Grundlage, auf der Sie Ihre ganz persönliche Art der Professionalisierung in der Lehre weiter entwickeln können. Anschließend haben Sie die Wahl unter den folgenden Kapiteln:

Die Planung einer Lehrveranstaltung: Orientierung am Lernenden

In diesem Kapitel geht es darum, eine Lehrveranstaltung so zu planen, dass sie dem Prinzip der »Lernerorientierung« folgt (und nicht allein am Stoff und am Dozenten orientiert ist). Gemäß diesem Prinzip tragen die Studierenden die Verantwortung für ihr Lernen, denn die Planungsentscheidungen werden auf der Grundlage von Aktivitäten gefällt, die der Student durchführen muss.

Die Bilder an der Wand – Folien und Dias in Vorlesung und Vortrag

Dem Einsatz der Medien werden eigene Kapitel gewidmet, da wir bei unseren Lehrberatungen immer wieder erlebt haben, dass die Möglichkeiten, welche die alten und neuen Medien bieten, entweder nicht optimal oder gar in lernschädlicher Weise genutzt werden. Im ersten Kapitel beschäftigt sich daher Hans-Christoph Bartscherer mit dem Einsatz von Folien und Dias, so dass nach der Lektüre Ihre Folien professionellen Ansprüchen genügen dürften.

Hochschullehre mit digitaler Projektion

Die Möglichkeiten der digitalen Projektion (Stichwort: Powerpoint) können der Hochschullehre zum Segen oder zum Fluch gereichen. Damit Ihre Präsentationen professionell gestaltet und lernerfreundlich aufbereitet sind, hat Gerhard Lehrberger in seinem Beitrag die wesentlichen Gesichtspunkte so praxisnah zusammengestellt, dass nicht nur Sie, sondern auch Ihre Zuseher und Zuhörer sich auf Ihre nächste Präsentation freuen können.

E-Learning an der Hochschule

In die Möglichkeiten des E-Learnings werden große Hoffnungen gesetzt. Ob diese berechtigt sind und was E-Learning realistischerweise zu guter Hochschullehre beitragen kann, wird von Claudia Geyer näher untersucht. Sie geht auf die Vorteile und Probleme von E-Learning ein, beschreibt bewährte Prinzipien der Gestaltung virtueller Lehrveranstaltungen und gibt Ihnen »Best-practise“-Beispiele von E-Learning an der Hochschule, die Ihnen als Anregungen für eigene Entwicklungen dienen können.

Die Durchführung einer Lehrveranstaltung: Das Lernen ermöglichen

In diesem Kapitel begleite ich Sie durch die kritischen Stationen, die für den Erfolg einer Lehrveranstaltung eine wesentliche Rolle spielen: Die aufregende Situation vor der ersten Stunde, die nicht minder aufregende Situation in der ersten Stunde, die ersten Wochen, der weitere Verlauf während des Semesters und der Abschluss des Semesters mit der Evaluation der Veranstaltung. Besonderes Augenmerk richten wir auf das Kapitel Prüfungen und auf die Lösung von Problemfällen, die während der Veranstaltung auftreten können.

Ein Kapitel für sich: Prüfungen

Prüfungen abzunehmen, gehört zu den zentralen Aufgaben von Lehrenden, in denen Sie über Einzelschicksale entscheiden. Wenn man es genau nimmt, dann sollten Prüfungen wie Testverfahren gestaltet, also objektiv, zuverlässig (reliabel) und gültig (valide) sein. In diesem Kapitel finden Sie Hinweise darüber, wie Sie Ihre Prüfungen so gestalten können, dass Sie sowohl den Anliegen der Prüflinge gerecht werden, als auch den Kriterien für Testverfahren soweit wie möglich genügen.

Zu guter Letzt: Wie war ich? Evaluation

Über Evaluation ist viel geredet und geschrieben worden. Dennoch bleibt sie zumeist folgenlos. Wie Sie die Evaluation Ihrer Lehrveranstaltungen gewinnbringend für die Verbesserung Ihrer eigenen Lehre und des Lernens der Studierenden gestalten können, ist Gegenstand dieses Kapitels. Es enthält auch (Negativ-)Hinweise, wie Sie erreichen können, dass die Studierenden nie wieder zu Ihnen kommen.

Das Metaprinzip: Aktives Lernen

Viele Studierende vergessen rasch das meiste von dem, was sie gelernt haben, sie merken nicht, dass sie wesentliche Konzepte missverstehen, und sie sind häufig unfähig, das, was sie gelernt haben, auf reale Situationen und Probleme anzuwenden (träges Wissen). Dieser »Pathologie des Lernens« wenden wir uns zunächst zu, um dann auf erfolgreiche Therapiemöglichkeiten einzugehen, in diesem Fall auf das Prinzip des aktiven Lernens und des prozessorientierten Lehrens.

Lehrstrategien, die das aktive Lernen fördern

Eine wesentliche Erkenntnis der modernen Lernpsychologie besagt, dass die Aktivitäten der Lernenden wesentlich wichtiger dafür sind, was und wie gelernt wird, als die Aktivitäten der Lehrenden. Lehrmethoden, die das aktive Lernen fördern, können generell auf einer Dimension angeordnet werden, die von starker Dozentenzentrierung bis zu sehr geringer Dozentenzentrierung (d.h. hoher Studentenorientierung) reicht. Im Kapitel gehen wir auf drei Positionen innerhalb dieser Dimension ein: dozentenzentrierter, interaktiver und studentenzentrierter Unterricht. Wir beginnen mit einer klassischen Veranstaltungsform, der Vorlesung, gehen dann über zu Diskussionsveranstaltungen, wie Übungen und Seminaren, und schließen mit dem kooperativen Lernen, dem Teamlernen und dem problemorientierten Lernen ab.

Wie Sie die Qualität des Lernens steigern können

In diesem Kapitel wird die Frage beantwortet, welche Strategien Sie zu welchem Zeitpunkt im Studienverlauf einsetzen können, um die Qualität des Lernens zu steigern. Das Verständnis der intellektuellen Entwicklung der Studierenden im Verlauf des Studiums ermöglicht Ihnen einerseits eine adäquate Einschätzung, welche intellektuellen Leistungen Sie wann von den Studierenden erwarten können, und andererseits, was die Studierenden wann von Ihnen als Lehrende erwarten.

Sieben Grundsätze guter Praxis in der Hochschullehre

Hier geht es darum, Ihnen als Lehrenden detaillierte Rückmeldungen darüber zu geben, inwieweit sie in ihrer Lehre die Grundsätze guter Praxis in der Hochschullehre verwirklicht haben. Diese Grundsätze beziehen sich auf den Kontakt zwischen Studierenden und Dozenten, die Kooperation zwischen den Studierenden, aktives Lernen, prompte Rückmeldung, studienbezogene Tätigkeiten, hohe Ansprüche an die Lernenden sowie auf unterschiedliche Fähigkeiten und Lernwege.

Die Zukunft des Lehrens und Lernens

Im letzten Kapitel werfen wir einen Blick auf die veränderten Rollen der Lehrenden und Lernenden, die sich ergeben, wenn professionell unterrichtet wird, und stellen einige Überlegungen darüber an, wie die Professionalisierung in der Hochschullehre weiterentwickelt werden kann.

Ich wünsche Ihnen viel Freude beim Studium der ausgewählten Kapitel dieses Buches und bei der Reflexion darüber, wie Sie dies alles auf effiziente und elegante Weise in Ihre eigene Lehrtätigkeit integrieren können. Ich selbst freue mich schon jetzt auf die kritischen, kreativen und konstruktiven Rückmeldungen, die Sie mir hoffentlich nach der Lektüre zukommen lassen.

1 Ansichten über Lehren und Lernen

In diesem ersten Kapitel beschäftigen wir uns mit den Ansichten von Lehrenden (und Lernenden) darüber, was Lehren und Lernen für sie bedeutet bzw. mit ihren Konzeptionen des Lehrens. Dies ist deshalb wesentlich, weil die Qualität der Lehre nicht nur von didaktischen Fertigkeiten, sondern auch – und dies in entscheidendem Maße – von Ihren Lehrkonzeptionen abhängt, von allgemeinen pädagogischen Zielvorstellungen, die dem Lehrhandeln zugrunde liegen, von den Einschätzungen der Studierenden und von Ihren Überzeugungen in Bezug auf Ihre eigene Rolle als Lehrende. Dozenten verfügen über unterschiedliche Konzeptionen des Lehrens (und dementsprechende Konzeptionen des Lernens), die sich auf die Qualität ihrer Lehre auswirken, ebenso wie Studierende unterschiedliche Konzeptionen des Lernens (und dementsprechende Konzeptionen des Lehrens) in ihren Köpfen haben, die sich auf die Qualität ihres Lernens auswirken.

Wenn Sie zunächst Informationen über Ihre eigene gegenwärtige Konzeption des Lehrens gewinnen wollen, dann können Sie den nachfolgenden Fragebogen beantworten und anschließend gleich selbst auswerten. Wenn Sie sich jedoch sicher sind, Ihre persönliche implizite Theorie des Lehrens und Lernens bereits zur Genüge zu kennen, dann können Sie natürlich auch im Text weiter unten fortfahren.

- Ihre Antworten auf die einzelnen Aussagen *(trifft vollständig … trifft überhaupt nicht zu)* können je nach Art der Lehrveranstaltung durchaus unterschiedlich ausfallen.
- Beantworten Sie bitte jede Aussage für eine typische Lehrveranstaltung, die Sie abhalten. Falls Sie noch keine abgehalten haben, tun Sie einfach so als ob. Ihre Antworten beziehen sich ausschließlich auf *diese* Veranstaltung.
- Halten Sie sich nicht lange bei einer Aussage auf: Ihre erste Reaktion ist wahrscheinlich die beste. Es gibt keine richtigen oder falschen, sondern lediglich auf Sie persönlich mehr oder weniger zutreffende Antworten.

Der Wertebereich pro Skala kann zwischen 4 und 20 Punkten liegen.

Bitte beachten! Je geringer der Wert, umso höher die Ausprägung auf der betreffenden Skala.

Die ersten beiden Subskalen beschreiben eine studentenzentrierte Orientierung. Vier Aussagen beziehen sich auf die Intention und vier auf die zugehörige Strategie. Die letzten beiden Subskalen beschreiben eine dozentenzentrierte Orientierung, mit wiederum vier Aussagen für die Intention und vier für die zugehörige Strategie.

Fragebogen zu Lehrmethoden im Hochschulunterricht

Titel der Lehrveranstaltung: ______________________

Thema: ______________________

	trifft vollständig ...	... weitgehend ...	... teils / teils nicht ...	... weitgehend nicht ...	... überhaupt nicht zu
1. Bei der Gestaltung meines Unterrichts in diesem Fach gehe ich davon aus, dass die meisten Studierenden sehr wenig fachbezogene Vorkenntnisse haben.	1	2	3	4	5
2. Ich denke, es ist wichtig, dass die Inhalte in diesem Fach vollständig in Form von Lernzielen beschrieben werden, die in den Prüfungsaufgaben abgefragt werden.	1	2	3	4	5
3. In meiner Lehrveranstaltung zu diesem Fach versuche ich, ein Gespräch mit den Studierenden über die fachlichen Inhalte in Gang zu bringen.	1	2	3	4	5
4. Ich denke, es ist wichtig, im Unterricht den gesamten Stoff abzudecken, damit die Studierenden wissen, was sie für dieses Fach zu lernen haben.	1	2	3	4	5
5. Ich denke, die Prüfung in diesem Fach sollte den Studierenden Gelegenheit dazu bieten, ihr verändertes konzeptionelles Verständnis dieses Fachs zu zeigen.	1	2	3	4	5
6. Im Unterricht gebe ich den Studierenden Zeit, damit sie miteinander über die Schwierigkeiten diskutieren können, auf die sie beim Studium dieses Fachs stoßen.	1	2	3	4	5
7. In diesem Fach konzentriere ich mich auf diejenigen Inhalte, die auch in einem guten Fachbuch dazu zu finden sind.	1	2	3	4	5
8. Ich ermuntere die Studierenden dazu, ihr bestehendes Wissen neu zu strukturieren und eine neue Art und Weise des Denkens über das Fach zu entwickeln.	1	2	3	4	5
9. In meinen Ausführungen zu diesem Fach verwende ich schwierige oder nicht definierte Beispiele, um eine Diskussion anzuregen.	1	2	3	4	5
10. Ich untergliedere die Inhalte in diesem Fach so, dass den Studierenden dabei geholfen wird, die formalen Prüfungsanforderungen zu bestehen.	1	2	3	4	5

11. Ich denke, ein wesentlicher Grund für Vorlesungen in diesem Fach ist, dass die Studierenden eine gute Mitschrift erstellen können.	1	2	3	4	5
12. Wenn ich dieses Fach unterrichte, dann versorge ich die Studierenden nur mit den Informationen, die sie benötigen, um die formalen Prüfungen zu bestehen.	1	2	3	4	5
13. Ich denke, ich sollte in der Lage sein, jede Frage zu beantworten, welche die Studierenden mir zu diesem Fach stellen könnten.	1	2	3	4	5
14. Während des Unterrichts wird den Studierenden Gelegenheit gegeben, ihr verändertes Verständnis dieses Fachs zu diskutieren.	1	2	3	4	5
15. Ich denke, dass es besser ist, wenn die Studierenden in diesem Fach ihre eigene Mitschrift anfertigen, als wenn sie ein fertiges Manuskript von mir erhalten.	1	2	3	4	5
16. Ich denke, dass in diesem Fach viel Unterrichtszeit darauf verwendet werden sollte, die vorhandenen studentischen Vorstellungen davon in Frage zu stellen.	1	2	3	4	5

Zusammengestellt nach den »Approaches To Teaching Inventory (ATI)« in Trigwell, K.M. Prosser (1996). Permission to reproduce is granted by the authors. Für deutsche Verhältnisse adaptiert

Auswertung

Zählen Sie Ihre jeweiligen Punkte zu folgenden Fragen zusammen:

Nr.	Bezeichnung	Subskala	Punkte
5, 8, 15, 16	konzeptuelle Veränderung/ studentenzentrierte Orientierung; *Intention*	KV/ SOI	
3, 6, 9, 14	konzeptuelle Veränderung/ studentenzentrierte Orientierung; *Strategie*	KV/ SOS	
2, 4, 11, 13	Informationsvermittlung/ dozentenzentrierte Orientierung; *Intention*	IV/ DOI	
1, 7, 10, 12	Informationsvermittlung/ dozentenzentrierte Orientierung; *Strategie*	IV/ DOS	

Wenn Sie den Fragebogen ausgewertet haben, dann können Sie für sich feststellen, welche Konzeption des Lehrens Sie zur Zeit favorisieren. Damit haben Sie Informationen über Ihre generelle Lehrorientierung und Ihre daraus resultierende Lehrstrategie. Die Orientierung kann eher studenten- oder eher dozentenzentriert sein, die entsprechenden Strategien können eher auf die Förderung des studentischen Lernens oder auf die strukturierte Wissensvermittlung ausgerichtet sein. Betrachten Sie dieses Ergebnis zunächst als eine erste Rückmeldung darüber, welche Konzeption des Lehrens Sie in der *gewählten Lehrveranstaltung* vertreten. Es ist durchaus möglich, dass Sie in anderen Kontexten und in anderen Lehrveranstaltungen eine andere Konzeption des Lehrens vertreten. Vielleicht ist es auch ganz interessant für Sie, den Fragebogen nach dem Studium des Buches nochmals zu beantworten. Denn es kann gut sein, dass Ihr gegenwärtiges Lehrkonzept sich bis dahin verändert hat.

Welche unterschiedlichen Ansichten Lehrende über das Konzept Lehren vertreten können, wie Lehrende lernen und wie die Lehrumgebung ihre Lehre beeinflusst, ist Gegenstand des nächsten Abschnitts.

1.1 Was ist Lehren?

Wenn man Lehrende danach befragt, was Sie unter Lehren verstehen, fragt man sie nach ihrer Konzeption des Lehrens. Konzeptionen beziehen sich auf die Art und Weise, wie Personen über bestimmte Phänomene denken und welche Bedeutung sie ihnen zuschreiben. Sie sind relational, d. h. sie beschreiben die Beziehung zwischen Individuen und einer bestimmten Aufgabe oder einem bestimmten Kontext. Wir sehen die Welt durch die Brille unserer Konzeptionen und handeln in Übereinstimmung mit unserem Verständnis der Welt. Konzeptionen können eine eher einschränkende oder eine eher befreiende Bedingung für das Denken darstellen.

Die bisherigen Studien zu den Konzeptionen des Lehrens legen nahe, dass es verschiedene unterscheidbare Lehrkonzeptionen gibt, dass die verschiedenen Konzeptionen qualitative Unterschiede aufweisen und dass sie zusammen ein Kontinuum von Stufen und Phasen einer Entwicklung bilden. Darüber hinaus scheint es zwei generelle Lehrorientierungen zu geben: dozentenzentrierte Informationsvermittlung sowie studentenzentrierte Erleichterung des Lernens. Damit Dozenten von der einen zur anderen Orientierung wechseln können, ist eine Übergangsphase notwendig (Abb. 1).

Die einfachste Konzeption ist, Lehre als reine Übermittlung von Wissen zu betrachten. Der Student, wenn er überhaupt erwähnt wird, ist ein passiver Empfänger des Stoffinhalts, der vom Curriculum definiert ist. Wissen ist etwas, das der Dozent besitzt. Die elaboriertere Konzeption unterscheidet sich von der ersten dadurch, dass die Information bzw. das Unterrichtsmaterial gut strukturiert dargeboten wird, so dass der Student es leichter aufnehmen kann. In der Konzeption, die der Übergangsphase zur studentenzentrierten Erleichterung des Lernens entspricht, rückt der Studierende in das Blickfeld des Dozenten und wird zur aktiven Figur vor dem Hintergrund der Strategien anstatt umgekehrt. Jetzt spielt die Interaktion zwischen Dozent und Student eine wichtige Rolle. Der Dozent ist nicht nur Präsentator, sondern auch Tutor. Lehren wird zum interaktiven Prozess. Der Inhalt wird jedoch immer noch allein vom Dozenten definiert, und der Student entdeckt das Wissen innerhalb des vom Dozenten festgelegten Rahmens. Die beiden letzten Konzeptionen sind studentenzentriert und am Prozess des Lernens orientiert. In der vierten Konzeption wird das Verständnis erleichtert. Der Dozent sieht sich als »facilitator«, der dafür verantwortlich ist, seine Lehre so zu gestalten, dass studentisches Lernen ermöglicht wird. Der Student konstruiert sein Wissen – innerhalb des vom Dozenten gesetzten Rahmens – selbst. Auf der letzten Stufe schließlich ist der Dozent verantwortlich für die Entwicklung und Veränderung der Konzeptionen des Studierenden. Der Inhalt wird vom Studierenden konstruiert, und seine Konzeptionen können Veränderungen unterliegen. Der Dozent sieht sich als »change agent« und ist in seiner Lehre für die Entwicklung des Studierenden als Person und für die Entwicklung und Veränderung seiner Konzeptionen verantwortlich. Dabei können auch die Konzeptionen des Dozenten Veränderungen erfahren. Manche Dozenten können auch gemischte Konzeptionen oder mehr als eine Lehrkonzeption vertreten.

Wie entwickelt sich die Lehrkompetenz im Verlauf der individuellen Berufskarriere? Es wäre ideal, wenn sich die Lehr- und die Lernkompetenz von Dozenten und Studierenden im Verlauf der Berufserfahrung bzw. des Studiums

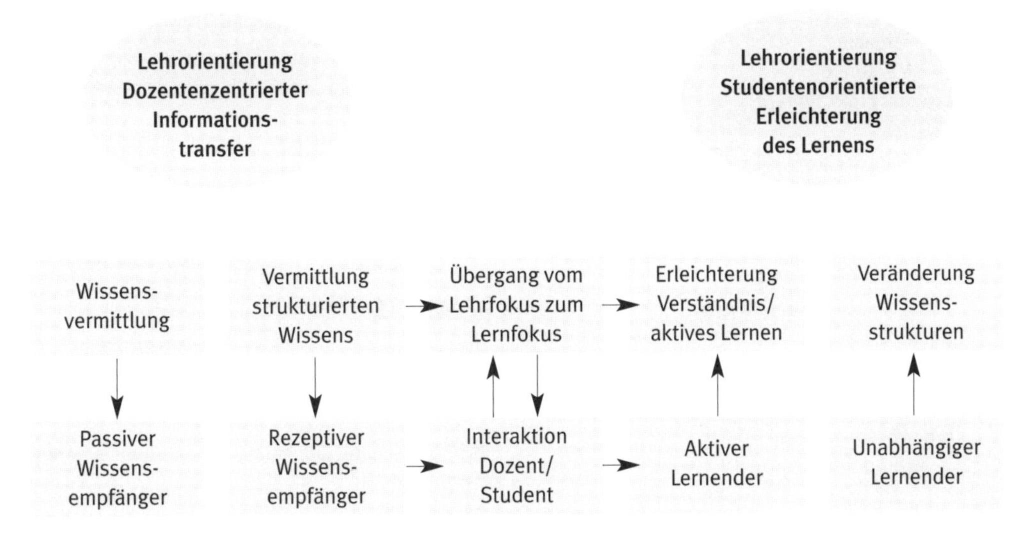

Abb. 1: Lehrorientierungen und Konzeptionen des Lehrens (Modelle konzeptioneller Veränderung), erw. nach Kember (1997).

von einfachen zu komplexen und fortschrittlichen Konzeptionen des Lehrens und des Lernens entwickeln würden. Bedauerlicherweise ist das weder für alle Lehrenden noch für alle Lernenden der Fall. Die meisten Lehrenden und die meisten Lernenden bleiben in ihrer Entwicklung auf halber Strecke stehen und bewältigen damit den Wechsel von der quantitativen Auffassung des Lehrens und Lernens zur qualitativen Sichtweise nicht.

Generell scheint die Entwicklung der Lehrkompetenz ebenfalls in verschiedenen Phasen oder Entwicklungsstadien vor sich zu gehen, in denen sich der Aufmerksamkeitsschwerpunkt des Dozenten, ausgehend vom Selbst, über die Fertigkeiten (Methoden) zum Studierenden und dessen Lernergebnissen hin verschiebt. Hier können ebenfalls insgesamt fünf Stadien unterschieden werden.

In den ersten drei Stadien, insgesamt der ersten Phase, verläuft die Entwicklung vom Fokus auf das Selbst (»Wie kann ich in der Lehre überleben?«, »Werde ich von den Studierenden akzeptiert?«) über den Fokus auf den Inhalt bzw. das Fach (»Beherrsche ich den Stoff?« »Habe ich auch wirklich alles berücksichtigt?«) zum Fokus auf den Studierenden. Gleichzeitig vollzieht sich im dritten Stadium ein Wechsel vom Fokus auf die Lehre zum Fokus auf das Lernen. In der zweiten Phase besinnen sich die Dozenten auf den Zweck ihrer Lehre: studentisches Lernen zu ermöglichen. Nunmehr steht der lernende Student im Mittelpunkt ihrer Aufmerksamkeit. Während also im dritten Stadium der Student noch als ein rezeptiver Lernender angesehen wurde (»Wie soll ich lehren?«, »Wie erreiche ich, dass die Studierenden den Stoff in ihre Köpfe bekommen?«), gilt er im vierten bereits als Lernender, der sein individuelles Wissen aktiv konstruiert (»Wie kann ich erreichen, dass sie es lernen?«) und im fünften Stadium schließlich als unabhängiger und selbständiger Lernender (»Wie kann ich die Studierenden dazu bringen, konzeptionell zu lernen?«, »Wie kann ich die Studierenden dabei unterstützen, unabhängig zu denken und zu lernen?«).

Die Entwicklung der Lehrkompetenz weist damit die gleichen Stadien auf, wie sie in den Studien zur Veränderung der Lehrkompetenz (Querschnitt) festgestellt wurden.

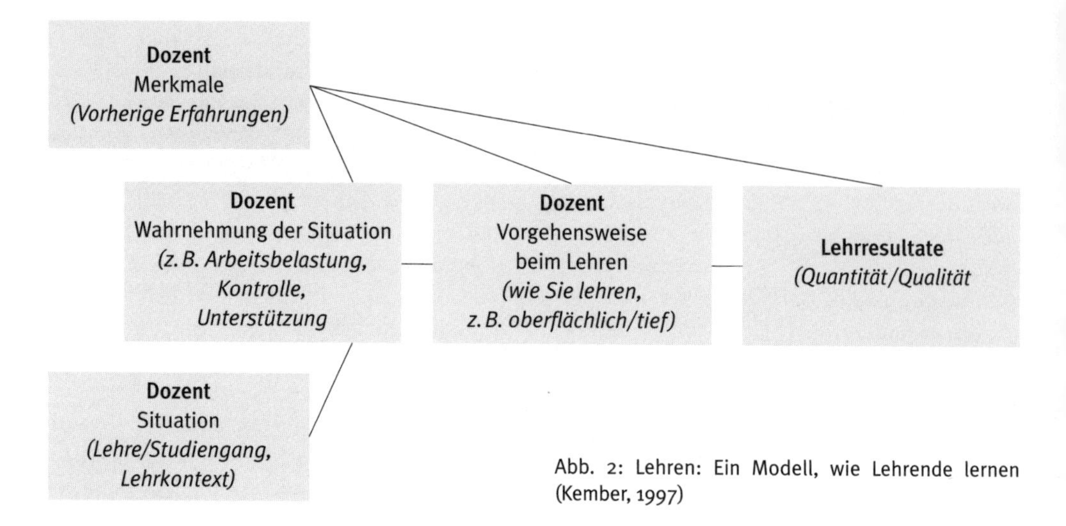

Abb. 2: Lehren: Ein Modell, wie Lehrende lernen (Kember, 1997)

Ein Modell, wie Lehrende lernen

Wenn Sie als »Neuer« bzw. als Lehranfängerin an eine Hochschule kommen, dann sind Sie kein unbeschriebenes Blatt mehr, sondern Sie haben bereits reichhaltige Erfahrungen zum Thema Lehren und Lernen an der Hochschule gesammelt – als Student oder Studentin im Hochschulunterricht und in Ihrem Studium. Da das Beobachtungslernen eine sehr effektive Form des Lernens ist, beginnen viele Lehranfänger nach dem Modell zu lehren, das sie selbst als Lernende erlebt und im günstigen Fall für gut befunden haben (Abb. 2).

Wenn Sie bereits über Erfahrungen in der Lehre verfügen, als Mitarbeiterin, Assistent, Dozent oder Hochschullehrerin, dann lehren Sie in der Regel so, wie dies im Kontext Ihres Studiengangs, Ihres Instituts, Ihres Lehrstuhls, also Ihrer Lehrumgebung üblich ist.

Beides zusammen: Ihre eigenen Erfahrungen und der Lehrkontext bestimmen zu einem großen Teil, wie Sie Ihre Situation als Lehrende wahrnehmen: ob Sie z. B. Unterstützung in der Lehre durch Kollegen erhalten, ob Sie sich in Ihrer Lehre kontrolliert fühlen, Ihre Belastung durch Lehraufgaben usw. Je nachdem, wie Sie Ihre Situation wahrnehmen, wird sich auch Ihre Vorgehensweise in der Lehre unterscheiden. Im ungünstigen Fall versuchen Sie, die Lehre mit möglichst geringem Aufwand zu »erledigen« und hinter sich zu bringen und warten sehnsüchtig darauf, dass endlich die vorlesungsfreie Zeit anbricht. Im besten Fall betrachten Sie Ihre Lehrtätigkeit als etwas, das Ihnen Freude und Befriedigung bereitet und studentisches Lernen ermöglicht und fördert. Entsprechend sieht das Resultat Ihrer Lehre im Hinblick auf Quantität und Qualität des Lernprozesses aus. Im einfachsten Fall vermitteln Sie quantitativ portioniertes Wissen an studentische Zuhörer, die dieses Wissen passiv aufnehmen, im komplexen Fall begleiten Sie aktiv lernende und ihr Wissen selbständig konstruierende Studierende auf ihrem Weg zu persönlicher Weiterentwicklung und Veränderung.

Der Einfluss der Lehrumgebung

Es ist anzunehmen, dass die Lehrumgebung, wie sie von Ihnen wahrgenommen wird, ebenfalls ihre Wirkung auf Ihre Lehrorientierungen, Lehrkonzeptionen und Lehrstrategien hat. Dies wird in Studien zum Einfluss einer Reihe von persönlichen und von kontextabhängigen Variablen auf die Lehrkonzeptionen und das Lehrverhalten von Dozentinnen im Vergleich zu ihren männlichen Kollegen nahegelegt.

So sind Dozenten in den »harten« Fächern (Biologie und Mathematik) im Vergleich zu ihren Kollegen in den »weichen« Fächern (Englisch und Psychologie) mehr inhaltsorientiert, weniger studentenzentriert und zeigen ein dementsprechendes Lehrverhalten. Sie investieren weniger Zeit in ihre Lehre, geben jedoch den Studierenden ein prompteres Feedback über deren Leistungen. Wenn die Teilnehmerzahl in den Veranstaltungen ansteigt, nimmt die Inhaltsorientierung der Dozenten zu; außerdem wird das Engagement der Dozenten mit dem Fortschritt der Studierenden im Studium größer. Der Kontext, die Lehrumgebung, verändert demnach die Lehrperspektive der Dozenten. Neben dem Fach hat auch das Geschlecht einen Einfluss auf die Lehrkonzeptionen der Dozenten. Dozentinnen zeichnen sich im Vergleich zu ihren männlichen Kollegen dadurch aus, dass sie eher prozessorientierte und motivational orientierte Lehrkonzeptionen vertreten und mehr Zeit in ihre Lehre investieren. Frauen schaffen eher Lernumgebungen, die studentenzentriert, lernerleichternd und emotional mitgetragen sind.

Welche unterschiedlichen Konzeptionen des Lernens Lernende haben können, wie Lernende lernen und wie die Lernumgebung ihr Lernen beeinflusst, ist Gegenstand des folgenden Abschnitts.

1.2 Was ist Lernen?

Wenn man Studierende danach befragt, was sie unter Lernen verstehen, dann ergeben ihre Antworten, wie bei den Dozenten, regelmäßig eine begrenzte Anzahl unterschiedlicher Auffassungen hierüber. Die verschiedenen Konzeptionen des Lernens weisen qualitative Unterschiede auf und bilden ebenfalls ein Kontinuum – hier von insgesamt sechs Stufen und Phasen der Entwicklung.

Lernen wird verstanden als:

1. Wissen vermehren
2. Auswendiglernen und Reproduzieren
3. Anwenden
4. Verstehen
5. etwas auf eine andere Weise sehen
6. sich als Person verändern

In allen sechs Konzeptionen wird Lernen verstanden als durch Erfahrung fähig(er) zu werden, etwas zu tun, zu wissen, zu denken. Die zeitliche Abfolge einer Phase des Erwerbs und einer der Anwendung ist ein weiteres wesentliches Merkmal aller Lernkonzeptionen. Darüber hinaus unterscheiden sich die Konzeptionen qualitativ.

In den ersten drei Konzeptionen wird Wissen als etwas gesehen, was außerhalb der Person gegeben ist und vom Studierenden aufgenommen und anschließend abgelegt wird, um später reproduziert werden zu können. Dagegen spielen in den drei letzten Lernkonzeptionen der Sinn und die Bedeutung des Wissens eine zentrale Rolle. Hier ist der Lernende jemand, der aktiv beeinflusst, wie sein individuelles Wissen schließlich gestaltet ist.

Die individuellen Konzeptionen des Lernens beeinflussen wesentlich die Art und Weise, wie sich Studierende mit bestimmten Aufgaben im Studium beschäftigen. Die unterschiedlichen Herangehensweisen werden Oberflächenlernen (surface approach), Tiefenlernen (deep approach) und Leistungsorientierung (achievement approach) genannt. Oberflächenlernen bezeichnet die Tendenz zum Auswendiglernen und Reproduzieren des Stoffes, was für die ersten drei Konzeptionen des Lernens charakteristisch ist. Beim Tiefenlernen versucht der Student, dem Stoff oder der Aufgabe Sinn und Bedeutung abzugewinnen, häufig, weil ein Interesse am Gegenstand des Studiums vorliegt. Für die Verbesserung der Qualität des studentischen Lernens ist das Tiefenlernen (Lernkonzeptionen 4 – 6) Voraussetzung.

Das Tiefen- bzw. Bedeutungslernen ist die einzige Orientierung, die auf die Auseinandersetzung mit der Aufgabe gerichtet und damit der Aufgabe angemessen ist. Die anderen beiden Orientierungen sind, was die Aufgabe betrifft, »pathologisch«. Dem Oberflächenlernen liegt das Motiv zugrunde, die investierten Anstrengungen zu minimieren und gleichzeitig

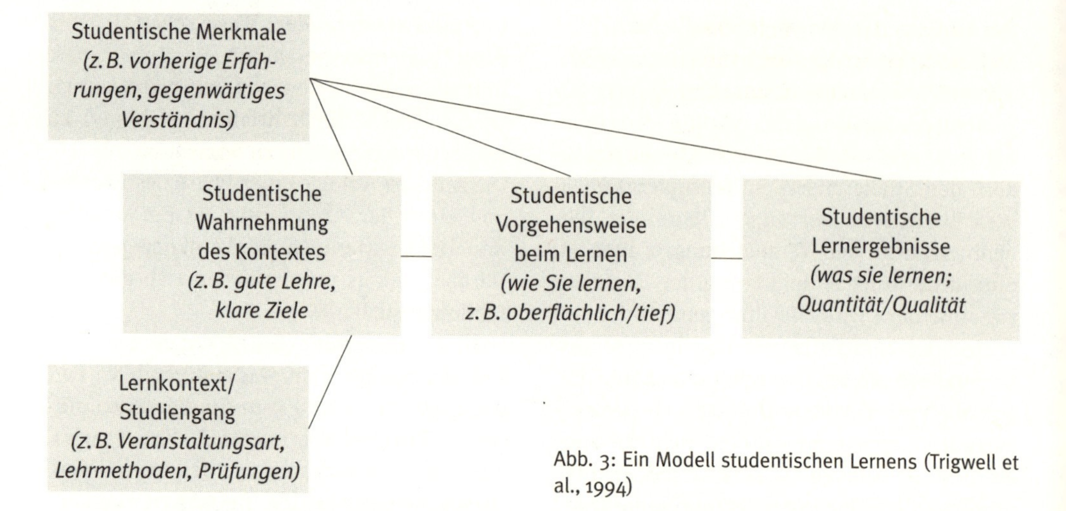

Abb. 3: Ein Modell studentischen Lernens (Trigwell et al., 1994)

die normalerweise zu erwartenden negativen Konsequenzen dieses geringen Aufwandes ebenfalls zu minimieren. Die Leistungsorientierung ist pathologisch, weil sie sich nicht an der Aufgabe orientiert, sondern vor allem am Ergebnis, d.i., gute Zensuren zu erhalten. Die Aufgabe ist dafür lediglich Mittel zum Zweck.

Auf die intellektuelle Entwicklung von Studierenden und deren adäquate Förderung im Verlauf des Studiums gehen wir im Kapitel 12 näher ein.

Ein Modell, wie Lernende lernen

Auch Studierende müssen es erst lernen, was es bedeutet, an einer Hochschule zu studieren. Auch sie kommen mit ihren vorherigen Lernerfahrungen, mit ihrer bisherigen Lerngeschichte aus der Schule und mit ihrem gegenwärtigen Verständnis des Studienfachs an die Hochschule. Dort treffen sie in ihrem Studiengang auf eine ganz bestimmte Lernumgebung, die charakterisiert ist durch die Arten der Lehrveranstaltungen, die üblichen Lehrmethoden, den Umgang der Lehrenden mit den Studierenden und insbesondere durch die Art und Weise, wie die Prüfungen durchgeführt werden. Dies alles bestimmt zu einem erheblichen Ausmaß, wie die Studierenden den Lernkontext wahrnehmen (Abb. 3).

Im ungünstigen Fall treffen sie auf eine Lernumgebung, die charakterisiert ist durch dozentenzentrierte Wissensvermittlung, ein unpersönliches und distanziertes Verhältnis zu den Dozenten, stoffüberladene Lehrveranstaltungen und Prüfungen, die vornehmlich Faktenwissen abfragen.

Im günstigen Fall werden sie in eine Lernumgebung eingeladen, in der die Dozenten sich um die Studierenden und deren Lernfortschritt kümmern, die Lehre darauf ausgerichtet ist, das aktive Lernen zu fördern, die Ziele klar formuliert sind und sie kontinuierlich Rückmeldungen über ihren Lernfortschritt erhalten.

Im ersten Fall bleibt den Studierenden nichts anderes übrig, als möglichst schnell und möglichst viel vom vorgegebenen Stoff oberflächlich zu lernen, ihn in der Prüfung parat zu haben – und kurze Zeit später das meiste davon wieder vergessen zu haben. Im zweiten Fall wird dem Studierenden Gelegenheit gegeben, selbständig zu lernen, das Gelernte aktiv auszuprobieren, es mit anderen zu teilen, das Gelernte zu präsentieren und zu diskutieren und es auf diese Weise in sein oder ihr individuelles Wissensgebäude so zu integrieren, dass Verständnis und Analyse und damit Tiefenlernen möglich wird.

Der Einfluss der Lernumgebung

Die Entwicklung der Lernkompetenz von Studierenden kann nicht unabhängig von der Qualität der Lehre und den zugrundeliegenden Lehrkonzeptionen der Dozenten gesehen werden. Denn sie bestimmen, welche Art des Lernens von den Studierenden verlangt wird. Welcher Zusammenhang besteht zwischen der Qualität der Lehre, vor allem den Lehrmethoden, und der Qualität des Lernens?

Untersuchungen zeigen, dass in studentenorientierten Veranstaltungen (in denen Gelegenheit zu diskutieren bestand, bestehende Wissenskonzepte angesprochen wurden und alternative Wissenskonzepte berücksichtigt wurden) die Teilnehmer Tiefenorientierungen entwickelten. Darüber hinaus konnten zeitliche Veränderungen der Lernorientierungen im Studienverlauf in Abhängigkeit von den Konzeptionen des Lehrens nachgewiesen werden. Die Lehrkonzeption »Erleichterung des Lernens« fördert das Tiefenlernen, die Lehrkonzeption »Wissensvermittlung« das Faktenlernen. Tiefenlernen und Enthusiasmus werden besonders durch interaktives Lehren gefördert, bei reiner Wissensvermittlung dagegen geht diese zu Beginn des Studiums noch vorhandene Orientierung im Verlauf des Studiums zurück.

Die Studien zeigen, dass die beiden unterschiedlichen Lehrorientierungen (dozentenzentrierte Wissensvermittlung versus studentenorientierte Erleichterung des Lernens) in den verschiedenen Fakultäten sich in erheblichem Maße auf die dort verwendeten Lehrmethoden der Dozenten, die gestellten Lernaufgaben, die Prüfungsanforderungen und die Arbeitsbelastung der Studierenden auswirken. Die Folgen sind entsprechende wünschenswerte oder weniger wünschenswerte studentische Lernorientierungen.

Was bedeuten diese Ergebnisse für Sie als Lehrende?

Als Dozent oder Dozentin haben Sie es in der Hand, über Ihre Lehrziele (höhere kognitive und affektive Lehrziele), über die Art der Prüfung (Faktenwissen vs. tieferes Verständnis) und über Ihre Lehrstrategien (dozentenzentriert vs. studentenzentriert) die Qualität des studentischen Lernens zu bestimmen.

1.3 Was ist gute Hochschullehre?

Obwohl manche Dozenten der Überzeugung sind, dass man gute Lehre nicht definieren könne, weil Lehre eher eine Kunst als ein Handwerk sei, zeigt doch die Forschung dazu, dass bestimmte Merkmale nach Ansicht sowohl von Studierenden als auch von Dozenten regelmäßig mit guter Lehre verbunden sind. So lassen die Ergebnisse aus offenen Befragungen eine hohe Übereinstimmung zwischen Lehrenden und Lernenden darüber erkennen, was ihrer Meinung nach einen guten Dozenten auszeichnet. Neben didaktischen Fertigkeiten werden vor allem Persönlichkeitsmerkmale wie Freundlichkeit sowie soziale Verhaltensmerkmale wie Kooperation und Motivierung als bedeutsam eingeschätzt. Gute Veranstaltungen werden über gutes Dozentenverhalten definiert. Dozenten betonen dabei mehr die fachlich-inhaltlichen Aspekte, Studierende dagegen die Art der Vermittlung der Studieninhalte.

Auf der anderen Seite gibt es durchaus die Ansicht (auch wenn sie häufig nicht offen ausgesprochen wird), dass *schlechte* Lehre zu besserem Lernen führt. Dabei ist der Gedankengang etwa folgender: Es sei die Aufgabe der Studierenden, für ihr Lernen zu sorgen, nicht die Aufgabe der Dozenten. Durch schlechte Lehre würden die Studierenden gezwungen, sich die Informationen selbständig zu suchen, Texte zu studieren, nach Bedeutung und Sinn zu suchen – also aktiv zu lernen. Und das sei allemal besser, als wenn ihnen die Informationen durch einen »guten« Dozenten lediglich dargeboten würden. Ergo führt schlechte Lehre zu besserer Lernqualität.

Oft genug geht diese Ansicht über Lehre auf Erfahrungen der Betreffenden aus der eigenen

Studentenzeit zurück. Was dabei jedoch übersehen wird: Die betreffende Person war *trotz* der schlechten Lehre erfolgreich. Und was ist mit den vielen anderen Studierenden, die an diesem System gescheitert sind? Die Realität und die Forschungsergebnisse sprechen eine andere Sprache: Gute Lehre führt zu hoher Qualität des Lernens.

Effektive Hochschullehre hat zwei Dimensionen:

1. intellektuelle Begeisterung (Enthusiasmus, Fachkompetenz, Inspiration, Humor, interessante Darstellung, Klarheit, Organisation);
2. interpersonale Fähigkeiten bzw. effektive Motivation (Verfügbarkeit, Freundlichkeit, Zugänglichkeit, Hilfsbereitschaft, Unterstützung, Ermutigung, Herausforderung).

Eine »gute« Lehrveranstaltung erfüllt dabei die folgenden Kriterien:

- *Sie stellt hohe Lernanforderungen.* Ihr geht es über grundlegende Informationen und Konzepte hinaus u.a. um kritisches, kreatives, problemlösendes Denken und Entscheiden.
- *Sie fördert aktives Lernen.* Neben den eher passiven Lernformen wie Lesen und Zuhören werden durch die aktiven Formen des Lernens, durch Gruppenarbeit, Diskussion, Problemlösung usw. die höheren Lernziele angestrebt.
- *Sie sorgt für häufige und unmittelbare Rückmeldung an die Studierenden über deren Lernfortschritt.* Damit die Studierenden wissen, ob sie es richtig machen, reichen Prüfungszensuren und benotete Seminarscheine nicht aus.
- *Sie sorgt für eine strukturierte Abfolge unterschiedlicher Lernaktivitäten.* In jeder Lehrveranstaltung sind unterschiedliche Formen des Lernens notwendig (Vorlesung, Kleingruppenarbeit, Projektarbeit, Referate usw.). Damit können einerseits unterschiedliche Lernziele erreicht werden, andererseits wird unterschiedlichen Lernstilen der Studierenden Rechnung getragen. Die Lernaktivitäten müssen so strukturiert sein, dass zu Beginn die Grundlagen für die späteren komplexeren Aufgaben gelegt werden.
- *Sie hat ein faires System zur Leistungsbeurteilung und zur Notenvergabe.* Die Zensur soll die erreichte Leistung in den verschiedenen Lernaktivitäten widerspiegeln. Das Notensystem sollte objektiv und reliabel (zuverlässig) sein, die Noten sollten schriftlich begründet werden.

Das Ziel guter Lehre ist, studentisches Lernen zu erleichtern und in der Folge die Qualität des Lernens zu verbessern. In einschlägigen Untersuchungen wurden die studentischen Beurteilungen der verschiedenen Aspekte der Hochschullehre in Beziehung gesetzt zu den studentischen Prüfungsleistungen in der entsprechenden Veranstaltung.

Danach fördern besonders die folgenden Merkmale von Hochschulunterricht das studentische Lernen (aufgeführt in der Reihenfolge der Bedeutung für die Leistung in Prüfungen):

1. Vorbereitung des Dozenten
2. Organisation der Veranstaltung
3. Klarheit und Verständlichkeit
4. wahrgenommene Effizienz des Unterrichts
5. Ermutigung durch den Dozenten, Fragen zu stellen und zu diskutieren
6. Offenheit für andere Meinungen

Dies alles sind Merkmale, die wesentlich vom Dozenten abhängen und die er oder sie deshalb auch lernen und im Unterricht effizient einsetzen kann.

2 Start in die Lehre: Lehren mit Stil

Nach dieser eher theoretischen Einführung beginnen wir mit der Frage, wie der Start in die Lehre zu einem Erfolg für Sie als Lehrende (und die Studierenden als Lernende) werden kann. Dieses Kapitel wird das besondere Interesse von Lehranfängern und jungen Lehrenden finden. Es ist für Sie geschrieben worden, damit Ihr Start in die Lehre gut gelingt, Sie zu den »quick starters« und bald zur Gruppe der erfolgreichen Lehrenden gehören können.

Es kann gut sein, dass auch erfahrene Lehrende darin einige Vorschläge für eine Verbesserung ihrer Lehre entdecken können, die ihr vorhandenes Repertoire ergänzen und damit eine Erweiterung ihrer Wahl- und Handlungsmöglichkeiten im Hochschulunterricht ermöglichen.

Wir beginnen mit der Analyse, was Dozenten auszeichnet, die erfolgreich in die Lehre starten, beschäftigen uns dann mit den verschiedenen Rollen, die Sie als Lehrende innehaben und schließlich mit Ihren sehr weit reichenden Möglichkeiten als Lehrende, die Qualität des studentischen Lernens zu beeinflussen. Danach wenden wir uns der Planung einer Lehrveranstaltung zu, die so gestaltet ist, dass sie studentisches Lernen ermöglicht und unterstützt.

2.1 Guter oder schlechter Start in die Lehre?

Für die meisten Lehranfänger ist das erste »Lehrjahr« voller Überraschungen. Kollegiale Unterstützung, Vorbereitungszeit und studentische Evaluationen halten die meisten Überraschungen und auch Enttäuschungen für sie bereit. Dabei sind die meisten Dozenten anfänglich hoch motiviert, gute Lehre zu leisten. Sie beschreiben sich selbst als gut vorbereitet und fachkompetent, als an den Studierenden interessiert, gut im Erklären des Stoffs und fähig, die Studierenden zu motivieren. Sie setzen gute Lehre mit klaren, fachkompetenten und inspirierenden Vorlesungen gleich. Die meisten Lehrenden vertreten jedoch noch eine einfache Lehrkonzeption: Sie verstehen unter Lehren eine »Fakten und Prinzipien«-Lehre. Sie bereiten sich auch extensiv (ob Sie es glauben oder nicht: je nach Lehrdeputat bis zu 30 Stunden in der Woche) auf ihre Veranstaltungen vor. Dies scheint der größte Fehler zu sein, den Lehranfänger machen: Sie ver(sch)wenden viel zu viel Zeit auf die Vorbereitung ihrer Lehrveranstaltung. Anstatt die Studierenden mit der Struktur des Stoffs vertraut zu machen, damit sie selbst darüber nachdenken können, und nur den hierfür notwendigen Stoff vorzubereiten, versuchen sie, »alles« zu bringen. Und selbst das Wissen darum, dass dies ein Fehler ist, führt nach der Vorbereitung zu keiner Veränderung im Lehrverhalten.

Die in ihrer ersten abgehaltenen Lehrveranstaltung schlecht beurteilten Lehrenden sind sich im Hinblick auf ihr Fachwissen und ihre methodisch-didaktischen Kompetenzen sehr unsicher. Sie hinterlassen bei den Studierenden einen eher steifen und formalen Eindruck und fühlen sich in ihrer Dozentenrolle nicht wohl. Häufig genug initiieren diese frustrierenden ersten Erfahrungen in der Lehre einen Prozess der Selbstverstärkung, indem negative Gefühle zu schlechten Lehrevaluationen führen und der schließlich (für etwa ein Drittel der Dozenten) tatsächlich in schlechter Lehre endet. Diese Dozenten neigen dann häufig dazu, ihren Misserfolg auf die mangelnden Fähigkeiten der Studierenden und deren ungenügende Motivation zurückzuführen – eine verständliche Schutzmaßnahme, die es ihnen erlaubt, ihr Selbstbild aufrechtzuerhalten. Der Verbesserung der Lehre ist damit jedoch nicht gedient. Diese Dozenten suchen auch nicht den Rat erfahrener Kollegen, und sie verändern ihren Lehrstil nicht. Sie konzentrieren sich mehr und mehr auf den Stoff und darauf, ihn »abzudecken“. Dieser »Mehr-von-dem-Gleichen-Ansatz« ist jedoch wenig erfolgreich.

Die Dozenten mit einem guten Start in die Lehre (»quick starters«) ermutigen die Studierenden zur aktiven Teilnahme, haben optimistische Einstellungen über die Studierenden und suchen den Rat anderer über Lehr- und Lernprobleme. Sie benötigen binnen kurzem weniger Vorbereitungszeit für ihre Lehrveranstaltungen und beziehen die Studierenden mit ein, wenngleich auch sie Lehre zunächst als etwas ansehen, bei dem die Studierenden passive Informationsempfänger sind. Sie zeigen Begeisterung für die Lehre, sind bereit, diese zu verbessern und besitzen einen gewissen Sinn für Humor. Was lässt sich daraus für einen guten Start in die Lehre ableiten?

1. Folgen Sie dem Modell der »quick starters«.
2. Bringen Sie den Zeitaufwand für die Vorbereitung einer Lehrveranstaltung und deren Dauer in eine vernünftige Balance (das Verhältnis sollte 1:1 nicht überschreiten).

Bevor wir uns ganz konkret der Vorbereitung, Durchführung und Evaluation einer Lehrveranstaltung zuwenden, lassen Sie uns kurz über Ihre Rollen als Lehrende und darüber reflektieren, welchen erheblichen Einfluss Sie als Lehrende auf das Studienverhalten der Studierenden ausüben können.

2.2 Lehrende: Modell für Lernende

Die meisten Lehranfänger (und zuweilen auch fortgeschrittene Lehrende) sind sich der Macht und des Einflusses nicht bewusst, den sie auf das Studienverhalten und die intellektuelle und ethische Entwicklung ihrer Studierenden ausüben können. Wenn Sie sich dessen bewusst werden, welche Wirkungen Sie als Dozent in jedem Fall haben und welche Sie haben können (wenn Sie wollen), dann hilft Ihnen dies bei Ihren späteren Entscheidungen darüber, was, wie und wozu Sie lehren.

Als Lehrende können Sie verschiedene Rollen einnehmen und bilden damit in mehrerlei Hinsicht ein Modell für die Studierenden:

- Sie sind *Experten* auf einem Fachgebiet und verfügen damit über eine Wissensstruktur, welche die Studierenden in ihren eigenen Wissensbestand integrieren möchten.
- Sie sind formale *Autorität*. Als solche signalisieren Sie den Studierenden, was in Ihrem Fach angebracht und akzeptabel ist und was nicht.
- Sie sind ein persönliches *Modell* dafür, wie in Ihrem Fach gelehrt, gedacht und gearbeitet wird. Denken Sie beim Umgang mit Studierenden auch daran.
- Sie sind ein Begleiter und *Berater* auf dem Weg der Studierenden zur Entwicklung ihrer intellektuellen Fähigkeiten.
- Sie sind *»facilitator«* mit dem Ziel, das autonome, selbstgesteuerte Lernen der Studierenden zu unterstützen.

Natürlich verkörpern Sie diese Rollen zu unterschiedlichen Zeiten und Gelegenheiten. Es ist auch wahrscheinlich, dass Sie sich in einer oder in zwei der Rollen besonders wohl fühlen (werden). Denken Sie ab und zu auch einmal an die anderen Rollen. Sie gehören ebenfalls zu den Merkmalen exzellenter Dozenten und zu einer effizienten und qualitativ hochwertigen Hochschullehre.

2.3 Lehrende: Ihr Einfluss auf Lernende

Als Lehrende haben Sie darüber hinaus einen ganz entscheidenden Einfluss darauf, wie Studierende ihre Lernumgebung wahrnehmen. Dies betrifft hauptsächlich explizite und implizite Botschaften an die Studierenden darüber, wie er oder sie studieren, d.h. welche Lernorientierung (Lernkonzeption und Lernstrategie) er oder sie verfolgen soll.

Die Forschung über die Entwicklung der Lernkompetenz im Verlauf des Studiums hat gezeigt, dass die von Studierenden wahrgenommene Lernumgebung von einer Reihe von Faktoren determiniert wird, die der Dozent in der Hand hat. Auf die wichtigsten unter ihnen gehen wir im Folgenden zunächst kurz ein. Ausführlicher werden sie dann in den jeweiligen Kapiteln besprochen.

Curriculum

Einer der wesentlichen Gründe für den Studienabbruch von Studierenden (immerhin ein Drittel der Studienanfänger!) ist die erlebte Diskrepanz zwischen den Erwartungen an das Studium und den Erfahrungen im Studium in Bezug auf Inhalte, Schwierigkeitsgrad und Klima und die daraus resultierenden Zweifel am Sinn des Studiums. Studierende haben oft Schwierigkeiten, die Ziele des Studiums und das Wesen der studierten Disziplin zu verstehen. Ihre Erwartungen an die praktische Anwendbarkeit des Wissens, an das vermittelte Know-how und an die Relevanz der Inhalte werden oft enttäuscht. Sie haben Probleme, effektiv zu lernen und kommen mit neuen Lehrmethoden wie problemorientiertem Lernen oder Teamlernen nicht zurecht, weil sie darin nicht trainiert worden sind.

Studierende bekommen auch oft den Eindruck, dass in den verschiedenen Lehrveranstaltungen jeweils ein in sich geschlossenes Wissensgebäude vorgestellt wird und zwischen den Veranstaltungen wenig Beziehungen bestehen. Dies verhindert, dass sie einen Gesamtüberblick über die Struktur des Studiengangs und die Querbeziehungen zwischen den Fächern entwickeln können. Es führt auch dazu, dass sie rasch den Überblick verlieren und sich in Einzelheiten verzetteln.

Was können Sie tun?

Machen Sie den Studierenden klar, welches Wissen, welche Fertigkeiten und Fähigkeiten, welche Einstellungen und Werte von einem Absolventen erwartet werden, damit er oder sie den angestrebten Beruf erfolgreich ausüben kann. Erläutern Sie die Natur Ihrer Disziplin: Wie ist Ihr Studienfach definiert? Womit beschäftigen Sie sich in Ihrem Fach? Wie wird es vermittelt? Wozu dient das Ganze? Welchen Nutzen hat es? Wohin führt es die Studierenden?

Verdeutlichen Sie in Ihren eigenen Veranstaltungen die Einordnung in das Gesamtcurriculum, die Beziehung zu anderen Fächern, fordern Sie die Studierenden auf, ihr Wissen aus anderen Fächern mit Ihrem Fach zu verknüpfen, verlangen Sie die Anwendung des Gelernten in anderen Kontexten. Alles, was zu dem Verständnis beiträgt, dass Ihr Fachgebiet nicht isoliert dasteht, sondern Beziehungen sowohl innerhalb der Struktur des Fachs als auch zwischen den Fachgebieten bestehen, fördert das Verständnis für das Ganze (mehr darüber im folgenden Kapitel).

Lehre

Alle Forschungsergebnisse weisen darauf hin, dass gute Lehre mit einer hohen Qualität des Lernens verbunden ist. Wenn Sie Ihre Lehrkompetenz entwickeln und z.B. das Material gut strukturieren, es auf die studentische Erfahrungswelt beziehen, Beispiele, Analogien und Metaphern benutzen, ein gutes Lernklima schaffen und eine gute Beziehung zu den Studierenden herstellen, dann steigert dies die Qualität des Lernens und damit die Wahrscheinlichkeit, dass Sie die Interessenentwicklung und das Tiefenlernen der Studierenden fördern.

Was können Sie tun?
Sie sind gerade dabei, es zu tun. Wenn Sie dieses Buch mit Verständnis gelesen haben und die darin enthaltenen Ideen, Tipps und Vorschläge auf eine zu Ihnen passende Weise in Ihre Lehre integrieren, sind Sie auf dem besten Weg, professionell zu lehren.

Aufgabenstellung
Die meisten Aufgaben, die Studierenden im Studium gestellt werden, wie Prüfungen, Tests, Präsentationen und Forschungsaktivitäten, sind von ihnen individuell und in Konkurrenz mit den anderen Studierenden zu erledigen. Gelernt wird hierdurch unter Umständen, dass jede Form der Teilung des Wissens oder der Kooperation unerwünscht ist. Aus der Forschung wissen wir jedoch, dass effektives Lernen durch das gemeinsam entwickelte Verständnis und die dadurch gewonnenen Einsichten, durch das Verteidigen einer Position, die kritische Reflexion einer anderen Meinung und auch dadurch entsteht, dass Gelerntes so an andere weitergegeben wird, dass diese es verstehen (teaching is learning twice).

Was können Sie tun?
Mit den oben beschriebenen Prinzipien sind Sie in Ihrer Forschungstätigkeit wahrscheinlich bestens vertraut. Ebenso gut können Sie diese Prinzipien auch in der Lehre anwenden.

Sorgen Sie für eine breite Palette an Aufgabenstellungen für Ihre Studierenden: Aufgaben, bei denen sie kooperieren müssen, Aufgaben, bei denen sie die Lösung selbst finden müssen, bei denen sie Lösungen präsentieren und miteinander diskutieren, zusammen einen Projektbericht erstellen usw. Und sorgen Sie auch dafür, dass diese Leistungen honoriert werden und in die Leistungsbeurteilung eingehen (mehr darüber in den Kapiteln »Lehrstrategien, die das aktive Lernen fördern« und »Wie Sie die Qualität des Lernens steigern können«).

Arbeitsbelastung
Als bereits in der Lehre Tätige kennen Sie vermutlich die folgende Situation: Sie kommen wieder einmal mit Ihrem Stoff nicht durch. In der Folge können Sie versuchen, dennoch »durchzukommen«, indem Sie einfach schneller vorangehen, die Stunde überziehen, den Studierenden Hausaufgaben geben, Fragen abwürgen, auf die fehlende Zeit verweisen usw.

Die Forschung zur Arbeitsbelastung von Studierenden macht deutlich, was Sie aus Ihren eigenen Erfahrungen in Ihrer Studentenzeit wahrscheinlich bestätigen können: Wenn Studierende sich überlastet fühlen, dann bleibt Ihnen keine Zeit mehr, den Stoff wirklich zu verstehen oder zu erforschen. Sie nehmen dann Zuflucht zum Auswendiglernen. Für diese Art des Lernens charakteristisch ist die Aussage eines Studenten: »Vor der Prüfung ziehe ich mir den Stoff rein, und in der Prüfung kotze ich ihn wieder aus.«

Möchten Sie das? Selbst wenn Sie lediglich den *Eindruck* erwecken, dass der Stoff eigentlich gar nicht zu schaffen ist, dann kann dies bei den Studierenden den Effekt haben, dass sie keine Zeit darauf ver(sch)wenden, ihn zu verstehen. Sie versuchen dann lediglich, ihn so vollständig wie möglich zur Prüfung zu reproduzieren (s. o.). Dieser Eindruck kann bereits entstehen durch Aussagen wie: »Wir haben hier jetzt nicht die Zeit dazu, das müssen Sie zu Hause lesen«; »Wir müssen uns jetzt beeilen, wir sind im Stoff schon zurück«; »Wir müssen jetzt weitermachen, wir haben noch viel Stoff vor uns« usw.

Was können Sie tun?
Stellen Sie sicher, dass die Studierenden noch »Luft« haben, den Lernstoff wirklich zu verstehen. Ich weiß, dass dies gegen die Tendenz gerichtet ist, Veranstaltungen zu überladen, indem man einfach Stoff hinzufügt, ohne gleichzeitig etwas anderes wegzulassen. Wo steht eigentlich geschrieben, dass »alles gebracht« werden muss? Dieses Unterfangen ist bei der jetzigen Wissensexplosion aussichtslos. Stellen

Sie sich einfach die Frage: Was will ich, dass die Studierenden tun? Will ich, dass die Studierenden für einen (größeren) Teil des reduzierten Stoffs ein wirkliches Verständnis entwickeln oder will ich, dass die Studierenden einen (kleineren) Teil des überladenen Stoffumfangs lediglich reproduzieren? (Mehr darüber in den folgenden Kapiteln, insbesondere im Kap. 11 *Lehrstrategien, die das aktive Lernen fördern.*)

Prüfungen

Studierende lernen entsprechend ihren Erwartungen an die Prüfung. Deshalb spielt die Art der Prüfung eine ganz entscheidende Rolle für die Qualität des studentischen Lernens. Wenn die Prüfung auf Faktenwissen abzielt, dann lernen die Studierenden die Fakten. Wenn sie eine multiple-choice-Prüfung (MC) ist, dann lernen die Studierenden, darauf Antworten zu geben. Auch wenn man mit MC-Tests Verständnis und Anwendung prüfen kann, tendieren die Studierenden dennoch dazu, sie als auf Inhalt und Fakten bezogen zu betrachten. Wenn die Prüfung darauf ausgerichtet ist, dass die Studierenden Literaturstudien betreiben, Aufzeichnungen anfertigen, Fallstudien analysieren, Projekte durchführen, dann ist es wahrscheinlicher, dass sie dem Ganzen einen Sinn abgewinnen wollen, zu verstehen und ein kohärentes Bild zu entwickeln versuchen.

Was können Sie tun?

Die Botschaft ist deutlich – Sie müssen sich gut überlegen, welche Art des Lernens Sie bei Ihren Studierenden fördern wollen: Reproduktion des Stoffs oder Verständnis und Analyse des Gelernten (mehr darüber im Folgenden und im Kap. 8).

Ich kann mir vorstellen, dass Sie bereits ungeduldig darauf warten, dass es endlich losgeht mit der Planung einer Lehrveranstaltung. Dies ist jetzt der Fall.

3 Die Planung einer Lehrveranstaltung: Orientierung am Lernenden

Aus den Ergebnissen der Evaluationsforschung geht hervor, dass besonders ein Merkmal guter Hochschullehre das studentische Lernen und die resultierende Leistung von Studierenden fördert: Die Vorbereitung des Dozenten und die Organisation der Veranstaltung.

Warum ist die Planung einer Lehrveranstaltung so wichtig? Wenn Sie Ihre Lehrveranstaltung vorbereiten, entwerfen Sie gleichzeitig Lernerfahrungen für Ihre Studierenden. Sie entscheiden damit über die Art der Erfahrungen, welche die Studierenden in Ihrer Veranstaltung machen (und nicht machen) werden. Wenn Sie sich dafür entscheiden, eine Vorlesung zu halten, dann werden die Studierenden die Lernerfahrung einer Vorlesung haben. Wenn Sie vornehmlich Kleingruppenarbeit arrangieren, dann werden die Studierenden Lernerfahrungen in Kleingruppen sammeln.

Bei der Vorbereitung einer Lehrveranstaltung gehen Dozenten im Wesentlichen nach zwei Strategien vor: Der inhaltsbezogenen Vorgehensweise und der lernbezogenen Vorgehensweise.

Inhaltsbezogene Vorgehensweise
Die übliche Vorgehensweise bei der Planung einer Lehrveranstaltung ist inhaltsbezogen. Einige Zeit vor Beginn der Veranstaltung (zumeist zu spät, d.h. weniger als drei Monate vorher) wählen die Dozenten das Buch, die Bücher, die Skripten und sonstigen Unterlagen oder die Inhalte aus, die in der Veranstaltung behandelt werden sollen (oder sie sichten das bereits vorhandene Material noch einmal). Dann bereiten sie eine Reihe von Stunden (zuweilen nur die erste Stunde) zu diesen Inhalten vor. Danach entscheiden sie, ob die Studierenden zusätzliche Lektüre bearbeiten müssen, planen vielleicht noch einige Übungsaufgaben oder Probeklausuren mit ein und entscheiden schließlich über Art und Umfang der Prüfung (oder wählen aus vorhandenen Prüfungsaufgaben aus). Während der Lehrtätigkeit konzentrieren sich die meisten Lehrenden dann darauf, was *sie selbst* tun und nicht, was die Studierenden lernen.

Bei dieser Vorgehensweise dreht sich alles um den Dozenten und um den Stoff, der behandelt werden soll. Den anderen Elementen des Lernprozesses, z.B. wie die *Studierenden* lernen sollen, wird weniger Aufmerksamkeit geschenkt.

Dieses Modell liefert auch keine Richtlinien für die *Auswahl* von Inhalten. Lehrende haben deshalb auch oft Probleme mit der Stoffauswahl und versuchen dann einfach, »alles« zu bringen. Dementsprechend betrifft eine der häufigsten Klagen von Studierenden in Lehrveranstaltungen die überbordende Stoffmenge. Die Folge ist, dass sie sich den Stoff »reinziehen«. Die Forschung hierzu zeigt, dass das meiste davon innerhalb der nächsten Wochen vergessen wird, volkswirtschaftlich gesehen eine ungeheure Verschwendung wertvoller geistiger und zeitlicher Ressourcen.

Lernbezogene Vorgehensweise
Wenn die Studierenden bei der Planung im Mittelpunkt der Betrachtung stehen, dann stel-

Abb. 4: Vexierbild mit zwei Gesichtern bzw. einer Blumenvase.

len sich andere Fragen: Wodurch werden die Studierenden nach der Veranstaltung in die Lage versetzt, anders oder gar besser denken zu können? Was können die Studierenden mit dem Wissen und den Fertigkeiten anfangen? Welche Anteile und Aspekte des Lernstoffs sind als Lernziele relevant? Welche Arten von Aufgaben sollten die Studierenden bearbeiten, um diese Ziele zu erreichen?

In diesem Modell tragen die Studierenden die Verantwortung für das Lernen, denn die Planungsentscheidungen werden ausgehend von ihrer Aktivität getroffen. Auch die Stoffauswahl wird einfacher, denn die Lernziele und die Prüfungsart bestimmen die Auswahl der Inhalte. Außerdem bleibt der Stoff länger im Gedächtnis haften. Dieses Modell kann für die Planung jeder Veranstaltung verwendet werden, angefangen von der einzelnen Veranstaltungsstunde bis hin zum gesamten Curriculum eines Studiengangs.

Wenn Sie den Studierenden in den Mittelpunkt rücken, müssen Sie wissen, was die Studierenden lernen sollen, dann genau dies lehren und schließlich feststellen, ob die Studierenden tatsächlich das gelernt haben, was sie lernen sollten.

Nach diesem Modell besteht die Planung einer Lehrveranstaltung aus drei Schritten:

1. Festlegung der gewünschten Ergebnisse und damit der Lehrziele.
2. Entscheidung, ob die Ergebnisse erreicht worden sind. Hierfür sind Prüfungen geeignet, die auf Ihre Lehrziele als Kriterium bezogen sind.
3. Schaffung einer Lernumgebung, in der die Studierenden in diejenigen Lernaktivitäten eintreten können, die den angestrebten Zielen angemessen sind.

Einen studentenzentrierten Veranstaltungsplan zu entwickeln ist relativ einfach, die darin enthaltenen Implikationen sind jedoch weitreichend. Im Zentrum dessen, was Sie tun, stehen die Studierenden und deren Fähigkeit zu lernen. Dies ist gleichbedeutend mit einer Figur-Grund-Verschiebung, die Sie wahrscheinlich aus den so genannten Vexierbildern kennen (Abb. 4).

Ebenso wie Sie in der Lage sind, auf der Abbildung Figur und (Hinter-)Grund zu vertauschen, müssten Sie in der Lage sein, den Studierenden in den Vordergrund Ihrer Betrachtung (und sich selbst und den Stoff in den Hintergrund) zu rücken. Es bedeutet, dass Sie sich nicht auf sich und den Inhalt, sondern auf die Studierenden und den Prozess des Lernens konzentrieren. Inhalt und Lehrender passen sich damit an die Studierenden an und nicht, wie in der traditionellen Lehre üblich, der Student an den Inhalt und den Dozenten.

Dies erfordert allerdings eine Veränderung im Denken über den Lehr-Lernprozess, das sich weg von der dozentenzentrierten Wissensvermittlung und hin zu einer studentenorientierten Erleichterung des Lernens bewegt. Die Lehrtätigkeit wird damit sehr viel interessanter und effektiver. Als Lehrender haben Sie es nicht mehr nötig, als Über-Autorität aufzutreten, sondern können sich auf eine gemeinsame Erforschung des Wissens einlassen und neue Ideen ausprobieren, was Sie die Lehre als eine befriedigende und wertvolle Tätigkeit erleben lassen kann.

Dies bedeutet nicht, dass die Veränderungen leicht zu bewerkstelligen sind. Für Studierende beispielsweise, die in ihrem bisherigen Studium zu passiven Zuhörern erzogen worden sind, kann es schwierig sein, die Verantwortung für ihr eigenes Lernen zu übernehmen. Und auch für Lehrende kann es eine Herausforderung bedeuten, sich von der Rolle des »sage on the stage« zur Rolle des »guide on the side« zu entwickeln.

Welche Schritte sind notwendig, um einen »lernerzentrierten« Veranstaltungsplan zu entwickeln? Im Folgenden finden Sie einen möglichen Ablauf für die Planung einer solchen Lehrveranstaltung.

3.1 Den Rahmen verdeutlichen

Ein notwendiger erster Schritt besteht darin, sich etwas Zeit zu geben und darüber nachzudenken, *warum*, *was*, *für wen*, *wie* und *wozu* Sie lehren. Studentenorientiertes Lehren erfordert, über die eigenen Konzeptionen des Lehrens und Lernens und das eigene Fachgebiet nachzudenken. Wie organisieren wir das Wissen in unserem Fachgebiet, wie fügen wir neues Wissen hinzu, wie erkennen und wie prüfen wir neues Wissen? Wie denken wir in dem Fachgebiet? Wie behandeln wir ethische Fragen? Welche theoretischen Problemstellungen beschäftigen uns vorrangig? Wie verwenden wir das Wissen? Wie wenden wir an, was wir wissen? Inwiefern trägt das Fachgebiet dazu bei, die Welt zu einem besseren Ort zu machen? Mit welchen anderen Fachgebieten arbeiten wir zusammen? Was begeistert uns? Was sind unsere größten Leistungen und unsere kühnsten Ziele? Was macht dieses Fachgebiet zu einem Lerngegenstand, der es wert ist, studiert zu werden?

All diese Fragen sollten Sie nicht nur sich selbst, sondern auch den Studierenden beantworten, damit diese sich ein Bild von Ihrem Fach machen und dafür Interesse und Begeisterung entwickeln können.

3.2 Ziele setzen

Mit der Vorbereitung für die Veranstaltung sollten Sie etwa drei Monate vor dem ersten Sitzungstermin beginnen, also nach Semesterschluss. Die Zeit vergeht schneller als Sie denken, und zunehmender Zeitdruck fördert nicht gerade die Qualität Ihrer Vorbereitung. Die Formulierung von Zielen ist ein guter Ausgangspunkt. Sie sind die Basis für das weitere Vorgehen, für die Stoffauswahl, die Literatur, die Lehrmethode usw.

Denken Sie daran: Ihr wichtigstes Lernziel ist die Erleichterung des Lernens (nicht das vollständige Abdecken eines bestimmten Stoffgebiets). Die Ziele sollten widerspiegeln, wie sich Denken, Gefühle und Handlungen der Studierenden als Ergebnis Ihrer Lehre und Ihrer Aktivitäten im Vergleich zu ihrem vorherigen Entwicklungsstand verändert haben.

Die folgenden Hinweise können Ihnen bei der Formulierung von Zielen helfen:

- Beginnen Sie mit den vier bis sechs allgemeinen Lehrzielen, Konzepten, Prinzipien oder Themen für das Semester.
- Formulieren Sie für jedes Stunden-Konzept spezifischere Lehrziele.
- Denken Sie an das Lehrziel-Niveau, das Sie erreichen wollen: Memorieren, Anwendung, Analyse, Synthese, Beurteilung.
- Entscheiden Sie, auf welchen Lernzielbereich Sie Ihren Schwerpunkt legen: kognitiv (intellektuelle Fertigkeiten und Fähigkeiten), affektiv (Interessen, Einstellungen, Werte) oder evtl. motorisch (in der Hochschule selten).
- Erklären Sie Ihren Studierenden, was *Sie* von ihnen erwarten und was diese von *Ihnen* erwarten können.
- Benutzen Sie keine Begriffe, die vielfältige Bedeutungen haben und schwierig zu definieren sind und stellen Sie sicher, dass alle Studierenden unter den verwendeten Begriffen das Gleiche verstehen.

3.3 Lernvoraussetzungen definieren

Für die Studierenden ist es wichtig zu wissen, wie Ihre Veranstaltung in die Gesamtheit des Fachs einzuordnen ist. Eine Möglichkeit ist die Methode der so genannten »advance organizer« – das zu Beginn jedes Kapitels dieses Buches stattfindet.

Lernen ist ein dualer Prozess, in dem zu Beginn – und ebenso im Verlauf des Lernens – stets aufs Neue festgestellt werden muss, welche Überzeugungen und welches aktuelle Verständnis die Studierenden von dem haben, was gelernt werden soll. Erst dann kann bedeutungsvolles *neues* Lernen stattfinden.

Der wichtigste einzelne Faktor, der neues Lernen beeinflusst, ist das bereits vorhandene Wissen des Lernenden – und nicht die Aktivität des Dozenten.

Der Student muss das neu gelernte Wissen oder die Fähigkeiten auf irgendeine Weise mit dem verknüpfen können, was er oder sie bereits weiß oder kann, um es mit Sinn versehen zu können. Lernende konstruieren ihr Verständnis der Welt, indem sie ihr bestehendes Verständnis auf neue Ideen und Erfahrungen anwenden. Dabei wird sinnvolles Lernen übrigens schwieriger, wenn es privat und im Verborgenen, hingegen sehr erleichtert, wenn es öffentlich und gemeinsam stattfindet.

Vorwissen und neues Lernen

Was die Studierenden bereits wissen und wie dieses Wissen organisiert ist, beeinflusst die Art und Weise, wie sie zusätzliches Wissen erwerben. Das vorhandene Wissen ist jedoch in der Regel fragmentarisch und enthält oft falsche Auffassungen, die das neue Lernen behindern können. Als Dozenten nehmen wir an, dass die Studierenden in der Lage sind, ihr neu erworbenes Wissen in die bestehende Wissensstruktur zu integrieren. Dies ist jedoch keineswegs immer der Fall.

So wurde in Untersuchungen festgestellt, dass nur *eine* der von Studierenden angewandten Strategien, neuen Stoff zu lernen, zu einer Neustrukturierung ihres Wissensbestandes führte (conceptual-change strategy). Diese Studierenden lernten nicht nur die im Text enthaltenen Hauptideen, sondern konnten auch angeben, wo die schriftlichen Unterlagen im Widerspruch zu ihrem bestehenden Wissen standen. Und sie waren bereit, bestehende falsche Auffassungen zu revidieren und die neuen Erkenntnisse in ihren Wissensbestand zu integrieren.

Die anderen Strategien führten nicht zu diesem Ergebnis. Entweder vertrauten die Studierenden auf ihr bereits bestehendes Wissen und hielten dies für ausreichend oder sie lernten die neuen Begriffe wie Vokabeln und gaben das Gelernte auswendig wieder, ohne es zu verstehen, oder sie lernten nur die Teile, die ihr bestehendes (auch falsches) Verständnis bestätigten (siehe auch Kap. 12).

Lernvoraussetzungen

Zu Beginn der Veranstaltung sollten Sie verdeutlichen, welche Lernvoraussetzungen bestehen, damit die Teilnehmer nicht bereits in den ersten Stunden hoffnungslos »abgehängt« werden. Häufig gehen Dozenten von falschen Annahmen aus, was die Vorkenntnisse der Studierenden betrifft. Und ebenso häufig gehen auch die Studierenden von falschen Annahmen darüber aus, was ihre eigenen Vorkenntnisse angeht. Sie glauben, den Stoff verstanden zu haben, in Wirklichkeit jedoch können sie sich lediglich daran erinnern, ohne damit umgehen und ihn anwenden zu können.

Wenn Sie wissen wollen, welche Voraussetzungen Ihre Studierenden mitbringen, dann machen Sie mit ihnen zu Beginn der Veranstaltung einen Vortest, der die wesentlichen Konzepte der Veranstaltung prüft. Das kann mit wenigen Fragen geschehen, z. B.: »Was verstehen Sie unter ...?« oder »Was bedeutet für Sie ...?« Der Test dient lediglich der Diagnose und nicht der Beurteilung. Aus den Ergebnissen können Sie schließen, was Sie noch in der Veranstaltung behandeln müssen. Wenn das im Unterricht selbst nicht geschehen kann, müssen Sie den Studierenden zumindest genau erklären, was sie zu der Veranstaltung noch selbst dazulernen müssen, um sie verstehen zu können, und wo sie die entsprechenden Unterlagen dazu finden. Dies ist auch dann der beste Weg, wenn es sich um Inhalte handelt, die einfach »gepaukt« werden müssen. Die Veranstaltungszeit ist hierfür nicht geeignet. Die Studierenden sollten darüber rechtzeitig Bescheid wissen; die erforderliche Lernarbeit müssen sie dann selbst leisten.

3.4 Lehrziele formulieren

Lehrziele für Veranstaltungen sind sinnvoll formuliert im Rahmen der allgemeinen Ziele, die in einem akademischen Studium angestrebt werden. Im Hochschulrahmengesetz sind die Ziele des Studiums unter § 7 wie folgt definiert:

Lehre und Studium sollen den Studenten (und die Studentin, Anm. d. Verf.) auf ein berufliches Tätigkeitsfeld vorbereiten und ihm (ihr) die dafür erforderlichen fachlichen Kenntnisse, Fähigkeiten und Methoden dem jeweiligen Studiengang entsprechend so vermitteln, dass er (oder sie) zu wissenschaftlicher oder künstlerischer Arbeit und zu verantwortlichem Handeln in einem freiheitlichen, demokratischen und sozialen Rechtsstaat befähigt wird.

Wenn wir davon ausgehen, dass diese Ziele nicht nur Worthülsen oder schöne Absichtserklärungen sind, an die sowieso niemand glaubt, sondern als verbindlicher Maßstab dafür gelten können, ob ein Student das Studium erfolgreich abgeschlossen hat oder nicht, hat dies erhebliche Konsequenzen: Die Ziele des Studiums bestimmen die Art der Prüfungen, die im Studium einzusetzenden Lehrstrategien und schließlich die Inhalte des Studiums.

- *Auf ein berufliches Tätigkeitsfeld vorbereiten:* Im Beruf sind sowohl fachliche als auch fachübergreifende Kompetenzen, die so genannten Schlüsselqualifikationen, die »soft skills« für den Berufserfolg entscheidend. Zu Letzteren gehören kommunikative, kooperative, soziale und rhetorische Fähigkeiten ebenso wie affektive und emotionale Fähigkeiten, die sich auf die Einstellungen und berufsethischen Maßstäbe beziehen.
- *Fachliche Kenntnisse, Fähigkeiten und Methoden dem jeweiligen Studiengang entsprechend vermitteln:* Hierzu zählen das Fachwissen, das die Grundlagen des Fachs und die Vertiefung in einer bestimmten Richtung umfasst, die Fähigkeit zu reflexivem und kritischem Denken und die Beherrschung der im Fach angewandten Methoden.
- *So vermitteln, dass er (oder sie) zu wissenschaftlicher oder künstlerischer Arbeit befähigt wird:* Dieses Ziel bezieht sich auf die selbständige und kritische Analyse, Synthese und Beurteilung von Untersuchungsergeb-

nissen und Produkten des Fachs und die eigenständige Untersuchung relevanter Fragestellungen im Fachgebiet.

- *So vermitteln, dass er (oder sie) zu verantwortlichem Handeln befähigt wird:* Verantwortlich handelt, wer es gelernt hat, sein Tun und die Folgen seines Tuns für sich und für andere zu reflektieren und abzuwägen und die Verantwortung für das Handeln zu übernehmen.
- *Zu verantwortlichem Handeln in einem freiheitlichen, demokratischen und sozialen Rechtsstaat befähigen:* Dieses Ziel spricht die politische Dimension der Studienziele an. Hier werden die Tugenden angesprochen, über die ein Bürger in unserem Staat verfügen sollte und die für das Zusammenleben in unserem Staat und die weitere Entwicklung unseres freiheitlich-demokratischen Gesellschaftssystems unabdingbare Voraussetzung sind. Hierzu gehören z. B. politisches Bewusstsein, Engagement im gesellschaftlichen Bereich, Zivilcourage und sozial motiviertes Handeln.

Übrigens betrifft § 8 die Studienreform:

Studienreform

Die Hochschulen haben die ständige Aufgabe, im Zusammenwirken mit den zuständigen staatlichen Stellen Inhalte und Formen des Studiums im Hinblick auf die Entwicklungen in Wissenschaft und Kunst, die Bedürfnisse der beruflichen Praxis und die notwendigen Veränderungen in der Berufswelt zu überprüfen und weiterzuentwickeln.

Wenn Sie sich fragen, welches oder welche dieser Ziele ein durchschnittlicher Student bis zum erfolgreichen Studienabschluss vorrangig erreichen kann, dann stimmen Sie wahrscheinlich mit mir darin überein, dass dies am ehesten die fachlichen Ziele sind, eventuell noch die Fähigkeit zu wissenschaftlicher Arbeit. Die übrigen Ziele (berufliches Tätigkeitsfeld, verantwortliches Handeln, verantwortliches Handeln im Rechtsstaat) werden im Studium in der Regel nicht explizit angestrebt. Wenn der Student Glück hat und in einer Lernumgebung studieren darf, in der diese Ziele hochgehalten werden, dann werden sie ihm oder ihr zumindest implizit vermittelt.

Ziele des Hochschulunterrichts – das Lehrzielinventar

Wenn Sie daran interessiert sind zu erfahren, welche Ziele Sie persönlich im Hochschulunterricht verfolgen, dann können Sie das folgende Lehrziel-Inventar (LZI) mit Selbstauswertung für sich beantworten. Der Zweck dieses Instruments ist, Dozenten dabei zu unterstützen, sich der Ziele bewusst zu werden, die sie in einzelnen Lehrveranstaltungen anstreben, und die Diskussion zu Lehr- und Lernzielen des Hochschulunterrichts unter Kollegen anzuregen. Hier gilt, ähnlich wie schon beim Fragebogen zu Ihren Lehrmethoden (Kap. 1):

- Beantworten Sie bitte jede Aussage für eine *bestimmte* Lehrveranstaltung. Falls Sie noch keine abgehalten haben, tun Sie einfach so als ob. Ihre Antworten beziehen sich ausschließlich auf *diese* Veranstaltung; für andere Veranstaltungen oder im Hinblick auf Ihre generellen Lehrziele können die Antworten natürlich anders ausfallen.
- Halten Sie sich nicht lange bei einer Aussage auf: Ihre erste Reaktion ist wahrscheinlich die beste. Es gibt keine richtigen oder falschen, sondern lediglich auf Sie persönlich mehr oder weniger zutreffende Antworten.
- Beurteilen Sie die Ziele im Hinblick darauf, wie wichtig es für Sie ist, dass die Studierenden das jeweilige Ziel in dieser Veranstaltung erreichen.
- Sie können sich auch als Erstes einen Überblick über die Ziele insgesamt verschaffen, um die relative Bedeutung der einzelnen Ziele besser abschätzen zu können.

Lehrziel-Inventar (LZI)

Lehrgebiet: ______________________________

Titel der Lehrveranstaltung: ______________________________

Art der Lehrveranstaltung: ______________________________

	essentiell	sehr wichtig	wichtig	unwichtig	nicht zutreffend
1. Die Fähigkeit entwickeln, gelernte Prinzipien und Generalisierungen auf neue Probleme und Situationen anzuwenden.	1	2	3	4	5
2. Analytische Fertigkeiten entwickeln.	1	2	3	4	5
3. Problemlösefertigkeiten entwickeln.	1	2	3	4	5
4. Die Fähigkeit entwickeln, vernünftige Schlussfolgerungen aus Beobachtungen zu ziehen.	1	2	3	4	5
5. Die Fähigkeit zur Synthese und Integration von Informationen und Ideen entwickeln.	1	2	3	4	5
6. Die Fähigkeit zu holistischem (ganzheitlichem) Denken entwickeln, sowohl das Ganze als auch die Teile sehen.	1	2	3	4	5
7. Die Fähigkeit zu kreativem Denken entwickeln.	1	2	3	4	5
8. Die Fähigkeit entwickeln, zwischen Fakten und Meinungen zu unterscheiden.	1	2	3	4	5
9. Die Aufmerksamkeit verbessern.	1	2	3	4	5
10. Die Fähigkeit verbessern, sich zu konzentrieren.	1	2	3	4	5
11. Das Gedächtnis verbessern.	1	2	3	4	5
12. Das Zuhören verbessern.	1	2	3	4	5
13. Den sprachlichen (mündlichen) Ausdruck verbessern.	1	2	3	4	5
14. Das Textstudium verbessern.	1	2	3	4	5
15. Den schriftsprachlichen Ausdruck verbessern.	1	2	3	4	5
16. Angemessene Studienfertigkeiten, -strategien und -gewohnheiten entwickeln.	1	2	3	4	5
17. Mathematische Kenntnisse verbessern.	1	2	3	4	5
18. Fachtermini und Fakten des Fachs lernen.	1	2	3	4	5
19. Konzepte und Theorien in diesem Fach lernen.	1	2	3	4	5

20. Das Können im Umgang mit Materialien/Gegenständen/ Technologie entwickeln, die zentral für dieses Fach sind.	1	2	3	4	5
21. Sichtweisen und Werte dieses Fachs zu verstehen lernen.	1	2	3	4	5
22. Auf den Beruf oder ein Graduiertenstudium vorbereiten.	1	2	3	4	5
23. Techniken und Methoden lernen, um neues Wissen in diesem Fach zu erwerben.	1	2	3	4	5
24. Methoden und Materialien in diesem Fach kritisch zu bewerten lernen.	1	2	3	4	5
25. Wichtige Beiträge in diesem Fach zu würdigen lernen.	1	2	3	4	5
26. Eine wertschätzende Haltung den Geisteswissenschaften und Technikwissenschaften gegenüber entwickeln.	1	2	3	4	5
27. Offenheit für neue Ideen entwickeln.	1	2	3	4	5
28. Eine informierte Meinung zu aktuellen sozialen Fragen entwickeln.	1	2	3	4	5
29. Verantwortung entwickeln, sich für die Rechte und Pflichten eines mündigen Bürgers einzusetzen.	1	2	3	4	5
30. Eine lebenslange Freude am Lernen entwickeln.	1	2	3	4	5
31. Sinn für Ästhetik entwickeln.	1	2	3	4	5
32. Verständnis für historische Abläufe entwickeln.	1	2	3	4	5
33. Verständnis für die Rolle der Naturwissenschaft und Technik entwickeln.	1	2	3	4	5
34. Verständnis für andere Kulturen entwickeln.	1	2	3	4	5
35. Die Fähigkeit entwickeln, ethisch begründete Entscheidungen zu treffen.	1	2	3	4	5
36. Die Fähigkeit entwickeln, produktiv mit anderen zusammen zu arbeiten.	1	2	3	4	5
37. Managementfähigkeiten entwickeln.	1	2	3	4	5
38. Führungsfähigkeiten entwickeln.	1	2	3	4	5
39. Die Verpflichtung zu präziser und genauer Arbeit entwickeln.	1	2	3	4	5
40. Die Fähigkeit entwickeln, sich nach Anweisungen, Instruktionen und Planungen zu richten.	1	2	3	4	5
41. Die Fähigkeit entwickeln, die Zeit effektiv zu organisieren und zu nutzen.	1	2	3	4	5
42. Die Verpflichtung zu persönlicher Leistung entwickeln.	1	2	3	4	5
43. Die Fähigkeit entwickeln, die Arbeit professionell auszuführen.	1	2	3	4	5
44. Einen Sinn dafür entwickeln, sich für das eigene Verhalten verantwortlich zu fühlen.	1	2	3	4	5

45. Selbstachtung und Selbstvertrauen stärken.	1	2	3	4	5
46. Die Verpflichtung entwickeln, zu den eigenen Werten zu stehen.	1	2	3	4	5
47. Den Respekt gegenüber anderen entwickeln.	1	2	3	4	5
48. Wert legen auf psychische Gesundheit und Wohlbefinden.	1	2	3	4	5
49. Wert legen auf physische Gesundheit und Wohlbefinden.	1	2	3	4	5
50. Wert legen auf eine aktive Verpflichtung zur Aufrichtigkeit.	1	2	3	4	5
51. Die Fähigkeit zu selbständigem Denken entwickeln.	1	2	3	4	5
52. Die Fähigkeit entwickeln, kluge Entscheidungen zu treffen.	1	2	3	4	5

53. Was sehen Sie als Ihre wichtigste Rolle als Lehrender an?
(Bitte nur eine Antwort ankreuzen)
- den Studierenden Fakten und Prinzipien des Fachs beizubringen
- ein Rollenmodell für die Studierenden darzustellen
- den Studierenden zu helfen, komplexes Denken zu entwickeln
- die Studierenden auf ihre berufliche Karriere vorzubereiten
- Entwicklung und persönliches Wachstum der Studierenden zu fördern
- den Studierenden zu helfen, grundlegende Lernfähigkeiten zu entwickeln

Auswertung

Wie viele der Ziele haben Sie insgesamt als »essentiell« (1) bewertet?____
Wie viele der Ziele haben Sie in jeder der sechs unten aufgeführten Kategorien als »essentiell« bewertet?

Nr.	Kategorie	Gesamtzahl »essentieller« Ziele in jeder Kategorie	Rangfolge der Kategorien von I – VI
1 – 8	I Komplexe Denkfähigkeiten		
9 – 17	II Grundlegende Lernfähigkeiten		
18 – 25	III Fachspezifisches Wissen und Fertigkeiten		
26 – 35	IV Geisteswissenschaften und akademische Werte		
36–43	V Vorbereitung auf die berufliche Karriere		
44–52	VI Persönliche Entwicklung		

Zusammengestellt nach dem »Teaching Goals Inventory (TGI)« in Angelo, T.A., K.P. Cross (1993). Permission to reproduce is granted by the authors. Für deutsche Verhältnisse adaptiert.

Mit der folgenden Tabelle können Sie Ihre Durchschnittswerte pro Kategorie berechnen.

Nr.	Kategorie	Summe der Ratings pro Kategorie	Summe dividiert durch die Zahl der zugeordneten Kategorien	Ihre Werte pro Kategorie	Werte aus US-4-Year-Colleges '90
1 – 8	I Komplexe Denkfähigkeiten				M = 2,95; s = 1,02
9 – 17	II Grundlegende Lernfähigkeiten				M = 2,88; s = 1,23
18 – 25	III Fachspezifisches Wissen und Fertigkeiten				M = 2,14; s = 1,05
26 – 35	IV Geisteswissenschaften und akademische Werte				M = 2,84; s = 1,30
36–43	V Vorbereitung auf die berufliche Karriere				M = 2,73; s = 1,23
44–52	VI Persönliche Entwicklung				M = 2,72; s = 1,22

3.5 Lernzielebenen berücksichtigen

Wer nicht weiß,
wohin er will, braucht sich
nicht zu wundern,
wenn er ganz woanders ankommt.

Eine Möglichkeit, um zu wissen, wohin Sie wollen und in der Folge dort auch anzukommen, ist die Formulierung von Lernzielen. Hiermit beschreiben Sie, wozu die Studierenden in der Lage sein sollen, nachdem sie Ihre Lehrveranstaltung besucht haben.

Lernzielarten

Drei Lernzielarten können unterschieden werden. Sie reichen von sehr allgemeinen bis zu sehr präzisen Lernzielformulierungen.

1. *Lernziele hoher Abstraktion:* Richtziele. Sie schließen nur wenige Alternativen aus und sind sehr unspezifisch formuliert.
   Beispiel: »Lehre und Studium sollen den Studenten auf ein berufliches Tätigkeitsfeld vorbereiten.«
2. *Lernziele mittlerer Abstraktion:* Grobziele. Sie sind durch unspezifische Begriffe formuliert und lassen viele Alternativen zu.
   Beispiel: »Intelligenztheorien vergleichend betrachten können.« Das angestrebte Ziel ist eher vage ausgedrückt, es gibt keinen Beurteilungsmaßstab.
3. *Lernziele niedriger Abstraktion:* Feinziele. Sie sind eindeutig formuliert, schließen Alternativen weitgehend aus und machen konkrete Angaben zur beabsichtigten Qualifikation, die ein Lernender erreichen soll.
   Beispiel: »Die Hauptgütekriterien standardisierter Testverfahren benennen und definieren können.«

Lernzieltaxonomie

Für den kognitiven Bereich können Lernziele danach unterschieden werden, welchen Komplexitätsgrad die notwendigen kognitiven Prozesse haben. Auf diese Weise erhält man ein

Klassifikationssystem (Taxonomie), das von einfachen kognitiven Fähigkeiten (Wissen erinnern) zu immer komplexeren kognitiven Fähigkeiten (Synthese und Beurteilung des Wissensbestandes) aufsteigt.

Wissen
- Einzelheiten erinnern: Kenntnis von Begriffen und Wörtern
- Kenntnisse einzelner Fakten (z. B. Formeln)
- Kenntnis von Wegen und Mitteln für den Umgang mit konkreten Einzelheiten
- Kenntnis der Universalien und Abstraktionen eines Gebietes, Kenntnisse von Prinzipien (z. B. Merkmale von Testverfahren)
- Kenntnisse von Theorien und Strukturen; klare Betrachtungsweise eines bestimmten Gebietes

Verständnis
- Übertragung (z. B. Daten in Diagramme übertragen)
- Interpretation (z. B. Ergebnisse von Datensätzen interpretieren)
- Extrapolation (aus gegebenen Daten Prognosen ableiten)

Anwendung
- Gelerntes auf neue Probleme oder Aufgabenstellungen anwenden

Analyse
- Analyse von Elementen. Identifizierung einzelner Elemente
- Analyse von Beziehungen: Fähigkeit, die Beziehungen zwischen den einzelnen Elementen zu verstehen
- Analyse von Organisationsprinzipien: Strukturen verstehen

Synthese
- Zusammensetzung von Elementen und Teilen zu einem Ganzen
- Fähigkeit, sich schriftlich oder mündlich auszudrücken
- Entwerfen eines Plans oder eines Programms für eine Reihe von Operationen, z. B. Ablaufplan entwickeln
- Ableitung einer Reihe abstrakter Beziehungen, z. B. neue Hypothesen entwickeln

Beurteilung
- Beurteilung im Hinblick auf innere Klarheit
- Erkennen von Fehlern und Begründung
- Beurteilen im Hinblick auf äußere Kriterien

Die Taxonomie kann ein wichtiges Hilfsmittel bei der Unterrichtsplanung sein. Mit ihrer Hilfe können Sie feststellen, ob Sie in Ihrem Unterricht Lernziele auf allen Stufen anstreben, ob die gestellten Prüfungsaufgaben den Lernzielen entsprechen und ob Sie adäquate Lehrstrategien zur Erreichung der Lernziele einsetzen. Lernzieltaxonomien sind nicht unumstritten. Wenn man Lernziele in Verhaltensbegriffen definiert, wird leicht übersehen, dass tatsächlich geäußertes Verhalten kein sinnvolles Lernziel ergibt, da das geäußerte Verhalten nicht ohne Abweichungen wiederholt werden kann. Daher sollte das Ziel ein *Verhaltensmuster* sein, d. h. das regelmäßige zukünftige Verhalten. Dies bedeutet, dass eine Persönlichkeitsänderung angestrebt wird. Dabei ist das gezeigte Verhalten der Indikator für das Erreichen des Ziels, nicht aber das Ziel selbst.

3.6 Prüfungsmodus festlegen

Prüfungen sind ein Kapitel für sich und werden daher auch in einem eigenen Kapitel abgehandelt (Kap. 8). Hier nur soviel: Mit der Art der Prüfung(en) legen Sie fest, was und wie die Studierenden lernen. Sie haben hier die größte Möglichkeit, das studentische Lernen zu beeinflussen. Wenn Sie zu Beginn der Veranstaltung klar und deutlich die Ziele formulieren, den Prüfungsmodus beschreiben und dazu erläutern, mit welchen Methoden Sie erreichen wollen, dass die Studierenden die Prüfung bestehen können, dann lernen die Studierenden auch dementsprechend.

Lehrziel	Prüfungsmodus	Lehrmethode
Reproduktion (= Kennen)	Faktenfragen	Vorlesung
Reorganisation (= Verstehen)	Verständnisfragen	Übung, Seminar, Lerngruppen
Transfer (= Anwenden)	Individuelle bzw. Gruppenlösung	Kooperatives bzw.Teamlernen
Problemlösung (= Beurteilen)	Projektbericht	Problemorientiertes Lernen

Tab. 1: Passung von Lehrziel, Prüfungsmodus und Lehrmethode.

3.7 Lehrmethoden bestimmen

Wenn Ziele und Prüfungsart festgelegt sind, dann ergeben sich daraus in der Regel auch die Lehrmethoden, mit denen diese Ziele erreicht werden können. Wenn die Ziele über den Erwerb von Faktenwissen hinausgehen – und das sollte der Regelfall sein – dann ist z. B. die klassische Vorlesung eine ungeeignete Lehrmethode, um diese Ziele zu erreichen. Wie in Vorlesungen die Studierenden aktiviert werden können und damit höhere Lehrziele erreicht werden können, erfahren Sie in Kap. 11.1 und Kap. 11.

Passung von Lehrziel, Prüfungsmodus und Lehrmethode überprüfen

Wenn Sie über Ziele, Prüfungsart und Lehrmethode entschieden haben, dann ist der Zeitpunkt gekommen, um zu überprüfen, ob dies alles auch zusammenpasst. Die folgende Übersicht kann Ihnen dabei helfen. In ihr ist das Verhältnis zwischen Lehrziel, Prüfungsmodus und Lehrmethode in einen Zusammenhang gebracht (Tab. 1).

3.8 Lehrinhalte auswählen

Sie werden sich vielleicht gewundert haben, warum wir erst jetzt auf die zu behandelnden Inhalte zu sprechen kommen. Dies hat seinen guten Grund. Eingangs wurden die unterschiedlichen Vorgehensweisen von Dozenten bei der Planung einer Lehrveranstaltung beschrieben: die inhalts- und die lernzentrierte. Bei jener beginnt man mit den Inhalten und stößt dann rasch auf das Problem der *Auswahl* von Inhalten. Bei dieser ergeben sich die Inhalte zwanglos aus den vorausgegangenen Überlegungen zu Zielen, Prüfungsart und Methoden. Die Frage lautet dann: *Welche* der Inhalte sind geeignet und passen dazu? Das zu entscheiden, wird Ihnen jetzt wesentlich leichter fallen.

3.9 Medien einsetzen

Der Medieneinsatz in der Lehre reicht von dem einen Extrem, der hinter einem Pult gehaltenen Vorlesung von 90 Minuten, ohne Bewegung im Raum und ohne Pause, bis zum anderen, der Multimedia-Show, in der alle medialen Register gezogen werden und ein Feuerwerk an wechselnden Eindrücken auf die Studierenden niederprasselt. Das eine wie das andere Extrem ist lernschädlich. Das erste kann am besten mit einem studentischen Graffiti beschrieben werden: »Alles schläft, nur einer spricht, das nennt man Hochschulunterricht.“

Im zweiten Beispiel geschieht es leicht, dass die Form den Inhalt erschlägt und die Studierenden fasziniert verfolgen, was technisch alles möglich ist, ohne dabei auch nur einen Bruchteil des Inhalts zu erfassen. Dies trifft auch auf Powerpoint-Präsentationen zu, in denen alle Animationsmöglichkeiten ausgenutzt werden. Dem Medieneinsatz »mit Stecker« widmen wir im Folgenden eigene Kapitel.

4 Die Bilder an der Wand – Folien und Dias in Vorlesung und Vortrag

Hans-Christoph Bartscherer

Hören und Sehen sind die üblichen Sinne, mit denen die Studenten unsere Informationen aufnehmen. So wie für das Sprechen vereinbarte Regeln gelten, damit der Inhalt richtig aufgenommen wird, gelten auch für die Bilder und ihre Inhalte Grundsätze und Regeln, die die korrekte Interpretation, das richtige Lesen der Bilder ermöglichen.

4.1 Die Aufgabe der Bilder

Häufig besteht die Auffassung, dass alles, was gesagt wird, auch projiziert werden muss. Ganze Texte oder Formelserien werden an die Wand projiziert und eigentlich fehlt nur, dass die Worte des Vortragenden auch noch aus dem Speicher des Computers kommen. Dann könnte der Dozent eigentlich zu Hause bleiben und den Studenten alles automatisch vorspielen lassen. – Wenn das eine geeignete Alternative ist, sollten wir es auch so machen. Für gute Lehre macht es allerdings sehr oft Sinn, dass der Dozent leibhaftig vorträgt und durch seine Persönlichkeit und sein Engagement den Studierenden das Lernen erleichtert. Welche Rolle spielen die Bilder dabei?

Jedes Bild an der Wand zieht einen Teil der Aufmerksamkeit vom Dozenten ab. Das darf nicht so weit gehen, dass die Bilder den Vortrag beherrschen und der Dozent nur noch eine Zugabe darstellt – »Die Bilder sind nicht der Vortrag«. Das Bild soll den Studenten helfen, komplexe Sachverhalte leichter aufzunehmen (z. B. Diagramme), und es soll helfen, den Arbeitsspeicher im Gehirn der Studenten zu entlasten (z. B. Gliederungen). Das bedeutet also: Der Dozent muss sich der Bilder souverän bedienen, sie sind ein Werkzeug für seine Arbeit. Werkzeuge müssen Sie handhaben können. Dazu habe ich einige Punkte zusammengestellt.

4.2 Die Projektion der Bilder

Die folgende Darstellung orientiert sich an DIN 19045, ist aber in ihren Details stark vereinfacht und dadurch auch angreifbar. Es geht mir aber nicht darum, etwa den Erfassungsvorgang eines Bildinhaltes, der ja nicht nur durch das Auge bestimmt wird, wissenschaftlich korrekt darzustellen. Ich möchte vielmehr durch einfache Bilder die wichtigen Zusammenhänge bei der Projektion deutlich werden lassen.

Sofie sitzt ganz hinten im Hörsaal, Seminarraum, Klassenzimmer und betrachtet ein auf die Wand projiziertes Dia bzw. eine Folie (Abb. 5).

Ihr wird nun das jeweils gleiche Bild nacheinander in verschiedener Größe dargeboten und die Zeit t gemessen, die sie zum Erfassen des Bildinhaltes benötigt. Ist das Bild sehr klein, so ist die *Erkennbarkeit* schlecht: Sofie braucht ziemlich lange, um die Details, insbesondere die Schrift, zu entziffern. Wenn das Bild recht groß ist, ist die *Erfassbarkeit* schlecht: Sofie muss – wie im Breitwandkino in der ersten

Reihe – den Kopf ständig hin- und herbewegen, um alles zu erfassen.

Dazwischen gibt es einen Bereich optimaler Bildgröße (a). Er liegt etwa bei $^1/_5$ des Abstandes E, den Sofie von der Bildwand hat. Für Erika, die in der ersten Reihe sitzt, ist das Bild unter dieser Bedingung etwas zu groß, aber sie kann es auf jeden Fall gut erkennen (Abb. 6).

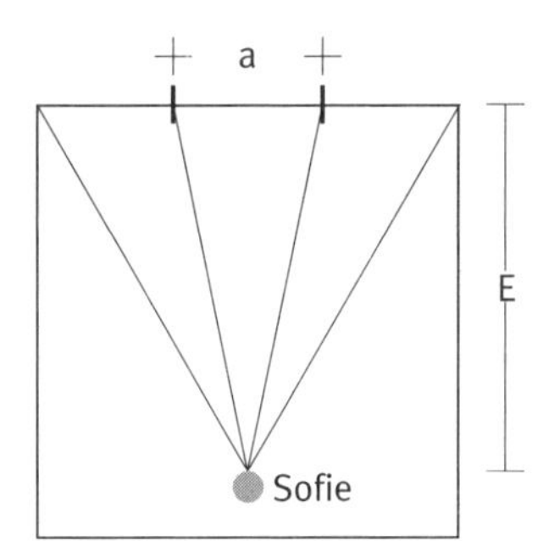

Abb. 5: Sophie blickt auf die Wand.

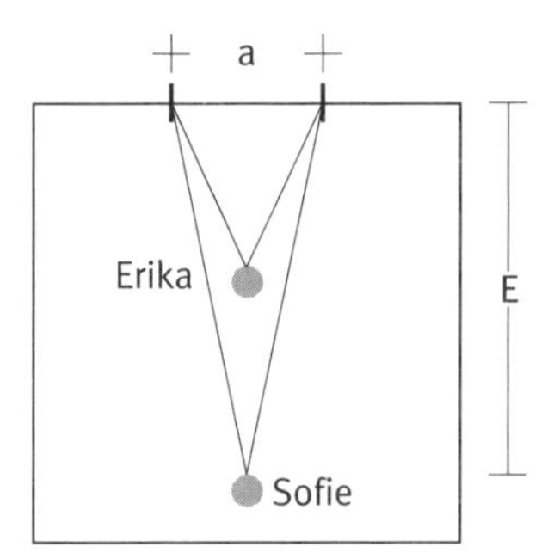

Abb. 6: Blick von Sofie und Erika auf die Wand.

Betrachten wir etwas genauer Sofies Auge, auf dessen Netzhaut sich das projizierte Bild abbildet, so wird einsichtig, dass das Netzhautbild immer eine optimale Größe haben sollte (Abb. 7). Es kommt also nur auf den Winkel an, unter dem das Bild a gesehen wird. Für einen größeren Saal mit E_1 ergibt sich wieder das gleiche Verhältnis $a_1/E_1 = {}^1/_5$.

Die Erfüllung der $a = {}^E/_5$-Regel ist Voraussetzung für eine korrekte Projektion. Die Regel gibt zugleich die richtige Leinwandgröße an. Die $a = {}^E/_5$-Regel sichert, dass die Projektion auch in unterschiedlich großen Räumen immer optimal an das menschliche Sehen angepasst ist. Verantwortlich dafür, dass die Regel eingehalten wird, ist derjenige, der zum Vortrag, zur Vorlesung, zum Unterricht einlädt.

Einfacher Test auf der Basis des Strahlensatzes: Legen Sie die fünf Finger der Hand zusammen und strecken Sie den Arm aus. Peilen Sie aus der größten Zuschauerentfernung mittels der Handfläche am ausgestreckten Arm die Projektionsfläche mit einem Auge an. Sie muss sich gerade abdecken lassen. Bei den meisten Menschen ist nämlich das Verhältnis Handflächenbreite : Armlänge auch 1 : 5. Offenbar hat uns die Evolution für diesen Zweck gut ausgestattet.

Projektionsfeld anpassen:

1. Schritt: Aus der größtmöglichen Betrachterentfernung E die erforderliche Bildkantenlänge $a = {}^E/_5$ ermitteln.
2. Schritt: Projektor so einrichten, dass $a = {}^E/_5$ ist.

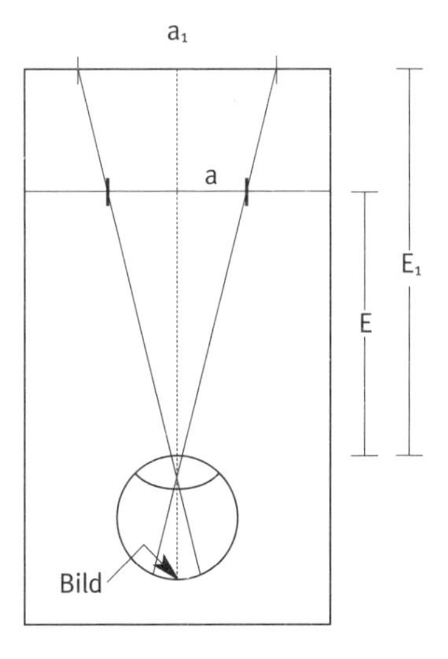

Abb. 7: Das Auge blickt auf die Wand.

In welcher Entfernung von der Bildwand muss dann der Projektor stehen, damit das Bild die

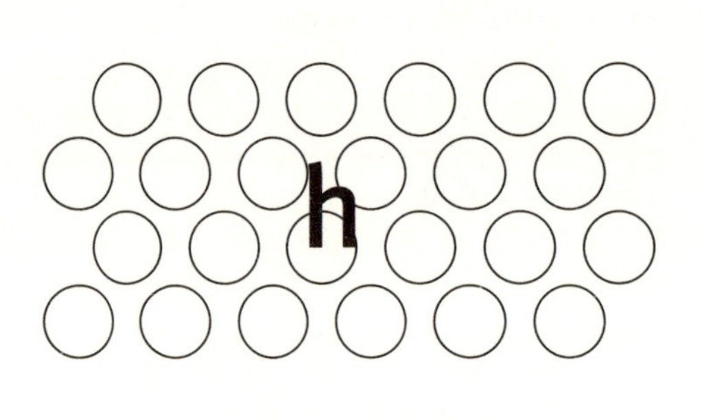

Abb. 8: Darstellung von Schrift auf der Netzhaut.

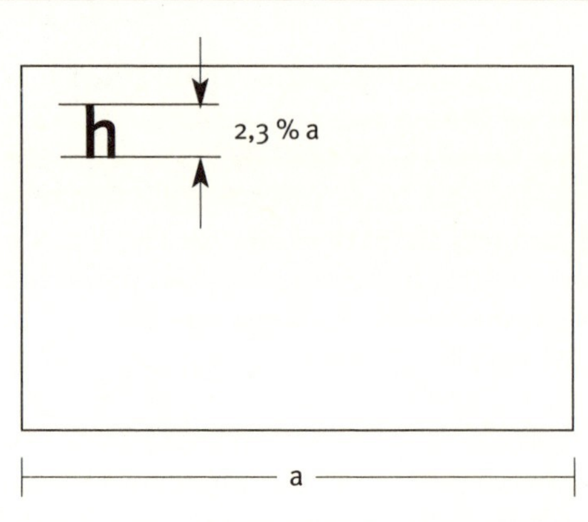

Abb. 9: Buchstabenhöhe = 2,3 % der Bildkantenlänge a.

ermittelte Größe (a) hat? Sie ist an sich beliebig – bei entsprechender Optik. Einen *Arbeitsprojektor* (Overheadprojektor) mit vorgegebener Optik schiebt man so weit von der Bildwand weg, bis das Bild die Größe (a) hat. *Beamer* sind meist mit einem Zoomobjektiv ausgestattet, mit dem die optimale Bildgröße bequem eingestellt werden kann. Bei Objektiven mit fester Brennweite lässt sich die richtige Bildgröße nur über die Entfernung von der Bildwand einstellen – oder über ein anderes Objektiv. Dasselbe gilt für Diaprojektoren.

4.3 Die Schriftgröße

Wie groß müssen die Details im Bild sein, damit sie leicht und schnell erfasst werden können? Als charakteristisches Detail verwenden wir einen Buchstaben der Schrift (Abb. 8).

Betrachten wir die Netzhaut von Sofies Auge, auf der z. B. ein *h* abgebildet wird. Das *h* muss schon deshalb eine Mindestgröße auf der Netzhaut haben, weil sonst zu wenig Sehzellen gereizt werden, um es als *h* zu erkennen. Es kommt also auf den Winkel an, unter dem das *h* gesehen wird. Die Schrift wird dann rasch erfasst, wenn die Buchstabenhöhe 2,3 % der Bildkantenlänge a beträgt. (Abb. 9)

Dabei ist es gleichgültig, *wie* die Schrift auf der Wand entsteht: mit der Kreide auf der Tafel, durch Projektion einer Folie, eines Dias oder durch direkte Videoprojektion.

Die Schriftgröße *h* sollte 2,3 % der Vorlagenkante a sein.

Für diejenigen, die dem Trend unserer Zeit schon voraus sind und wieder die Tafel benutzen: Ermitteln Sie die notwendige Schriftgröße, und markieren Sie sich diese auf dem Tafelrand mit wasserfestem Filzstift. Dann haben Sie immer einen Anhaltspunkt für die passende Schriftgröße. (Größer darf es schon sein, aber kleiner nicht.)

Bei der Projektion ist das Bild auf der Wand eine geometrisch ähnliche Abbildung der Vorlage (alle Details sind im gleichen Maßstab vergrößert). Die Vorschrift h = 2,3 % a gilt also auch für die Vorlagen. Im Gegensatz zur Tafelschrift, die in verschieden großen Sälen verschieden groß sein muss, müssen Sie also auf den Vorlagen immer gleich groß schreiben.

Eine richtig hergestellte Folie (Dia) kann man in jedem beliebig großen Raum verwenden, wenn die Projektionsbedingungen (siehe oben) eingehalten werden.

Die Schriftstärke sollte $^{1}/_{10}$ der Schriftgröße sein.

Overhead-Projektoren sind für Folien vom Format DIN A4 ausgelegt, die Kantenlänge der Folie beträgt ca. 300 mm. Die Buchstabenhöhe auf der Folie muss also 2,3% × 300 mm = 7 mm sein. Dabei ist es ganz gleichgültig, wie die Schrift auf der Folie entsteht: von Hand, mit Computer, durch Kopieren oder auf andere Weise.

- *Handschrift auf Folien muss mindestens 7 mm groß sein.* Für handschriftlich hergestellte Folien hat sich ein Linienblatt bewährt, das man unter die Folie legt:
  Buchstabengröße: 7 mm
  Schriftstärke: 0,7 mm
  Zeilenabstand: 11 mm
- Verwenden Sie eine leicht lesbare (serifenlose) Schrift, können Sie die Buchstabengröße gegenüber der Handschrift um den Faktor 1,4 verkleinern: 5 mm (auf DIN A4). Eine Angabe der Schriftgröße in »Punkt« bezieht sich auf die jeweilige Schriftart und ist nicht allgemein in mm umrechenbar. Für die bewährte Schrift Arial ergibt sich als Mindestschriftgröße 20 Punkt. Das gilt genauso für Folien, die für den Beamer erzeugt werden.
- *DIN-A4-Seiten mit üblicher Schrift,* die also 1:1 kopiert wurden, sind für die Projektion völlig ungeeignet. Das bleibt auch ungeachtet dessen wahr, dass dieser Unsinn weit verbreitet ist.
- *Andere Vorlagen* aus Büchern oder Artikeln zu kopieren, ist in der Regel keine gute Idee, da sie häufig zu komplex sind. Im Übrigen gilt das Gleiche: Sie müssen beim Kopieren auf die Folie so hoch vergrößern, dass die Schrift 7 mm (bei optimal lesbarer Schrift jedoch mindestens 5 mm) groß wird.
- *Große Tabellen, Pläne, Übersichten* werden bei entsprechend großer, lesbarer Schrift einfach »insgesamt zu groß«. Erste Frage: Braucht man sie wirklich? Sofie und Co. entwickeln einen erheblichen Lesewiderstand gegen informationsüberladene Bilder!

Wenn es sein muss, kann man sich so helfen: An einer Folie mit den (lesbaren) Hauptpunkten und den nur angedeuteten Detailpunkten erläutert man die Übersichtsfragen. Auf Detailfolien, die nur jeweils einen Ausschnitt zeigen, behandelt man die Einzelfragen. Die Hauptfolie kann man währenddessen mit einem zweiten Projektor zeigen oder man setzt sie als kleines Inset in eine Ecke jeder Detailfolie.

4.4 Die Gestaltung der Bilder

Aus der oben beschriebenen Funktion heraus ergeben sich zwangsläufig einige elementare Regeln zur Gestaltung der Vorlagen, insbesondere also der Folien – seien es Overheadfolien oder ihre Äquivalente im Computer.

- Strukturieren Sie die Inhalte durch Anordnung, Hervorhebung und Zuordnung. Das Gehirn sucht automatisch nach Strukturen, um sich die Erfassung, Verarbeitung und Speicherung zu erleichtern. Dabei können Sie es von unnötiger Arbeit entlasten, indem Sie die richtigen Strukturen vorgeben.
- Üben Sie Askese! Befolgen Sie die 7 × 7-Regel, besser die 5 × 5-Regel: maximal 5 Zeilen pro Folie, maximal 5 Wörter pro Zeile. »Maximal« heißt: weniger ist besser. Geizen Sie mit jedem Wort. Diese Regel leitet sich aus der sogenannten Gedächtnisspanne ab. Im Durchschnitt können Studierende in Ihrem Kurzzeitgedächtnis (dem Arbeitsgedächtnis, das während der Veranstaltung aktiv ist) 7 ± 2 Informationseinheiten (Wörter, Bilder, Zahlen usw.) verarbeiten, bevor sie entweder verloren gehen oder aktiv in das Langzeitgedächtnis transferiert werden. Halten Sie Schemata, Bilder, Grafiken so einfach wie möglich, so dass sie nur das Wesentliche der Botschaft transportieren. Viele Einzelheiten verstellen den Blick für das Wesentliche.
- Seien Sie sparsam mit Farben. Zusätzliche Reize verlangsamen die Arbeit des Gehirns. Wir empfehlen, möglichst nicht mehr als

3 Farben zu benutzen (zu schwarz und weiß dazu). Benutzen Sie die Farben, um Strukturen sichtbar zu machen. Benutzen Sie sie aber nicht als einziges Unterscheidungsmerkmal, da farbuntüchtige Studenten sonst hilflos sind.

- Testen Sie, ob auch die Studierenden in der letzten Reihe alles deutlich und klar lesen können (vgl. Kap. 4.2).
- Benutzen Sie für die Folienerstellung eines der vorhandenen Programme (z. B. Powerpoint), aber verzichten Sie auf allen Schnickschnack.

4.5 Bild und Ton

Wenn ein neues Bild an der Wand erscheint, wendet sich die Aufmerksamkeit vom Dozenten zum Bild. Das ist unvermeidbar. Solange das neue Bild betrachtet wird, können Sie als Dozent nichts vermitteln: Sie werden nicht gehört. Da die Betrachtungszeit erheblich sein kann, ist es am besten, wenn Sie das Bild gemeinsam mit Ihren Studenten ansehen und sie gezielt durch das Bild führen. Dabei können Sie gleich die richtigen Schwerpunkte setzen, was auch wieder zeitökonomisch ist.

Achten Sie darauf, dass Ihre Bilder zu dem passen, was Sie sagen. Es ist z. B. schlechte handwerkliche Praxis, Bilder stehen zu lassen, die nicht mehr gebraucht werden. Synchronisieren Sie Bild und Ton auch innerhalb der Folien. Das geschieht bei Overheadfolien oft durch Abdecken eines Teils der Folien. Die Praxis zeigt allerdings, dass nicht wenige Studenten einen erheblichen »Hass« auf den Dozenten entwickeln, weil er ihnen nicht alles zeigt. Dies ist sicherlich kein guter Zustand. – Hier sind Powerpoint-Folien klar überlegen: Sie können z. B. einzelne Zeilen aktivieren und dann zur rechten Zeit mit Mausklick aufrufen. Vermeiden Sie aber allen Schnickschnack; brauchbare Verfahren, wie die Schrift ins Bild kommt, sind »Wischen von links« (früher: »Rollen von links«) und »Erscheinen« (vgl. Kap. 5).

4.6 Zeigen

Um Ihre Bilder zu erläutern, zeigen Sie auf bestimmte Details.

Die erste Frage ist: Wo soll man zeigen? Klassisch neben dem Overheadprojektor oder dem Laptop (mit Beamer) stehend und auf diesem mit Zeiger oder Maus arbeitend – oder an der Wand mit Stock oder Laserpointer? Aus all unseren Lehrberatungen heraus können wir die klare Empfehlung geben: Zeigen Sie an der Wand! Das ist der Ort, zu dem die Studenten hinschauen. Schauen Sie mit Ihnen gemeinsam dorthin und zeigen Sie dort. – Der Overheadprojektor steht aus optischen Gründen meist sehr nah bei den Studenten, ist also als Standort für den Dozenten denkbar ungeeignet. Ein Laptop ist nicht an den Ort gebunden, Sie können ihn also im Sinne einer optimalen Bühnenpräsenz aufstellen, wo Sie es für gut befinden. In beiden Fällen führt das Zeigen »am Gerät« aber praktisch immer dazu, dass Sie sich dem Gerät zuwenden, zu diesem hin sprechen, mit ihm kommunizieren – statt mit Ihren Studenten. »Der Dozent in trautem Zwiegespräch mit seinem Laptop« ist unsere Formulierung für dieses Verhalten.

Die zweite Frage: Womit soll man zeigen? Wir empfehlen den altmodischen Stock. Zeigen tut man eigentlich mit dem Arm, wenn er zu kurz ist, mit einem Stock. (Zeigestöcke mit rechteckigem Querschnitt – einfache Latten aus dem Baumarkt – rollen übrigens nicht vom Tisch!) Ein Teleskop-Zeiger, den es auch in Jumbo-Ausführung bis zu 1,25 m Länge gibt, verleiht Ihnen den technisch-modernen Touch. Das Zeigen an der Wand und mit einem Stock erfordert auch ein wenig körperlichen Einsatz. Das ist gut für Sie und Ihren Vortrag, es ist aber auch für die Studenten gut. Wenn auf der Bühne ein wenig Aktion ist, wird Ihr Vortrag leichter aufgenommen. Achten Sie darauf, dass der Stock auf der Wand aufliegt. Sonst zeigen Sie zusätzlich mit dem Schatten des Stockes – und zwar auf einen ganz anderen Punkt im Bild.

Laserpointer empfehlen wir nur, wenn es nicht anders geht, weil der körperlich sichtbare Zeigecharakter nicht zur Geltung kommt. Wenn Sie ihn verwenden müssen, achten Sie auf diszipliniertes Arbeiten: nur einschalten, wenn Sie wirklich zeigen. Inzwischen gibt es grün strahlende Laserpointer, die bei gleicher elektrischer Leistung erheblich heller wahrgenommen werden als die üblichen rot strahlenden.

Damit Sie an der Wand gut zeigen können, sollte die Projektionsfläche links von der Mitte der Bühne angeordnet sein (Abb. 10). Sie können dann in der Mitte stehen, wo alle Sie sehen, und mit rechts zeigen. Wenn die Projektionsfläche links angeordnet sein sollte und sich das nicht ändern lässt, zeigen Sie mit links. Das geht viel besser, als Sie vermuten.

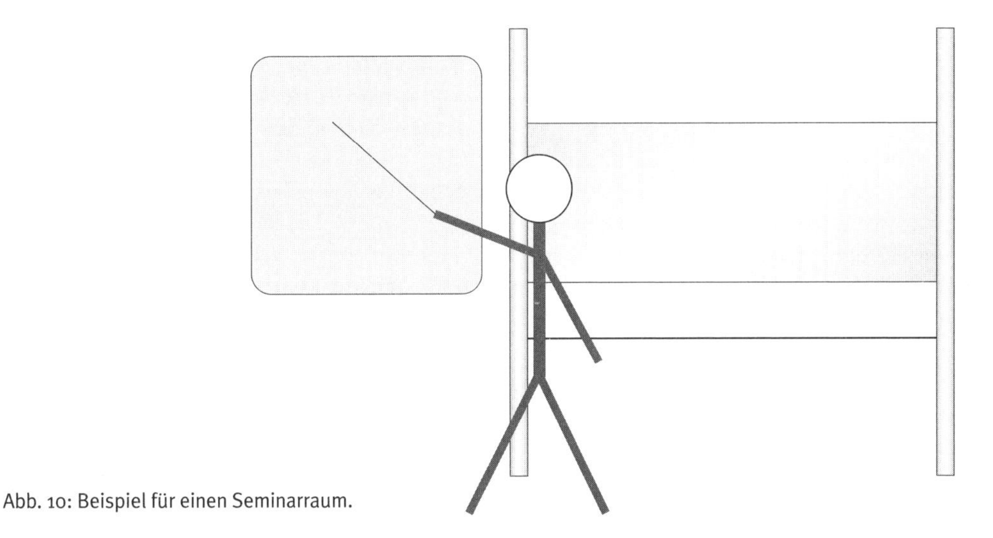

Abb. 10: Beispiel für einen Seminarraum.

5 Hochschullehre mit digitaler Projektion

Gerhard Lehrberger

Die digitale Projektionstechnik hat inzwischen in allen Bereichen, in denen Lehre stattfindet, Einzug gehalten. In zunehmendem Maße wird bei Vorlesungen und Vorträgen an Hochschulen digital projiziert. Nach einer ersten Begeisterung für das »neue Medium« werden jedoch auch viele kritische Stimmen laut, weil sich die Erwartungen an eine anregende und abwechslungsreiche Präsentation nicht immer erfüllen. Häufig wird dies an einer Effektüberfrachtung und zu schablonenhaften Gestaltung liegen, die vom eigentlichen Inhalt ablenken und die die Zuhörer auf Dauer ermüden.

Bisher gibt es keine Literatur zur Anwendung von digitalen Präsentationen in der Lehre an Hochschulen. Die auf dem Markt befindliche Literatur zum Thema Präsentationstechnik (z.B. Hierhold 2002) beschäftigt sich fast ausschließlich mit der Anwendung von Powerpoint und versucht vorrangig, möglichst viele Tricks und Effekte des Programms vorzustellen, ungeachtet der Ziele, die mit der Präsentation verfolgt werden. Diese Bücher tragen eher zu einer ungewünschten Reizüberflutung bei, da der Leser verleitet wird, möglichst alle Effekte in einer 20-minütigen Präsentation unterzubringen. Die folgenden Ausführungen sollen deshalb dazu motivieren, von der »Hyperaktivität« auf der Leinwand wegzukommen, da dies in der Regel dem Lernen nicht zuträglich ist. Es handelt sich vielmehr um die Hinführung zu einem ruhigen, aber wirksamen Projektionsbild.

Das ruhige, wirkungsvolle Gesamtbild einer Präsentation wird aber nicht nur von der entsprechenden Gestaltung der inhaltlichen Information bestimmt, sondern hängt wesentlich vom souveränen Umgang des Dozenten mit den technischen Geräten ab. Deshalb soll am Anfang ein Exkurs in die Technik einige wichtige Punkte bei der Vorbereitung auf eine Vorlesung oder einen Vortrag berücksichtigen, aber auch Entscheidungshilfen bei der Anschaffung von geeigneten Geräten geben.

5.1 »Neue Medien« und Multimedia: Technik muss sein!

Die »neuen Medien« können auch als Medien »mit Stecker« bezeichnet werden, während alles andere als »alte Medien« (dazu gehören aber auch das Epidiaskop und der Diaprojektor) zusammengefasst werden kann. Viele Dozenten fühlen sich aber bereits verunsichert, wenn sie technische Geräte verwenden müssen und lehnen deswegen die digitale Projektion ab. Die folgenden Ausführungen dienen dazu, sowohl den medienbegeisterten Dozenten als auch den Medientechnik-Skeptikern die Erweiterung ihrer Wahl- und Handlungsmöglichkeiten durch die Technik nahe zu bringen.

Die oft noch in den Köpfen verankerte Vorstellung von Multimedia als effektüberladene Medienshow gehört heute eher in den Bereich des Home-Entertainments und nicht in die Hochschullehre. Man sollte den schillernden Begriff »Multimedia« in seinem besten Sinne interpretieren, denn dann gehören auch das Erscheinungsbild und Auftreten des Vortragenden, dessen Stimme, dessen Bewegung und

Raumnutzung, die Tafelanschrift, Anschauungsobjekte, die Projektion von Dias, Filmen, das Auflegen von Overheadfolien, aber eben zunehmend auch die digitale Projektion mit all ihren neuen Möglichkeiten dazu.

Vorbereitung ist notwendig

Zu einer perfekten Präsentation gehört der spielerisch sichere Umgang mit der Technik, der eine Vertrautheit mit den technischen Einrichtungen des Vortragsraumes voraussetzt; Unsicherheiten beim Umgang mit der technischen Präsentationsausstattung übertragen sich in hohem Maße auf die Zuhörer. Ein Teil von ihnen kann selbst damit besser umgehen und möchte helfen, der zweite Teil des Publikums sieht sich in den eigenen Zweifeln an »moderner« Technik bestätigt und erlebt schadenfroh das Scheitern des Referenten. Man bewegt sich somit bei Unsicherheiten immer zwischen Mitleid und Lächerlichkeit! Dies gilt bei digitalen Präsentationen in viel höherem Maße als bei konventionellen Vorträgen, wo man bei Problemen mit der Diaprojektion (z. B. Bildverdreher, Kopfsteher, schlechte Fokussierung) mit einem viel nachsichtigeren Publikum rechnen kann. Intensives Üben an den Geräten ist daher essentiell wichtig für den erfolgreichen Medieneinsatz.

Computer-Hardware und (kein) Monitor

Für die digitale Projektion benötigt man sowohl einen Computer zum Erstellen der Präsentation als auch zur Ansteuerung des Beamers. Das kann – muss aber nicht – derselbe sein, je nach Verhältnissen. Probleme für den Dozenten erwachsen häufig aus zu geringen Kenntnissen der Hardware. Leider bestätigt uns die Vergangenheit, dass alle Aussagen über Computer-Hardware überholt sind, ehe man sie zu Papier gebracht hat. Aber trotz der rasenden Entwicklung auf dem Computer- und Zubehör-Markt gibt es einige Grundmerkmale, auf die man achten kann, wenn es um die richtige Ausstattung für die Projektion geht.

Bei der Wahl des Computers kann man feststellen, dass die meisten Computer ab der Generation Pentium III oder äquivalenten Prozessoren anderer Hersteller für die digitale Projektion ausreichend gut ausgestattet sind. Meine Erfahrung zeigt, dass man als fest installierte Rechner in Hörsäalen oder auf Medienwagen durchaus einen handelsüblichen Standardcomputer verwenden kann, der gegenüber einem Notebook sehr viel preisgünstiger zu beschaffen ist.

Die Rechenleistung bei einer Projektion (mit Ausnahme des Abspielens von Filmen) muss nicht besonders hoch sein. Für das flotte und sprungfreie Ablaufen von Präsentationen ist weniger die Taktfrequenz des Prozessors von Bedeutung als der Arbeitsspeicher (RAM). Heute sind als Grundausstattung 256 Megabyte üblich, aber für weniger als 100 Euro kann man schon einen 256 MB Erweiterungsspeicherchip bekommen, der für die digitale Präsentation sicher eine vernünftige Investition darstellt, da dann auch längere und aufwändigere Präsentationen noch komplett in den Arbeitsspeicher geladen werden können und somit sehr flüssig ablaufen.

Häufig wird der Ablauf von Präsentationen durch zu viele geöffnete Programme im Arbeitsspeicher gestört oder sogar blockiert. Man sollte also vor der Präsentation alle anderen Softwareanwendungen schließen, denn während der Präsentation muss man keine Viren abwehren oder Kalender- und Email-Funktionen bereithalten.

Meist wird man seine Präsentation auf dem eigenen Notebook gespeichert haben und dieses dann an den bereitgestellten Beamer anschließen wollen. Dies bringt den Vorteil mit sich, dass die benötigten Dateien und Schriften auf jeden Fall für die Präsentation verfügbar sind. Allerdings ist zu beachten, dass die Grafikkarte des Notebooks so eingestellt sein muss, dass sie einen zweiten Monitor gleichzeitig ansprechen kann. Zu häufig beobachtet man bei Tagungen und Vortragsreihen, dass wertvolle Minuten zwischen den Vorträgen nur durch

Abb. 11: »Zwiegespräch« zwischen dem Dozenten und seinem Notebook (aus: Hierhold 2002).

diese Anpassungsproblematik vergehen. Dies ist kein guter Start für einen professionellen Vortrag und kann durch einen Testlauf in den Pausen oder vor der Veranstaltung vermieden werden.

Eine grundsätzliche Frage ist diejenige nach dem Sinn eines Kontrollmonitors, also eines Monitors, auf den der Vortragende sehen kann. Die Erfahrung zeigt, dass Vortragende, die einen Kontrollmonitor benutzen, sich sehr stark auf diesen hin orientieren. Es kommt zu einem »Zwiegespräch« mit dem Monitor, und der Kontakt zum Publikum geht verloren (Abb. 11). Statt die Bildinhalte vom kleinen Monitor abzulesen, ist es viel besser, sie in der Projektion auf der Wand zu betrachten. Das ist das Bild, das alle sehen, und es erscheint ganz natürlich, wenn auch der Vortragende dorthin schaut. Der Kontrollmonitor ist also eigentlich nicht nötig. Sollte dennoch unbedingt ein Monitor gewünscht sein, so ist es für die Qualität des Vortrages besser, diesen nur dazu zu verwenden, die Reaktion des Rechners auf Animationsbefehle zu kontrollieren.

Am besten hält man, statt auf den Monitor zu blicken, den Ausdruck der Folien als »Handzettel« mit drei oder sechs Folien pro Blatt auf dem Tisch liegend bereit. Mit handschriftlichen Notizen versehen, kann dies als regelrechtes Regiebuch für den Vortrag dienen. Diese Version hat noch dazu den Vorteil, dass man die nächste Folie mit einer Überleitung ankündigen kann, bevor sie eingeblendet wird.

Tastatur, Funkmaus, Fernbedienung

Einer der Vorteile der digitalen Projektion gegenüber der Arbeit mit einem Overheadprojektor ist die Freiheit des Dozenten, die gesamte »Bühne« besser als bisher ausnutzen zu können. Diese neue Bewegungsfreiheit wird vor allem durch die Verwendung von funkgesteuerten Mäusen und Tastaturen möglich. Man sollte beim Kauf auf bewährte technische Qualität achten, da eine fehlerhafte Signalübertragung zu sehr störenden Verzögerungen beim Ablauf der Präsentation führen kann. Für große Hörsäle gibt es im Fachhandel spezielle Hochleistungsgeräte, für kleinere Vortrags- und Seminarräume reichen auch die für den Bürosektor erhältlichen höherwertigen Geräte. Bei den Mäusen haben sich die »optischen« Geräteversionen gegenüber denjenigen mit Kugel und Rollen besser bewährt, da man mit ihnen ohne Mousepad auch auf unebenem Untergrund den Mauszeiger sicher bewegen kann. Die maximale Entfernung für eine zuverlässige Signalübertragung zwischen Sender und Empfänger liegt bei den Standardgeräten zwischen 8 und 15 Metern, bei Hochleistungsgeräten erreicht man bis zu 30 Meter Reichweite.

Mit den funkgesteuerten Geräten hat man sich allerdings ein neues Problem eingehandelt. Kam bei den Kabelgeräten die Stromversorgung vom Computer, so müssen bei den mobilen Geräten die Batterien oder Akkus regelmäßig ausgewechselt werden. Nach einem ungeschriebenen Gesetz schwächelt die Stromversorgung immer während eines Vortrags und nicht bei der Vorbereitung! Es wird also zu einer neuen Pflicht des Dozenten, vor einem wichtigen Vortrag die Batterien oder Akkus gegen frisch geladene auszutauschen oder zumindest für den Notfall Ersatz dabei zu haben. Man könnte dies zur Standardausstattung eines »Vortragskoffers« machen.

Neben einer instabilen Energieversorgung können auch andere Störungen der Signalübertragung zwischen Maus oder Tastatur und Computer auftreten. Vor allem Mobiltelefone von Zuhörern in den ersten Reihen haben sich in der Praxis schon als böse Störenfriede erwiesen. Störungen können auch von elektrischen Leitungen (z. B. normalen Telefonleitungen) oder von Funkmikrofonen ausgehen, wie sie in Vortragssälen weit verbreitet sind. Einigermaßen schützen kann man sich, indem man – erstens – seine Gerätekombination in einem Testlauf prüft. Das schließt Störungen seitens der Rauminstallation weitgehend aus. Zu Beginn der Veranstaltung bittet man – zweitens – die Zuhörer, die Mobiltelefone abzuschalten. Das hat den positiven Nebeneffekt, dass sie während des Vortrags nicht mehr klingeln können.

Eine weitere Form der Fernsteuerung läuft über die Fernbedienung des Beamers. Bei vielen Geräten lässt sich über die USB-Schnittstelle eine Kabelverbindung zwischen dem Beamer und dem Computer herstellen, wodurch eine Maussteuerung über die Fernbedienung des Beamers möglich ist. Das Fernbedienungsteil ist dann mit einem kleinen Touchpad (meist in Form eines rundlichen Gummiknopfes) ausgestattet, mit dem man den Cursor auf der Bildfläche verschieben kann. Die Funktionen der Maustasten sind über entsprechende Tasten an der Fernbedienung auszulösen. Den meisten Benutzern fällt es aber schwer, damit eine halbwegs flüssige Bewegung des Cursors zu erreichen, was zu einer Störung der Präsentation führen kann. Deshalb ist vor der Nutzung ein entsprechendes Üben dringend zu empfehlen. Die Übertragung des Signals bereitet ähnliche Probleme wie bei der kabellosen Maus und Tastatur, da diese Fernbedienungen oft noch über Infrarotsensoren arbeiten, die einen Sichtkontakt zum Empfänger brauchen.

Beamer

Bei der Auswahl von Projektoren für die digitale Projektion sind neben dem Preis die Geräuschentwicklung, die Bildauflösung, das Gewicht, der Kontrast und die Helligkeit zu beachten. Je nach Anwendungsgebiet wird man sich bei häufigem mobilem Einsatz eher für eine leichtgewichtige Variante entscheidend, während im Hörsaal vor allem die Helligkeit, aber auch die Geräuschentwicklung eine Rolle spielen werden. In diesem Rahmen soll auf die technischen Eigenschaften von Beamern etwas ausführlicher eingegangen werden, um Hilfen für eine Kaufentscheidung zu geben.

Um die technischen Erläuterungen zur Bilderzeugung zu verstehen, ist es nötig, einige Begriffe und Leistungsmerkmale von Beamern zu kennen. Sie sind wichtig beim Kauf eines Gerätes. Die folgenden Abschnitte können als Checkliste verwendet werden.

Lichtstärke und Ausleuchtung

Die Lichtstärke bei Beamern wird in ANSI-Lumen angegeben. Dabei handelt es sich um eine beim American Institution of Standards in Industry (ANSI) genormte Einheit. Zur Feststellung wird die Bildhelligkeit auf der Leinwand an 9 Stellen gemessen und daraus ein Durchschnittswert gebildet. Die Bezeichnung Lumen leitet sich von Lux/m^2 ab.

Die heute angebotenen Geräte schwanken erheblich in der Lichtleistung. In der Klasse der portablen Beamer bilden Geräte mit ca. 1000 Lumen die Untergrenze und bei professionellen Großraumgeräten reicht die Lichtstärke bis 8000 Lumen. In Abhängigkeit von der Einstrahlung an Tageslicht bzw. von den Verdunkelungsmöglichkeiten muss für jeden Raum die geeignete Lichtstärke ermittelt werden. In schattigen Räumen bis zu 100 Quadratmetern kann man ohne Verdunkelung noch mit einem 2000 Lumen-Beamer sehr gute Ergebnisse erzielen. Generell sollte man direkte Sonneneinstrahlung vermeiden, da diese das Bild des besten und lichtstärksten Beamers buchstäblich »in den Schatten« stellt. Für mittlere Hörsäle an Universitäten sind Geräte mit 4000 bis 5000 Lumen zu empfehlen, die noch lichtstärkeren Geräte sind dann für Projektionen in

Hallen oder bei Freilichtveranstaltungen auf Großbildleinwänden gedacht.

Neben der durchschnittlichen Bildhelligkeit ist der Grad der Ausleuchtung ein wichtiges Leistungsmerkmal von Beamern. Der Kennwert für die Ausleuchtung gibt an, wie groß der Helligkeitsunterschied zwischen der hellsten und der dunkelsten Stelle auf der Projektionsfläche ist. Ein in der Praxis üblicher Wert von 85 gibt an, dass 15% Helligkeitsschwankung zwischen der hellsten Stelle in der Mitte der Projektionsfläche und den dunkleren Stellen am Rand bestehen.

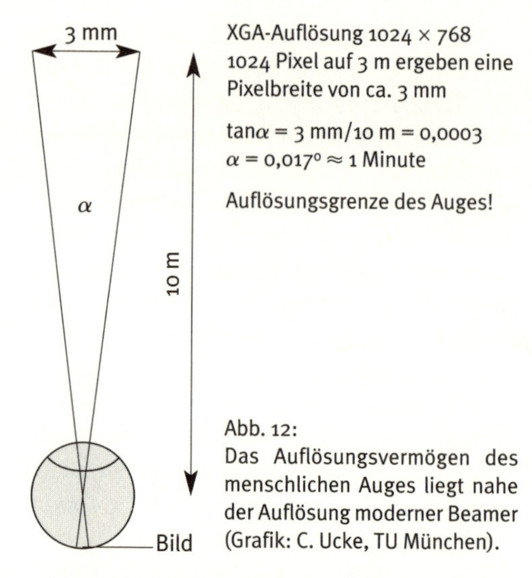

Abb. 12:
Das Auflösungsvermögen des menschlichen Auges liegt nahe der Auflösung moderner Beamer (Grafik: C. Ucke, TU München).

Auflösung

Die meisten der heute angebotenen Geräte bieten eine maximale Auflösung von 1024 × 768 Bildpunkten (= Pixel), was als XGA-Auflösung bezeichnet wird. Ältere Geräte erreichen mit 800 × 600 Bildpunkten oft nur eine SVGA-Auflösung. Die obere Mittelklasse der Geräte liegt im SXGA-Sektor mit 1280 × 1024 Bildpunkten. Diese Auflösung wird aber in der Praxis meist nur durch ein digitales Interpolationsverfahren (DRIT) erreicht, und nicht durch eine wirkliche Erhöhung der Bildauflösung. Höherwertige Projektoren z. B. für Projektion in großen Hallen oder bei Großveranstaltungen erreichen entweder durch Ansteuerung über einen Computer mit hochauflösender Grafikkarte oder über ein digitales Interpolationsverfahren die UXGA-Auflösung mit 1600 × 1200 Bildpunkten.

Beim ständigen Steigern der Auflösung seitens der Gerätehersteller stellt sich die grundsätzliche Frage, wie hoch auflösend ein projiziertes Bild eigentlich sein muss. Es kommt dabei die erstaunliche Erkenntnis ans Tageslicht, dass eine Auflösung von 1024 × 768 Punkten bei einer Breite der Projektionsfläche von 3 m und einem Abstand von 10 m bereits im Bereich der optischen Auflösung des menschlichen Auges liegt (Abb. 12). Eine höhere Pixelzahl würde somit nicht zu einer besseren Wahrnehmung führen. Für alle Situationen, in denen man näher am Bild sitzt oder eine größere Bildfläche hat, würde eine SXGA-Auflösung eine geringfügige, aber noch erkennbare Steigerung der Bildqualität bringen, was man vor allem bei Fotos als angenehm empfindet.

Man sollte unbedingt vor Beginn des Vortrags die Abstimmung der Auflösung des eigenen Notebooks mit der des Beamers vornehmen. Gute Notebooks haben heute Auflösungen von 1600 × 1200 Bildpunkten. Wenn der Beamer diese Auflösung nicht wiedergeben kann, wird ein Teil des Bildes abgeschnitten. Dann muss man die Auflösung der Grafikkarte des Notebooks ändern. Dies wiederum kann dazu führen, dass sich die Größe des vom Beamer wiedergegebenen Bildes ändert. Nur ganz wenige Notebooks gestatten es bis jetzt, verschiedene Auflösungen für den eigenen Bildschirm und für den zweiten Monitorausgang einzustellen.

Geräuschentwicklung

Beamer, aber auch Computer entwickeln über die eingebauten Lüfter z.T. erhebliche Betriebsgeräusche. Das Dauergeräusch kann den Zuhörern – zumindest in bestimmten Bereichen des Raumes – ganz erheblich auf die Nerven gehen und damit den ganzen Vortrag negativ beeinflussen.

Von den Herstellern erhält man erst in letzter Zeit Angaben über die beim Betrieb auftretenden Geräuschpegel. Gelegentlich finden sich qualitative Beschreibungen wie »sehr leise« was z. B. bei der Firma Toshiba einen Geräuschpegel von 33 dB (= Dezibel) meint. Kleine Geräte der Firma NEC erreichen Werte von <35 dB im Sparmodus, in der 2000 – 3000 Lumen-Klasse werden Werte unter 40 dB angegeben und bei Geräten mit mehr als 4000 Lumen muss man sich auf Geräusche bis 48 dB einstellen. Beim Vergleich der von den Herstellern angegebenen Werte ist darauf zu achten, ob das Geräusch bei vollem Betrieb oder nur der Wert im Eco-Modus, d. h. bei reduzierter Lichtleistung und damit stark verminderter Wärmeproduktion angegeben ist. Der zuverlässigste Test für die Auswahl von Beamern ist der Vor-Ort-Test, bei dem die wirkliche Geräuschentwicklung über eine längere Zeit festgestellt wird. Auch ein angeblich leiser Beamer kann auf die Dauer nerven! Beim Test kann auch gleich das Zusammenspiel mit anderen Hardwarekomponenten wie Videogeräten geprüft werden.

Trapezkorrektur (»key stone«-Korrektur)
Stellt man den Beamer auf einen Projektionstisch oder gar nur auf einen Tisch mit normaler Höhe, so wird man das Gerät stark neigen müssen, um die Projektionsfläche hoch genug über den Köpfen des Publikums zu zeigen. Diese ungünstige aufwärtsgerichtete Aufstellung bewirkt auf der Leinwand eine Verzerrung des projizierten Bildes, die an den trapezförmigen Abschlussstein in Gewölbemauerungen (»key stone«) erinnert.

Sie lässt sich entweder durch eine digitale oder eine optische Korrektur ausgleichen. Bei leichteren Schrägstellungen wird diese Korrektur direkt vom Beamer ausgeführt. Darüber hinaus muss die Trapezkorrektur manuell vorgenommen werden. Bei der digitalen Korrektur wird das Bild entsprechend der Neigung in ein rechtwinkeliges Bild auf der Leinwand umgerechnet. Durch Interferenzeffekte können gerasterte Muster im Originalbild störende Moirée-Effekte im Bild ergeben. Bei höherwertigen Geräten erfolgt eine echte optische Korrektur (»lens shift«), bei der eine Bildhöhenverstellung durch das Kippen der Projektionslinse bis zu 30° (bei einfacheren Varianten 15°) im Gerät genutzt werden kann.

Gewicht und Abmessung
Bei portablen Geräten steht die Frage nach dem Gewicht meist im Vordergrund bei der Kaufentscheidung. Inzwischen sind die Miniaturisierungsbestrebungen weit fortgeschritten und es gibt eine Vielzahl sehr handlicher, oft nur buchgroßer Geräte mit z.T. sehr guter Lichtleistung. Das Gewicht eines 1500-Lumen-Gerätes beträgt ca. 3 kg. Für die Projektion in größeren Räumen kommen diese Geräte aber wegen der zu geringen Lichtleistung nicht in Frage. In der leistungsfähigen Mittelklasse der Beamer, die gerade im Hochschulbereich in Seminarräumen bis hin zu mittelgroßen Hörsälen zum Einsatz kommt, liegen die Gewichte zwischen 3,5 und 7 kg.

Wechselobjektive
Soll ein Beamer in sehr großen Räumen eingesetzt werden und ist dabei der Standort im hinteren Bereich des Raumes, z. B. in einem eigenen Projektionsraum vorgesehen, so bieten einige Firmen (EPSON, Kindermann) auch Wechselobjektive an, um das Bild auf die optimale Größe zu bringen. Die Objektive werden am Beamer über einen Bajonett-Anschluss einfach und schnell angebracht. Sie sind allerdings als Spezialzubehör extrem teuer (ab 2500 Euro!).

Sonstige Einstellmöglichkeiten
Um den Beamer optimal auf das vom Computer kommende Steuersignal einzustellen, kann man die *Autosetup-Funktion* des Beamers aufrufen. Die Software im Beamer analysiert dann das eingehende Signal und stellt das Bild optimal ein. Dies ist z. B. wichtig, um die Ränder komplett zu sehen – das heißt: nicht abzu-

schneiden – oder auch, um eine exakte Positionierung in der Bildmitte zu gewährleisten. Beim Wechsel zwischen verschiedenen Notebooks z. B. bei Tagungen kann das sehr hilfreich sein, denn die Grafikkarten verschiedener Computer haben geringfügig unterschiedliche Einstellungen.

Legt man Wert auf wirklich perfekte Projektion, so ist es nötig, je nach Farbtönung der Projektionsfläche bzw. deren spezifischen Reflexionseigenschaften auch die *Farbtemperatur* des Beamers anzupassen. Man kann dies über eine Korrektur der Farbtemperatur des projizierten Bildes am Beamer einstellen. Es wird damit bei gleichbleibender Farbtemperatur der Lampe eine andere Farbtemperatur digital vorgetäuscht.

Manche Hersteller untersagen, den *Lampenwechsel* selbst durchzuführen. Das Gerät muss dazu zum Service eingeschickt werden. Während eines Vortrages hat man ohnehin größere Probleme, wenn die Lampe ausfällt. Wegen der starken Aufheizung des Gerätes ist ein kurzfristiger Wechsel ausgeschlossen. Bei sehr wichtigen Veranstaltungen muss man also einen zweiten Beamer bereithalten. Die Erfahrung von Servicefirmen zeigt allerdings, dass die Lampen nur in sehr seltenen Fällen spontan durchbrennen. Meist kündigt sich das Ende der Lebensdauer einer Lampe durch langsame Minderung der Lichtleistung und Flackern an. Manche Hersteller erzwingen den Lampenwechsel nach einer bestimmten Betriebszeit (z. B. nach 2000 Stunden) durch automatisches Abschalten – immerhin: nach Vorwarnung. Über die Menüsteuerung des Beamers kann man sich die Betriebsstunden der Lampe anzeigen lassen, um einen Anhaltspunkt für die verbliebene Lebensdauer zu bekommen.

Einige Beamer weisen als besondere technische Finesse noch einen *Bild-im-Bild-Modus* an, bei dem man z. B. in einem kleineren Fenster einen Videofilm von einer externen Videosignalquelle ablaufen lassen kann, während man über den Computer eine Präsentation vorführt. Bei vielen Geräten kann man auch über einen digitalen *Zoom* das gezeigte Computerbild vergrößern, um Details hervorzuheben oder zu erklären.

Einsatz und Kombination mit Videoprojektion
Beamer können auch zur Projektion analoger Videosignale verwendet werden. Dabei tritt das generelle Problem auf, dass das Fernsehbild mit einer relativ geringen Zeilenzahl auf ein echtes Rasterbild im Beamer umgerechnet werden muss. Bisweilen sind damit erhebliche Qualitätsverluste des Signals verbunden.

Anwendungsbereiche sind das Abspielen von Videobändern oder die Live-Projektion von analogen Videobildern, wie sie in den klassischen Anwendungsbereichen in der Medizin bzw. der Mikroskopie in der Medizin, in der Biologie, den Geowissenschaften oder der Materialforschung auftreten. In all diesen Bereichen werden zunehmend (wegen der hohen Kosten allerdings zögerlich) digitale Videokameras eingesetzt. Die Auflösung der digitalen Videokamera liegt derzeit standardmäßig bei 1024 × 768 Bildpunkten (XGA). Die SXGA-Auflösung (1280 × 1024 Bildpunkte) ist noch relativ teuer, und die verfügbaren Geräte haben den wesentlichen Nachteil, dass sie nur mit einer Bildfrequenz von maximal 7 Bildern pro Sekunde arbeiten. Damit lassen sich für das menschliche Auge keine kontinuierlichen Bewegungen mehr darstellen: das Auge wird durch die starken Sprünge sehr beansprucht und ermüdet schnell. Eine Frequenz von 15 Bildern pro Sekunde bei den Geräten mit XGA-Auflösung ist für das Auge angenehm, und man kann z. B. auch optische Versuche vorführen, die Bewegung enthalten.

Digitale Filme bringen inzwischen eine deutlich bessere Bild- und Tonqualität als Videosignale. Es ist daher abzusehen, dass der Videorekorder als Bildspeicher in absehbarer Zeit von digitalen Speichermedien abgelöst wird. Inzwischen sind die ersten Lehrfilme auf DVD (Digital Versatile Disk) oder in Form sonstiger digitaler Videoformate (MPEG usw.) verfügbar. Möchte man selbst von Videobändern

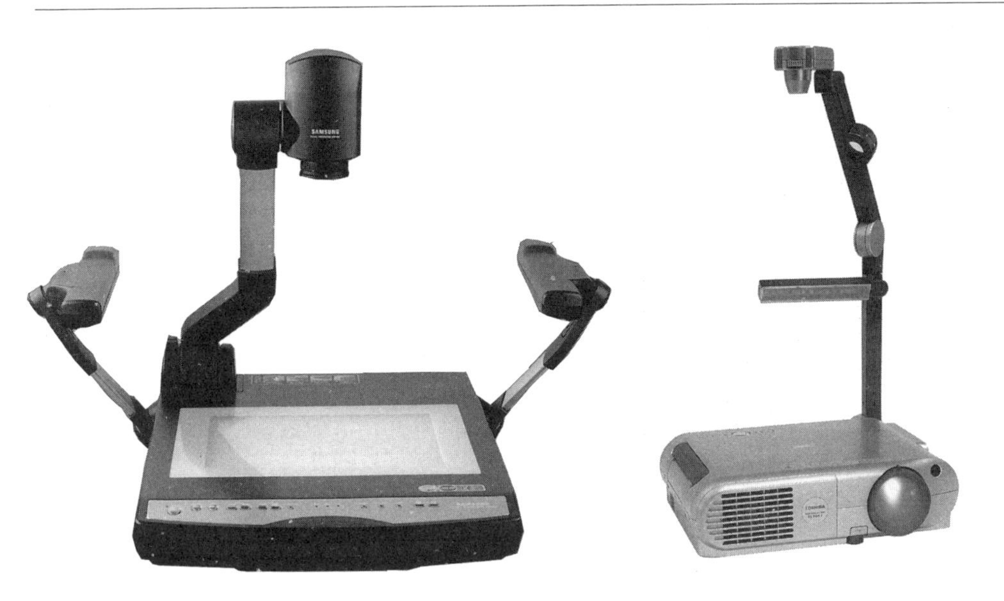

Abb. 13 a) und b) Visualizer als Einzelgerät und in Kombination mit einem Beamer: »Overheadprojektor« und »Epidiaskop« der Zukunft.

digitale Filme erzeugen, so kann man über spezielle Videokarten mit einem digitalen Videorekorder den Film in einem gängigen digitalen Videoformat auf der Festplatte speichern. Für Benutzer mit weniger guten Computer- und Technikkenntnissen bietet sich der Kauf eines DVD-Recorders an, die inzwischen zu erschwinglichen Preisen zu haben sind.

Wenn man einen eigenständigen DVD-Player benutzt, muss der Beamer über einen Video-Komponenten-Eingang bzw. einen DVI-Eingang (Digital Video Interface) verfügen, damit das digitale Videosignal (z.B. DVD-Signal) übertragen werden kann. Der DVI-Standard ermöglicht den Anschluss von digitalen Signalquellen, ohne dass man die hohe Bildqualität verliert. Dieser Standard ist auch bei der geplanten Nutzung von hochauflösenden Fernsehformaten (HDTV) nötig.

Visualizer

Eine für Fächer mit Anschauungsobjekten sehr nützliche Entwicklung der Digitalvideotechnik sind die sogenannten Visualizer. Es handelt sich dabei um digitale Kameras, die auf einem klappbaren Stativ zusammen mit einer Steuereinheit und der Beleuchtungsanlage montiert sind (Abb. 13a, 13b). Sie sind als einzelstehende Geräte oder als Kombigerät mit einem Beamer erhältlich. Die Kameras weisen mit 1,4 MPixel eine XGA-Auflösung auf und sind somit ideal auf die XGA-Projektoren abgestimmt.

Visualizer stellen gewissermaßen eine Renaissance der Epidiaskop-Technik dar. Sie können zwei- und dreidimensionale (meist kleinere) Objekte über den Beamer einem großen Publikum sichtbar machen, sozusagen eine »Lupe für alle«. Bestens bewährt hat sich diese Technik beispielsweise bei der Vorführung von optischen und kristalloptischen Versuchen, von medizinischen Präparaten, der Präsentation von Karten und Grafiken, und wegen der hohen Tiefenschärfe auch zur direkten Projektion von Vorlagen aus Büchern. Selbst Overheadfolien lassen sich auf dem eingebauten Leuchtpult gut vorführen. Sehr kleine Schriften und Details werden dabei allerdings unleserlich, da die XGA-Auflösung dafür zu gering ist. Das kann dann zu unerwünschten Effekten während eines Vortrages führen.

Abb. 14: Smartboards ermöglichen das direkte Zeigen auf der Leinwand und das Erklären von Programmfunktionen.

Smartboard

Als Smartboards werden Whiteboards mit einer drucksensitiven Oberfläche bezeichnet, über die man Steuerbefehle direkt an den Computer übermitteln kann. Dazu wird das Computerbild entweder von hinten (bei transparenten Boardflächen) oder von vorne auf das Board projiziert (Abb. 14). Hat man die Ecken kalibriert, kann man – wie auf den kleinen Touchpads der Notebooks – auf einer bis zu etwa 2 m breiten Tafel arbeiten. Die Benutzung von Smartboards ist für den Betrachter faszinierend, denn der Referent kann beispielsweise durch eine simple Fingerbewegung Elemente auf dem Bildschirm verschieben oder Programmfunktionen durch einfaches Antippen mit der Fingerspitze auslösen.

Beim Erläutern von Programmen kann man das Verstehen hervorragend unterstützen, weil sämtliche Aktionen nicht »anonym« und unsichtbar mit der Maus erfolgen, sondern durch die Bewegung des Referenten nachvollziehbar sind und sich sehr dynamisch entwickeln. Die freie Rede des Erklärenden wird durch die Bewegungsmöglichkeiten noch unterstützt und macht so den Vortrag lebendig.

Der Vorteil liegt auch in einer gewissen räumlichen Bindung zwischen der Projektionsfläche und dem Sprecher, die aber auch die Gefahr birgt, dass sich ein reiner Dialog zwischen Sprecher und der Projektionsfläche entwickelt. Der Nachteil liegt in der begrenzten Größe der Smartboards, denn jeder Punkt der Bedieneroberfläche muss ja für den Dozenten direkt erreichbar sein. Eine Steuerung mit Zeigestab ist wegen der »Treff-Ungenauigkeit« und auch wegen der mechanischen Empfindlichkeit der Boardoberfläche nicht zu empfehlen.

Schreibbildschirm

Ein weiterer Versuch in Richtung interaktiver Bildschirm ist der sogenannte Schreibbildschirm, ein Flachbildschirm, der flach auf dem Tisch liegend direkt mit einem Stift beschrieben werden kann. Dabei werden der geschriebene Text oder die Zeichenelemente als »Overlay« über die vom Programm gelieferten, vorbereiteten Folien projiziert. Das entspricht prinzipiell den Möglichkeiten eines Smartboards, und es gibt auch Software, die für beide Geräte verwendbar ist.

Das Schreiben auf dem Schreibbildschirm hat den Vorteil, dass der Blickkontakt zu den Zuhörern leichter wieder hergestellt werden kann. Allerdings wird der Redner wieder zu den altbekannten Fehlern wie bei der Overhead-Projektion verleitet, z. B. dass man auf die Folie am Projektionstisch zeigt, obwohl man eigentlich den Zuhörern in der Wandprojektion etwas zeigen möchte. Diese räumliche Abkoppelung des Dozenten von der Projektionsfläche ist allerdings in großen Hörsälen aus technischen Gründen nicht zu vermeiden.

Bisher ist allerdings die Übertragung der Bewegung vom Schreibbildschirm auf die Bilddarstellung noch nicht befriedigend gelöst, denn Linien und erst recht die Schrift sehen sehr wackelig aus, was unter anderem an der zu geringen Übertragungsrate vom Schreibfeld zum Rechner liegt.. Das Schreibgefühl unterscheidet sich deutlich von dem auf Papier oder Overheadfolie und wirkt meist unbeholfen gekritzelt.

5.2 Erstellen von Bildvorlagen

Für die digitale Projektion sind hochwertige Bildvorlagen die notwendige Grundlage. Folgende Möglichkeiten der Bilderfassung werden heute verbreitet eingesetzt:

- Digitale Fotokameras
- Erzeugung digitaler Bilder aus analogen Bildsignalen über Digitalisierungskarten in Computern (»Framegrabber«). Die Karten wandeln ein analoges Videosignal in ein digitales Standbild.
- Scannen von Dias oder Negativfilmen über Kleinbild-Scanner oder Fotoaufsätze von Flachbettscannnern – wobei vor billigen Lösungen bei den Fotoaufsätzen aus Qualitätsgründen nur gewarnt werden kann.
- Scannen von Vorlagen mit Flachbettscanner.
- Download fertiger Bildvorlagen von Bild-CDs oder aus dem Internet. Von Homepages erhält man häufig nur eine sehr reduzierte Bildqualität, die für die WWW-Darstellung optimiert ist und nicht für die Großformatprojektion.
- Bildschirmkopien (Screenshots) direkt vom PC, vor allem für die Erläuterung von Programmfunktionen.
- Bildvorlagen aus Vektorgrafikprogrammen (CorelDraw, Designer u.a.). Diese können entweder als Vektorgrafiken eingebunden werden oder direkt im Grafikprogramm als Rastergrafik ausgegeben werden.

Für den optimalen Einsatz von Bildern sollte man sich auch Grundkenntnisse in der Bearbeitung digitaler Bilder aneignen. Mit Bildbearbeitungsprogrammen lassen sich die Rastergrafiken (so heißen die »Bilder« in der digitalen Welt) z. B. drehen oder in Helligkeit und Kontrast korrigieren; man kann auch die Bildschärfe erhöhen oder das Bild auf den benötigten Ausschnitt reduzieren. Daneben können fast beliebige Bildmanipulationen vorgenommen werden, je nachdem, wie gut man das Programm beherrscht. Praxiserprobte Programme dafür sind beispielsweise Adobe Photoshop, Paint Shop Pro, Corel PhotoPaint, Polyview und ACDSee.

Bei allen Bildvorlagen, die man in einer Präsentation verwendet, sind die Belange des Urheberrechts zu berücksichtigen. Auch an Fotos und Grafiken, die man über das Internet von Homepages übernimmt, bestehen Autorenrechte. Man sollte also möglichst eigene Bildvorlagen für seine Vorträge verwenden, um diese Konflikte zu vermeiden. Bei Produktinformationen von Firmen kann man meist davon ausgehen, dass die Firmen an der Verbreitung der Informationen interessiert sind und somit einer Verwendung unter Nennung der Quelle zustimmen.

5.3 Softwarepakete für Präsentation von Daten

Daten können mit verschiedenen Programmen präsentiert werden. Neben dem heute am meisten verbreiteten Powerpoint (Microsoft) gibt es ähnliche Produkte (z. B. Corel Presentations), aber auch reine Bild-Präsentationsprogramme, bei denen man keine speziellen Folien gestalten muss, sondern eine Bildpräsentation wie bei einer Diaschau direkt aus den gespeicherten Bilddateien erstellen kann.
Zunächst sollen die »Diaschau«-Programme kurz vorgestellt werden; im weiteren Text wird dann ausführlich auf Microsoft Powerpoint eingegangen.

Bildpräsentation ohne Folienerstellung

Sollen bei einer Vorlesung oder bei einem Vortrag nur Rastergrafiken (»Bilder«) ohne zwischengeschaltete Textfolien gezeigt werden, so stehen dafür leicht zu bedienende und trotzdem komfortabel ausgestattete Programme wie Polyview, ACDSee oder Irfanview zur Verfügung. Auch das Jasc Media Center Plus, das mit Paint Shop Pro geliefert wird, verfügt über eine Diaschau-Funktion.

In diesen Programmen ist sowohl eine gute Bildbearbeitung als auch das Vorführen von

Bildern als Diaschau (Slideshow) möglich. Es können entweder individuell zusammengestellte Bildfolgen oder – im einfacheren und weniger aufwändigen Fall – Dateien aus einem Ordner in alphanumerischer Reihenfolge (bezogen auf Dateinamen) gezeigt werden. Dabei sind verschiedene Effekte für die Bildübergänge einstellbar. Für automatisch ablaufende Bildpräsentationen können Standzeiten für die einzelnen Bilder entweder pauschal oder auch individuell für jedes einzelne Bild eingestellt werden. Die Bildabfolge, die Übergangseffekte und die Standzeiten lassen sich als Listen abspeichern und immer wieder verwenden bzw. auch später wieder verändern.

Präsentation beliebiger Daten mittels PDF-Datei

Wenn auf dem Rechner am Präsentationsort das Programm zur Darstellung der vorbereiteten Präsentation nicht installiert ist, kann man seine Präsentation offenbar nicht vorführen. Simples Beispiel: Die Präsentation ist in Powerpoint vorbereitet, aber Powerpoint ist nicht installiert. In solchen Fällen kann man sich jedoch behelfen, indem man die Präsentation in Form von PDF-Dateien (Portable Data Format) abspeichert. Dazu benötigt man auf dem eigenen Rechner ein Programm, das PDF-Dateien erzeugen kann (z. B. Adobe Acrobat). Die so erstellten Dateien können am Präsentationsort seitenweise mit dem Programm Adobe Acrobat-Reader angezeigt werden. Dieses Programm ist frei verfügbar, kann also – falls nicht vorhanden – am Präsentationsort kostenfrei aus dem Internet geladen werden. Bei Powerpoint-Präsentationen lassen sich sogar einfache Animationen in die PDF-Datei übernehmen. Die Vorteile liegen in der systemübergreifenden Portierbarkeit der PDF-Dateien (z. B. von und zu UNIX/LINUX-Betriebssystemen). Das Verfahren eignet sich auch sehr gut, um neben der eigentlichen Präsentation eine Sicherungskopie »für alle Fälle« dabeizuhaben, wenn man in einer fremden Rechner-Umgebung eine Präsentation halten soll. Man ist dann auch vom Problem der Inkompatibilität mit älteren Software-Versionen usw. befreit, da man auf jeden Fall eine vollständig laufende Präsentation dabei hat.

5.4 Präsentationen mit Powerpoint

Es würde den Rahmen dieses Beitrags weit überschreiten, hier eine Anleitung zur Erstellung von Powerpoint-Präsentationen bis ins Detail zu geben. Dazu sei auf die Microsoft-Handbücher, spezielle Publikationen anderer Fachverlage und auch auf die Hilfefunktion von Powerpoint verwiesen (vgl. Literaturverzeichnis).

Im Folgenden sollen einige Punkte und Programmeigenschaften herausgegriffen werden, die besonders hilfreich bei der Erstellung von Folien sind, und die in den Standardanleitungen meist nur untergeordnet behandelt werden. Wenn Programmbefehle angegeben sind, so werden die Begriffe aus Powerpoint 2000 verwendet. Wenn sich die entsprechenden Befehle in Powerpoint XP in der Bezeichnung geändert haben, so werden diese neuen Bezeichnungen in eckigen Klammern genannt. Einige Tastaturkürzel (Hotkeys) zur effizienten Bedienung von Powerpoint sind unter Punkt 5.6 (Tab. 2) zusammengestellt.

Grundeinstellungen für das Erstellen einer Powerpoint-Präsentation

Es gibt einige Einstellungen der Arbeitsfläche von Powerpoint, die man zu Beginn seiner Arbeit festlegen sollte, damit man keine unnötige Arbeit durch ein später evtl. notwendiges Umstellen hat.

Die erste Grundeinstellung, die man bei der Erstellung von Präsentationen überprüfen bzw. anpassen sollte, ist die *Bildschirmauflösung*. Die Auflösung auf dem Monitor sollte der des Projektors entsprechen, damit man die Darstellbarkeit von kritischen Objekten genau überprüfen kann. So können bei einer XGA-Auflösung des Monitors noch Linien geringen Ab-

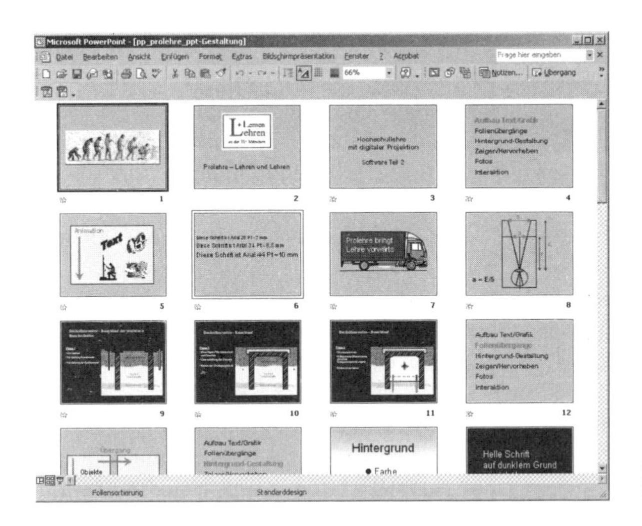

Abb. 15: Übersicht der Präsentationsfolien in der Sortieransicht.

stands identifiziert werden, die bei der SVGA-Auflösung zu einem Strich zusammenfließen.

Das *Papierformat* ist bei Powerpoint standardmäßig auf »Bildschirmpräsentation« mit einem Seitenverhältnis von 18 × 24 cm voreingestellt. Da die Präsentation eigentlich nicht für den Papierausdruck hergestellt wird, würde man mit einer DIN-A4-Einstellung (Höhen/Breiten-Verhältnis 21 × 27,9 cm) Platz auf der Projektionsfläche verlieren. Das Format wird automatisch auf Querformat eingerichtet, denn nur dieses ist bei einer Präsentation möglich. Das entspricht auch dem menschlichen Gesichtsfeld und passt zum menschlichen Sehen besser als ein Hochformat.

Typen von Ansichten: Arbeitstisch vorbereiten

Die Darstellung auf dem Bildschirm kann vom Nutzer unterschiedlich eingerichtet werden. Man nennt diese unterschiedlichen »Arbeitstische« auch Ansichten. Sie können über die Symbolschalter in der linken unteren Ecke des Fensters von Powerpoint ausgewählt werden.

- *Normalansicht:* Sie zeigt links in einem breiten Streifen die Gliederung an, rechts daneben befindet sich das Folienfenster, sozusagen der Zeichen- und Grafikbereich. Darunter liegt ein relativ flaches Fenster, in das man seine Textkommentare bzw. Notizen schreiben kann. Die Ansichten können über die Symbolschalter in der linken unteren Ecke des Fensters von Powerpoint ausgewählt werden.
- *Gliederungsansicht:* Sie zeigt ein zugunsten der Gliederung verschobenes Größenverhältnis der Teilrahmen.
- *Folienansicht:* Sie reduziert die Gliederung auf die Symbole der Folien, das Notizfeld wird ganz unterdrückt.

Diese drei Rahmen können innerhalb des Gesamt-Fensters durch Verschieben der Trennlinien mit gedrückter linker Maustaste in ihrer relativen Größe verändert werden. So lässt sich die Powerpoint-Werkstätte individuell an die Wünsche des Bearbeiters anpassen, was freilich auch stark von der Größe des Monitors abhängt.

- *Foliensortieransicht:* Sie (auch »Foliensortierung«, Abb. 15) zeigt ein völlig anderes Bild. Hier werden wie auf einem Leuchttisch für Dias die einzelnen Folien nebeneinander als Miniaturbilder angezeigt. In diesem Modus lassen sich Folien umsortieren, hinzufügen, löschen und auch ausblenden. Zur strukturellen Gestaltung einer Präsentation ist diese Ansicht ein unverzichtbares Werkzeug. In dieser Ansicht lassen sich auch die

Folienübergänge durch ein Anklicken der jeweiligen Folie mit der rechten Maustaste festlegen.

- *Bildschirmpräsentationsansicht:* Sie zeigt das Bild, wie es später in der Projektion zu sehen sein wird, wobei hier mit der aktuellen Folie begonnen wird. Startet man die Bildschirmprojektion über »Bildschirmpräsentation vorführen« oder mit der Taste F5, beginnt die Präsentation dagegen immer mit der ersten Folie.

Typen von Folien und Erstellen der Gliederung

Powerpoint ist mit einer automatischen Folienverwaltung (Gliederung, angezeigt im Gliederungsfenster) ausgestattet, auf die man nicht verzichten sollte. Jede Folie sollte einen prägnanten und eindeutigen Titel haben, unter der sie dann geführt wird. Bei allen Umsortierungen usw. wird der Folientitel automatisch mitsortiert.

Öffnet man Powerpoint, so wird angeboten, eine neue Präsentation anzulegen. Wenn man diese Option wählt, muss man sich entscheiden, welchen Folientyp man wählen möchte. Intuitiv und ängstlich wird man eine leere Folie wählen, um in der Gestaltung Freiheit zu haben. Diese Auswahl hat aber den Nachteil, dass es damit kein Strukturelement in der Folie gibt, das Powerpoint für die Erstellung der Präsentationsgliederung verwenden kann.

Deshalb ist es empfehlenswert, den Folientyp »nur Titel« auszuwählen. Im Folienfenster erscheint nun die Aufforderung, im Titelrahmen nach Anklicken einen Titel einzugeben. Powerpoint verwendet diesen Titel in der automatischen Gliederung, wie im linken Gliederungsfenster zu sehen ist. Der Titel ist jederzeit veränderbar. Möchte man den Titel, z. B. bei ganzformatigen Fotos oder aus anderen gestalterischen Gründen nicht auf der Folie haben, so kann man ihn mit der Maus einfach vom Blatt herunter, z. B. nach oben, auf die Arbeitsfläche verschieben. Damit bleibt er in der Gliederung erhalten, ist aber bei der Präsentation nicht sichtbar.

Wenn man eine Auflistung von Text, z. B. eine Gliederung, unter dem Titel auf die Folie bringen möchte, ist es empfehlenswert, den Folientyp »Aufzählung« auszuwählen. Dabei werden auch die Aufzählungspunkte in die Gliederung einbezogen.

Die sorgfältige Erstellung von Folientiteln ist vor allem auch für die Navigation innerhalb der Präsentation und beim Einsatz von Aktionsschaltern zum Anwählen bestimmter Folien essentiell wichtig.

Foliengestaltung – allgemeine Grundsätze

Bei der Erstellung von Präsentationen für wissenschaftliche Vorträge oder in der Hochschullehre sollte man die Verwendung des Präsentationsassistenten von Microsoft Powerpoint vermeiden, da dies weitgehend zum »Klonen« der von Powerpoint gelieferten Designvorlagen führt. Diese meist mit kräftigen Farben und Mustern hinterlegten Folien stammen aus dem Marketingbereich und sind in der Regel für inhaltsbetonte Folien ungeeignet.

Folien in der Hochschullehre dienen der Informationsvermittlung und deshalb sollte die klare Strukturierung des Inhalts Vorrang vor den – sicher auch wichtigen – ästhetischen Gesichtspunkten haben. Man kann grundsätzlich feststellen, dass alle Informationen auf den Folien, die keine bestimmte und sinnvolle Funktion haben, den Betrachter in erheblichem Maße ablenken und damit die Effizienz der beabsichtigten Informationsvermittlung mindern. So sind der Name des Vortragenden, dessen Institution und auch das Datum des Vortrages auf jeder Folie weder bei einem Vortrag noch im täglichen Betrieb der Hochschullehre nötig. Beim Vortrag gibt es eine Einführung des Vortragenden und ein Programm, und bei Vorlesungen oder Übungen sollte ohnehin allen Teilnehmern klar sein, welche Veranstaltung sie besuchen. Damit können oft 10 – 20 % der gesamten Folienfläche für inhaltliche Informationen zum eigentlichen Thema genutzt werden bzw. der Inhaltsteil kann entsprechend größer und damit besser lesbar gestaltet werden.

Eine regelrechte Unsitte ist das Zeichnen von Rahmen um den Text oder um Grafiken. Die Hell-Dunkel-Grenze des Projektionsfeldes ist ohnehin ein sehr stark kontrastierter Rand, den man nicht durch weitere Linien usw. innerhalb des Bildfeldes verstärken muss. Zusätzliche Rahmen wie unnötige Randinformationen (s. o.) schränken das Projektionsfeld nur ein und verbrauchen damit wertvolle Fläche, die besser für inhaltliche Informationen genutzt werden kann.

Textfolien sollten immer einen möglichst einfachen und übersichtlichen Aufbau aufweisen. Daraus resultiert die Empfehlung, den Text auf der Folie als Stichpunktliste zum gesprochenen Text aufzufassen und nicht als parallele Projektion desselben Textes, um eine Asynchronität von gesprochenem Wort und zu lesendem Text zu vermeiden. Folien sind ein Werkzeug für den Vortragenden, mit dem er visuelle Hilfen für die Zuhörer gibt – und nicht umgekehrt: Der Vortragende darf nicht zum reinen Vorleser der Folien entarten! Dann wäre er ja überflüssig und es wäre folgerichtig, auch den Ton zur Projektion dazu zu geben und die vollautomatische Konserve abzuspielen.

Auch wenn es viele Vortragende schockieren wird: Die ideale Folie hat maximal 7 Zeilen und besteht aus maximal 5 Items (Informationseinheiten) pro Zeile. Ein altes chinesisches Sprichwort besagt, dass etwas dann vollständig ist, wenn man nichts mehr weglassen kann (Kiefer 2002). Für unsere Folien heißt das: weniger ist besser und mehr!

Masterfolien: Grundeinstellungen und »Corporate Identity«

Über die Masterfunktionen können Vorlagen für Titel und die Foliengestaltung in Powerpoint schablonenartig vorbereitet werden. Der Folienmaster ermöglicht die Einstellung von Schriftarten und -größen, Farben und festen Grafikelementen – wie bei einem Briefpapier, auf dem die jeweiligen Einzelfolien dann erstellt werden, ähnlich den Dokument- oder Formatvorlagen bei der Textverarbeitung. Der Titelmaster bietet die analoge Funktion für die Titelfolie, d. h. die erste Folie in einer Präsentation.

In Powerpoint XP können mehrere verschiedene Formate in einer Vorlage sowohl für die Standardfolien als auch für Titelfolien bereitgestellt und ausgewählt werden. Die Gestaltung folgt dann dieser einheitlichen Festlegung, und im Idealfall ergibt sich für den Vortrag eine einheitliche Gestaltung. Die Verwendung von Masterfolien bietet außerdem die Möglichkeit, Gestaltung nach einer Vorgabe im Sinne einer »Corporate Identity« zu realisieren. Um die Einstellungen der Masterfolien abzuspeichern, wählt man die Funktion »Datei speichern unter« und wählt beim Dateityp »Gestaltungsvorlage« aus. Damit wird eine Datei mit der Extension »pot« erzeugt, die man als Vorlage auch für neue Präsentationen immer wieder aufrufen kann. Die Übernahme von Einstellungen aus der Vorlage in eine neue Präsentation erfolgt dadurch, dass man über den Menüpunkt »Format/Entwurfsvorlage übernehmen« die gewünschte Gestaltungsvorlage (*.pot-Datei) auswählt. Den Titelmaster muss man bei gewählter Masterfolien-Ansicht dadurch erzeugen, dass man im Menü »Einfügen« den Punkt »Titelmaster« auswählt. Erst dann können auch die Voreinstellungen für die Titelfolie getroffen werden.

Ordnung muss sein: Ausrichten, Verteilen und Hilfslinien

Folien sollten zur leichteren Orientierung horizontale wie vertikale Gestaltungsachsen aufweisen, an denen die Objekte ausgerichtet werden. Da das Auge bei der Mustererkennung noch geringste Ungleichmäßigkeiten wahrnimmt, ist es anzuraten, die Ausrichtung von Elementen auf Powerpoint-Folien nicht durch ungefähres Positionieren mit der Maus oder nach »Augenmaß« vorzunehmen.

Im einfachsten Fall wird es links einen Rand geben, an dem man seine Objekte »festmacht«. Vertikale Achsen dienen beispielsweise zum leichteren Auffinden des Zeilenanfangs, wenn

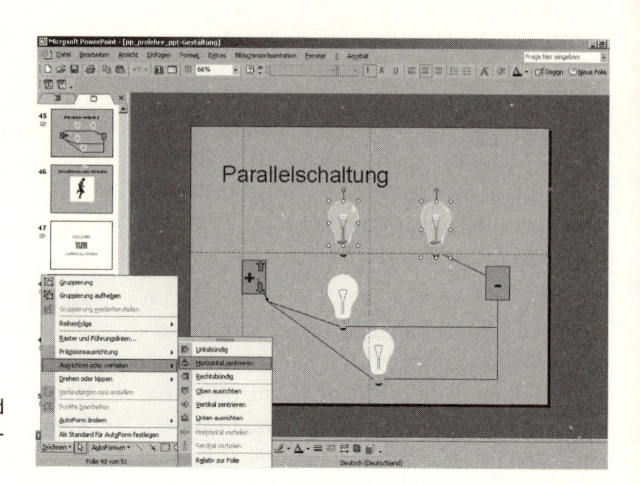

Abb. 16: Foliengestaltung mit Hilfslinien und aufgeklapptem Zeichnen-Menü zum Ausrichten und Verteilen.

Text untereinander angeordnet ist. Da es in Powerpoint keine Seitenränder wie bei der Textverarbeitung gibt, empfiehlt es sich, die Begrenzung mit einer Hilfslinie zu markieren. Diese ist nicht standardmäßig sichtbar, sondern man muss sie über die Menüpunkte »Ansicht/ Führungslinien« einschalten. Es werden zunächst zwei zentrierte Linien angeboten, die man mit der gedrückten linken Maustaste verschieben kann. Braucht man mehrere Linien, so kopiert man die Linie über die Tastenkombination Strg + linke Maustaste. Man kann auf diese Weise beliebig viele Hilfslinien in vertikaler und horizontaler Richtung zur Orientierung der Objekte erzeugen (Abb. 16). Man sollte aber beachten, dass die Darstellung umso übersichtlicher wird, je weniger Orientierungsachsen in einer Folie vorhanden sind.

Die Führungslinien wirken auf beliebige Objekte und Texte gewissermaßen »magnetisch«, d. h. sobald man mit dem Objekt in die Nähe der Linie kommt, wird das Objekt automatisch an der Linie ausgerichtet, was ein aufwändiges Positionieren überflüssig macht. Die Führungslinien werden weder ausgedruckt noch in der Präsentationsansicht gezeigt. Sollen verschiedene Objekte ohne Rücksicht auf die Führungslinien zueinander ausgerichtet werden, so sind die betreffenden Objekte zuerst zu markieren; dann ruft man die Funktion »Zeichnen/Ausrichten und Verteilen« auf. Man kann jetzt sowohl vertikal als auch horizontal eine Bündigkeit oder Zentrierung festlegen. Dabei richtet sich die markierte Gruppe immer an den außen liegenden bzw. am mittleren Objekt aus. Wählt man nacheinander »vertikal« und »horizontal zentrieren«, so kann man die Objekte jeweils mit ihrem Mittelpunkt übereinander legen.

Sollen die Elemente auf der Seite zentriert oder randbündig ausgerichtet werden, muss im Menü »Zeichnen/Ausrichten und Verteilen« die Funktion »relativ zur Folie« ausgewählt werden. Nun können die markierten Elemente exakt auf dem Blatt angeordnet werden. Will man Objekte im gleichen Abstand zueinander setzen, so müssen die beiden äußersten Objekte richtig platziert und dann alle zu verteilenden Objekte markiert werden. Wählt man nun »Verteilen«, so kann zwischen den beiden Endpositionen eine gleichmäßige Anordnung erreicht werden. Dies ist z. B. bei Auflistungen mit graphischen Elementen oder auch bei Legendenkästchen zu Karten ein sehr hilfreiches Instrument.

Einsatz von Farben und Farbwirkung

Wahrnehmung beruht zu einem hohen Maße auf Kontrast. Daher können gezielt eingesetzte Farbeffekte die Wahrnehmung von Inhalten unterstützen. Umgekehrt kann man mit ungeschickter Farbwahl gerade den entgegengesetzten Effekt erzielen und seine eigene Präsentation in ihrer Wirkung schmälern. Der oft verbreitete und gerade bei Powerpoint-Folien oft exzessiv gepflegte Grundsatz »Farbe ist immer gut!« muss also stark in Frage gestellt werden. Farben sollten nur eingesetzt werden, wenn die Effizienz einer Präsentation gezielt gesteigert werden kann. Nach einer strengen Regel muss jeder Einsatz von Farbe begründbar sein.

Die Farbwirkung auf den Menschen ist abhängig vom individuellen Sehvermögen und der Stimmung. Man stellt allzu häufig fest, dass Vortragende sich keinerlei Gedanken über die Farbwirkung machen, sondern rein nach persönlichem Geschmack und Vorlieben eine bunte Farbauswahl für die Gestaltung ihrer Präsentation verwenden. Die Wirkung eines Bildes wird aber auch durch die Anzahl der Farben bestimmt. Statt bunter Vielfalt kann man sich an die Regel halten, dass drei Farben pro Folie ausreichend sind. Eine Abstimmung der Farbtöne aufeinander trägt zusätzlich zum angenehmen Gesamteindruck bei.

Grundsätzlich gibt es Lieblingsfarben und unbeliebte Farben, die auf allgemeinen und universellen Wirkungen und der Symbolik von Farben beruhen (Heller 2000). Untersuchungen zeigen, dass Farben und Gefühle deutlich in Verbindung gebracht werden können. Die Farbwirkung ist somit wenigstens z.T. dem individuellen Geschmack übergeordnet. Auch das kulturelle Umfeld ist zu beachten, etwa die Bedeutung von hellem Grün als heilige Farbe der Moslems. Bei der Erstellung einer Präsentation ist auch deshalb Vorsicht bei der Verwendung von Farben geboten.

Farben und Farbkombinationen können auch von Designtrends und fachspezifischen Modetrends beeinflusst werden. Für manche Institution oder Firma gibt es auch für die Präsentation feste Vorgaben für die zu verwendenden Farben im Hinblick auf die Corporate Identity. Damit können bestimmte Farbpaletten verbindlich sein, an die man sich halten soll oder sogar muss.

Die Farbwirkung ist schließlich auch vom Umgebungslicht abhängig. So wirkt am Tag Gelb am hellsten, dann erst folgen Rot, Grün und Blau. In der Dämmerung hingegen ist die Abfolge Grün, Gelb, Blau und dann erst Rot. Diese Ampelfarben können mit ähnlichen Effekten auch bei der Projektion eingesetzt werden.

Der Einsatz von Farbe muss außerdem auf die weit verbreitete Farbuntüchtigkeit Rücksicht nehmen. Etwa 8% der Männer können Rot-Grün-Farbtöne nicht oder schlecht unterscheiden bzw. nur als Grautöne wahrnehmen. In solchen Fällen sind Hervorhebungen mit der typischen Signalfarbe Rot in der Präsentation also völlig wirkungslos.

Übrigens kann die Darstellung von Farben auf dem Bildschirm des eigenen Notebooks oder Rechners in manchen Fällen deutlich anders ausfallen, als der Beamer sie wiedergibt. Der Vortragende sieht auf den Kontrollmonitor und spricht beispielsweise von einem Rot-Ton, während beim Beamer ein Gelb erscheint.

Es soll nun nicht der Eindruck entstehen, dass Farben nicht eingesetzt werden sollen. Sie machen eine Präsentation durchaus lebhaft, und die Farbreize können die Aufmerksamkeit lenken, aber jede Verwendung von Farbe sollte sorgfältig auf ihre Notwendigkeit hin überprüft werden.

Gestaltung von Hintergründen

Der Hintergrung einer Präsentationsfolie hat zwei Wirkungsmomente: *Farbe* und *Struktur*. Die Gestaltung des Hintergrundes ist maßgeblich für die Wirkung des eigentlichen Inhaltes im Vordergrund.

Die heute üblichen lichtstarken Projektoren ermöglichen auch die Projektion ohne komplette Abdunkelung des Raumes, was zu einer geringeren Ermüdung der Zuhörer führt. Da damit aber die Leinwand nicht ganz dunkel ist, lassen sich dunkle Hintergrundfarben schlechter verwenden, da diese nur relativ schwach mit dem nicht beleuchteten

Hintergrund kontrastieren und somit ein verwaschenes Gesamtbild entstehen lassen. Bessere Wirkung erzielt man dagegen mit hellen Hintergründen, die bei hellem und dunklem Raum gut wirken. Die stärkere Beachtung heller Hintergründe hängt mit dem fototaktischen Verhalten des Menschen zusammen, der instinktiv auf Lichtreize reagiert. Ein heller Hintergrund und damit ein helles Gesamtbild reizt das Auge stärker als ein dunkles Bild. Dazu kommt, dass der Betrachter bei hellen Hintergründen viel langsamer ermüdet als bei dunklen Hintergründen. Gerade bei dunklen Räumen ist das Gesamtbild eines dunklen Hintergrunds in dunklem Raum wie bei der Dämmerung ein eindeutiges Signal an den Körper, die Schlafphase einzuleiten. Besucher von Vorträgen und Hörer von Vorlesungen kennen hierfür viele Beispiele!

Werden Flächen in sich unterschiedlich hell gefärbt, etwa durch den Einsatz von Verlaufsfarben, können sie Räumlichkeit suggerieren. Wird die Fläche in der Mitte heller, so entsteht der Eindruck einer Wölbung nach vorne, umgekehrt wirkt eine dunkle Mitte wie eine Wölbung nach hinten.

Tabellen und Grafiken

Tabellen sind ein typisches Element von Druckmedien, wenn große Zahlenmengen übersichtlich dargestellt werden sollen. Hier liegt genau das Problem bei der Verwendung von Tabellen in Präsentationen. Auf der Leinwand kann es nämlich nicht darum gehen, große Zahlenmengen »auf einen Blick«, d.h. in einer Folie zu zeigen, da diese fast immer ohnehin weder lesbar noch verständlich sind. Man kann also nur vor solchen »Zahlenfriedhöfen« warnen (Kiefer 2002). Gute Tabellen in Präsentationen haben wie Textfolien maximal 7 Zeilen und nicht mehr als 5 Spalten. Durch die Verwendung von Trennlinien mit einer geschickten Auswahl unterschiedlicher Strichstärken lässt sich die Datenstruktur klar darstellen.

Vereinfachen kann man die Zahlenformate, indem man z.B. Hunderter oder Tausender als Grundeinheit verwendet und somit kurze, gut zu überblickende Zahlenwerte bekommt. Auch die Dezimalstellen sollten auf ein absolut nötiges Maß reduziert werden oder auch durch die Einheiten »Hundertstel« oder »Tausendstel« auf ganzzahlige, einfache Werte gebracht werden.

Viel anschaulicher als eine Tabelle ist die grafische Darstellung von Zahlenwerten oder von Beziehungen zwischen Zahlen. Diagramme ermöglichen eine vielfach schnellere Aufnahme von Zusammenhängen und relativen Größen. Dabei kommt es natürlich darauf an, für die darzustellenden Zusammenhänge auch den richtigen Grafiktyp zu wählen – der geneigte Leser sei auf die speziellen Erläuterungen in den Handbüchern zu Grafikprogrammen verwiesen.

Bei Diagrammen empfiehlt sich eine animierte Darstellung, bei der zunächst nur die Achsen gezeigt werden, um zu erklären, welche Zusammenhänge gezeigt werden sollen. Danach werden die eigentlichen Daten in Form von Punkten, Linien oder Flächen aufgebaut. So lassen sich auch komplexe Zusammenhänge verständlich vermitteln.

Fotos in der Präsentation

Sollen Bilder innerhalb einer Präsentation projiziert werden, sollte als Hintergrund der Folie entweder eine gleichmäßig dunkle Farbe oder noch besser gleich schwarz gewählt werden. Wie in einem Fotoalbum wirken die Farben vor einem dunklen Hintergrund intensiver. Bei einem hellen Rand wird das Auge geblendet und das Foto dadurch subjektiv als dunkler empfunden. Der dunkle Hintergrund hat den Vorteil, dass das Bildformat der Gesamtprojektionsfläche bei kleineren Bildern gleich bleibt. Anderseits kann man durch Einblenden kleiner Bilder an verschiedenen Positionen der Projektionswand wirkungsvolle Effekte erzielen, die aber eine kreative Konzeption voraussetzen und nicht willkürlich platzierte Bildpositionen haben sollten.

Abspielen von Videoclips in der Präsentation

Beim Einsatz von Videoclips kann es nötig sein, dass auf dem Computer bestimmte Videoabspiel-Software installiert ist. Beispiele sind die Mediaplayer, die z.T. auch von den Homepages (z.B. von Macintosh Quicktime-Player) heruntergeladen werden können. Nur wenn der entsprechende Mediaplayer installiert ist, kann der Film auch unter Powerpoint abgespielt werden.

Folienübergänge und Animation

Bei Powerpoint-Folien gibt es zwei Möglichkeiten, das Bild effektvoll zu wechseln. Die Effekte können sich einerseits auf eine Folie bezogen abspielen, um z.B. verschiedene Objekte oder Zeilen nacheinander einzublenden oder auch wieder aus der Folie auszublenden. Dies bezeichnet man als *benutzerdefinierte Animation*. Hingegen wird der Wechsel zwischen zwei Folien, mit dem man ja auch einiges zur guten Gestaltung einer Präsentation beitragen kann, als *Übergang* bezeichnet. Alle Einblend- oder Überblend-Schritte in einer Präsentation sollten vom Referenten selbst gesteuert werden und nicht über die – technisch mögliche – Zeitsteuerung laufen. Obwohl die automatische Weiterschaltung manchen Vortragenden zu einer gewissen Disziplin im Hinblick auf einzuhaltene Vortragszeiten zwingen würde, ergeben sich daraus ungewollte und peinliche Störeffekte, wenn das gesprochene Wort und die Präsentation in ihrem Ablauf nicht mehr synchron sind.

Ganz in der Entwicklung des Menschen vom Jäger und Sammler zum Computerbenutzer begründet liegt die sehr aufmerksame Wahrnehmung von bewegten, vor allem schnell bewegten Objekten (Rock 1998) – meist handelte es sich um Gefahr (Feind) oder Beute. Bei zurückhaltendem Einsatz bringt schnelle Bewegung die Präsentation dem Ziel einer effektiven Wissensvermittlung vielleicht näher, als Spielerei jedoch lenkt sie erheblich davon ab. Das Grundprinzip soll bei allen Präsentationen »das ruhige Bild« sein, d.h. die Bewegung sollte möglichst nur eingesetzt werden, wenn besondere Aufmerksamkeit erregt werden soll.

Zu einem ruhigen Bildeindruck trägt die Berücksichtigung der gewohnten Wahrnehmungsabläufe wesentlich bei, d.h. der Bildaufbau ist – zumindest in unserem Kulturkreis – für das Auge dann am vertrautesten, wenn er von links oben nach rechts unten bzw. bei Text von links nach rechts erfolgt. Wir beginnen automatisch in der linken oberen Ecke einer Informationsfläche, Informationen zu suchen – in diesem Buch genauso wie bei jedem Computerprogramm.

Zu viele und zu schnelle Animationen haben einen »Flimmerkisteneffekt« und führen zur Reizüberflutung des optischen Sinneskanals. Das Auge ermüdet dann viel schneller als bei harmonischen, langsamen und gezielten Übergängen. Zusätzlich verliert man als Dozent bei der Präsentation sehr rasch den Überblick, was wann durch Weiterklicken eingeblendet wird. Helfen kann die Anlage eines »Zwischenergebnis-Bildes«, das das Resultat aller bis dahin animierten Elemente als nichtanimiertes Bild enthält. Diese Zwischenfolie dient als Basis für die weiteren Animationen, der Übergang ist für die Zuschauer nicht wahrnehmbar.

Gut geplante Präsentationen zeichnen sich dadurch aus, dass Informationen in sinnvollen Einheiten »dosiert verabreicht« werden. So sollte man weder durch zu viele noch durch zu wenige Schritte die Zuhörer irritieren. Pro Animationsschritt sollte immer nur *ein* wichtiges Element eingeblendet werden, da sonst Orientierungsprobleme durch konkurrierende Schlüsselreize auftreten.

Grafikanimation

Für das menschliche Auge ist eine Animation immer dann verwirrend, wenn sich bekannte Objekte entgegen der von ihnen erfahrungsgemäß zu erwartenden Richtung bewegen. So wird ein Lastwagen in Fahrtrichtung – am besten von links – in das Bild geschoben (Animation »Text« [Einfliegen]). Auch Pfeile sind heikle Objekte; dem Pfeil wohnt aufgrund der

Form die Bewegung schon inne. Man sollte den Pfeil also immer vom stumpfen Ende zur Spitze und Doppelpfeile immer von innen nach außen einblenden. Diese Entwicklung wird als organisch wahrgenommen und das Auge bzw. Gehirn des Betrachters nicht unnötig mit der widersinnigen Bewegungsrichtung beschäftigt. In dieser Zeit steht es nämlich nicht oder nur zum geringen Teil für die Aufnahme der eigentlichen Inhalte zur Verfügung.

Textanimation
Powerpoint ist sehr gut dafür geeignet, Textinformationen parallel zum Vortrag in einzelnen Schritten einzublenden. Dabei zeigt sich in der Praxis, dass als Unsitte das Einblenden ganzer Sätze verbreitet ist, die parallel dazu gesprochen werden. Das bewirkt eine Asynchronität zwischen Hören und Lesen. Solche »Störungen« können dazu führen, dass der Inhalt schlechter aufgenommen wird und wirken kontraproduktiv. Dazu kommt, dass das reine Auflisten von Text langweilig ist. Bessere Behaltensleistungen erzielt man, wenn man das Gesagte durch ein treffendes Stichwort oder ein Bild untermauert. Bei der Animation von Text ist allgemein große Vorsicht geboten, wie die vielen ungünstig animierten Vorträge zeigen. Hier reagiert der Verbund von Auge und Gehirn noch empfindlicher als bei der Animation von Formobjekten.

Die Aufnahme von Text erfolgt – dem Leselernprozess in der Schule folgend – aufbauend von links nach rechts. So haben alle Schüler in Mitteleuropa das Lesen gelernt und so ist Information auch am einfachsten zu verarbeiten. Dagegen ist die Animation »Text« bei der Animation in Powerpoint 98 und 2000 ein Extrembeispiel für fehlende Kommunikation zwischen Anwender und Programmierer. Denn der gesamte Text bewegt sich von links nach rechts in das Bild, d. h. man sieht die letzten Buchstaben des Textes zuerst; zudem geschieht die Einblendung zu schnell. Das Mustererkennungssystem im Hirn ist sofort nach Erscheinen einiger Buchstaben mit der Identifizierung, d. h. dem Lesen des Wortes überbeschäftigt – was die Gesamtaufmerksamkeit mindert.

Um wie viel wohltuender ist da der Effekt »Rollen von links« [»Wischen von links«], das dem Lesevorgang am meisten entgegenkommt und auch bei längeren Sätzen angewendet werden kann. Bei einzelnen Wörtern kann man auch »Einblenden« oder »Erscheinen« verwenden, aber nicht bei Sätzen. Alle anderen Effekte kann man getrost beiseite lassen.

Zeigen als Animation
Die Vor- und Nachteile des Zeigens mit einem Zeigestock oder einem Laserpointer werden an anderer Stelle in diesem Band behandelt (Kap. 4.6). Alternativ dazu bietet Powerpoint eine Reihe von Möglichkeiten, das Publikum einfach und wirkungsvoll zu einer gewünschten Stelle auf der Folie zu führen.

Animierte Grafikelemente können ausgezeichnete Zeiger für die Hervorhebung der gerade besprochenen Punkte sein. Die Animation verbindet die Reizauslösung durch Bewegung mit der Beruhigung des Bildes durch den festen und ruhigen Standort des Objektes nach der Animation. Somit kann das Auge dann auf der Hervorhebung ruhen.

Um die Aufmerksamkeit auf eine Fläche zu lenken, verwendet man am besten einen farbigen Rahmen, der durch eine ruhige Animation (»Rollen« oder »Einblenden« [Wischen]) ins Bild gesetzt wird. Wichtig für die Wahrnehmung ist ein ausreichender Kontrast zur Umgebung. Bei unregelmäßig abgegrenzten Formen kann man über die Funktion des Zeichnens von freien Linien individuelle Formlinien erzeugen, die dann z. B. auch effektvoll als Hinweis auf Inhalte in Fotos verwendet werden können, wenn sie in das Bild eingeblendet werden.

Interaktion und Informationsbereitstellung
Interaktive Präsentationen ermöglichen es dem Dozenten, das Auditorium unter verschiedenen Möglichkeiten auswählen zu lassen. Nach dem

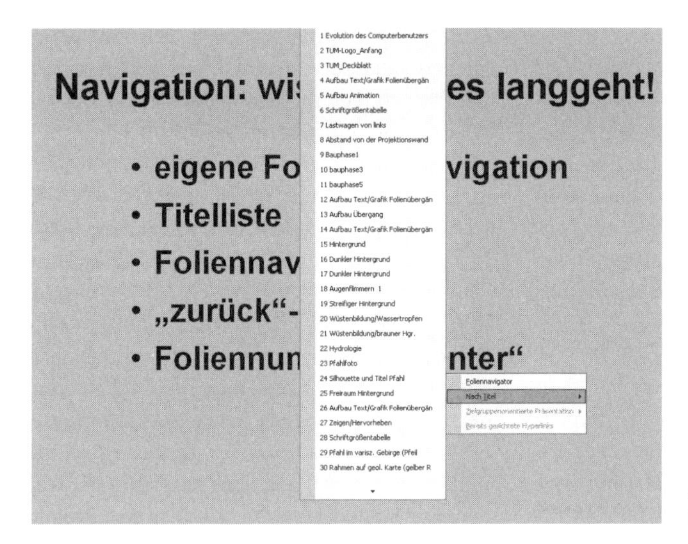

Abb. 17: Sichere Navigation in der Präsentation mit der Titelliste.

Motto »Was interessiert Sie heute?« können aus einem Menü die interessanten Punkte ausgewählt und Lerninhalte individuell angepasst werden. Allein das Wissen, dass der Ablauf der Präsentation nicht veränderbar ist, kann auf die Studenten oder Zuhörer demotivierend für die Mitarbeit wirken.

Eine interessante Abwechslung auch innerhalb einer Präsentation kann der Einbau von Auswahlmöglichkeiten für das Publikum sein. So können z. B. virtuelle Versuchsaufbauten aus der Physik dargestellt werden, die mehrere Abläufe des Experiments zulassen. Je nach Vorschlag des Publikums nimmt dann die Präsentation einen anderen Lauf. Um derartige Auswahlmöglichkeiten anzubieten, müssen alle möglichen Fälle in Form einzelner Folien vorliegen, die dann selektiv bzw. als Block abgerufen werden. Eine derartige Auswahl kann in anderen Fächern auch als »Multiple-choice« Menü aufgebaut sein. Die Auswahl einer Lösung führt dann zum spezifischen Verlauf der Präsentation.

Hinter jeder der Auswahlmöglichkeiten steht ein *Aktionsschalter*, der mit einem Sprungbefehl zu einer bestimmten Folie verbunden ist. Zur Anwahl der einzelnen Folien über die Aktionsschalter ist es unbedingt nötig, dass die Gliederung eindeutig aufgebaut ist. Folien ohne Titel oder Doppelbenennungen von Folien führen zum Chaos im Ablauf der Präsentation.

In den angewählten Folien können dann auch wieder Schaltflächen integriert sein, um quer zu den anderen Lösungswegen zu springen oder auch wieder zur Ausgangsfolie zurückzukommen.

Bewegungsabläufe

Die Darstellung von Bewegungsabläufen ist in den Powerpoint-Versionen bis 2000 nur über die Einbindung von animierten GIF-Dateien möglich. Diese laufen allerdings trotz anders lautender Festlegungen in der animierten Bilddatei endlos. Somit ist die Visualisierung von technischen Abläufen nicht immer sinnvoll möglich.

Erst in der Powerpoint XP-Version kann man Bewegungsvorgänge gut und wirkungsvoll darstellen, da ein Objekt mehrfach bewegt werden kann und vor allem geeignete differenzierte Darstellungsformen zum Ausblenden von Objekten vorliegen. Auch die Möglichkeit, zwei Animationen gleichzeitig starten zu können, ohne die zu bewegenden Objekte als Gruppe zusammenzufassen, ist eine der wichtigen Neuerungen bei der XP-Version.

Navigation

Vor allem bei der Diskussion im Anschluss an Vorträge, gelegentlich auch bei Zwischenfragen, ist es wichtig, schnell zur einer bestimmten Folie zu kommen. Dazu muss man mit den Navigationsfunktionen vertraut sein, um nicht jedes Mal von der ersten Folie alle Animationsschritte durchklicken zu müssen, wie man es gelegentlich bei unerfahrenen Benutzern sehen kann.

Direktanwahl über die Foliennummer

Eine sehr elegante Methode ist das Anwählen der einzelnen Folien über die Nummer der Folie innerhalb der Präsentationsfolge. Man gibt dazu die Foliennummer ein und betätigt die ENTER-Taste. Diese Art der Navigation setzt voraus, dass der Referent die Nummer seiner Folien auswendig kennt oder in seinem Manuskript vermerkt hat. Man kann die Nummer beispielsweise auf dem Gliederungsausdruck als Folienliste vermerken, um sie schnell bereit zu haben.

Um die erste Folie, d.h. den Präsentationsanfang schnell zu erreichen, kann man auch die linke und die rechte Maustaste 2 Sekunden gleichzeitig gedrückt halten.

Anwahl über Foliennavigator und über die Titelliste

Wenn man keine gedruckte Titelliste vor sich liegen hat, so gibt es die Möglichkeit, in der Präsentationsansicht mit der rechten Maustaste entweder den Foliennavigator oder die Titelliste aufzurufen (Abb. 17). Der Foliennavigator stellt eine kurze Auswahlliste dar, in der man durch Scrollen die entsprechende Folie auswählen und aufrufen kann. Die Titelliste stellt die moderne Form dar und ist durch eine übersichtlichere Gestaltung in einem Langmenü gekennzeichnet. Man wählt auch hier die Folie durch Mausklick aus und ruft sie auf.

Projektionspausen: Freiraum geschickt schaffen

Pausen während der Projektion sind günstig und oft auch nötig, um die Aufmerksamkeit auf den Vortragenden zurückzuführen, den Vortrag zu gliedern oder auch zum Wechsel des Mediums. Bei Projektionen mit Beamer gibt es für Pausen in der Projektion mehrere Möglichkeiten.

Um die Fehler gleich vorwegzunehmen: Man sollte zur Unterbrechung weder den Objektivdeckel auf den Projektor stecken noch den Projektor abschalten. Ersteres provoziert eine Geräteüberhitzung, die zweite Lösung mündet in einen umständlichen Prozess, der den Vortrag deutlich stören würde. Man kann nämlich den Projektor erst nach einer Abkühlphase wieder nutzen (interne Sicherheitsschaltung zur Schonung der Lampe) und es dauert einige Zeit, bis er wieder voll funktionsfähig ist. Nur bei sehr langen Unterbrechungen der Projektion von über ca. 20 Minuten sollte man den Projektor ganz abschalten, auch um die Geräuschkulisse zu verringern.

Die einfachste und eleganteste Lösung bei kurzzeitigen Unterbrechungen der Digitalpräsentation ist das Einfügen einer schwarzen Folie. Man kann dann die Bühnen- bzw. Raumbeleuchtung wieder soweit einschalten, dass z.B. der Vortragende im Licht steht, um ohne Bildbegleitung direkt zum Publikum zu sprechen. Schwarze Folien werden dadurch erzeugt, dass man eine Folie mit schwarzem Hintergrund und ohne jeglichen Inhalt einfügt. Ein positiver Nebeneffekt der schwarzen Folien besteht darin, dass man in der Foliensortierungsansicht eine visuell rasch erfassbare Abschnittseinteilung erhält. Die schwarzen Folien wirken nämlich wie Anfang bzw. Ende einer Folienreihe.

Das Zeigen einer leeren Folie mit dem in der Präsentation sonst verwendeten farbigen Hintergrund wäre auch eine Möglichkeit, schafft jedoch beim Publikum evtl. wegen der nicht befriedigten Erwartung von Informations-Anzeige eher Unruhe bzw. Ungeduld und ist deswegen nicht zu empfehlen. Man kann den Bildschirm aber auch zu jedem Zeitpunkt während einer Powerpoint-Präsentation durch Betätigen der »b«-Taste oder der Punkt-Taste schwarz bzw. mit der »w«-Taste oder der Komma-Taste weiß schalten. Wiederholtes Betätigen dieser Tasten schaltet zurück, ebenso ist ein direktes Umschalten von schwarz auf weiß und umgekehrt möglich. Vorsicht ist bei fremdsprachigen Office-Versionen geboten. Wenn man sich angewöhnt, die Buchstabentasten zu verwenden, ist zwar bei der englischsprachigen Version die Belegung der Tasten wie bei der deutschen Version, aber z. B. in der italienischen Version liegen die Dunkel- bzw. Hellschaltfunktionen auf »n« (nero – schwarz) und »b« (bianco – weiß). An solche Überraschungen sollte man denken, wenn man Vorträge bei Tagungen oder in Instituten im nicht-deutschsprachigen Ausland mit fremden Computern hält.

Diese Art der Unterbrechung der Präsentation ist immer dann zu empfehlen, wenn Zwischenfragen gestellt werden und man z. B. ausführlicher oder abweichend vom Hauptthema antworten muss. Die Inhalte der aktuellen Folie können dann nicht vom Sprecher ablenken. Die meisten Projektoren verfügen auch über eine Dunkelphasen-Taste (»Mute«), die das Bild für eine bestimmte Zeit ausblendet. Nach einer gerätetypischen Zeit von 5 – 10 Minuten schaltet sich diese Dunkelphase allerdings wieder in den normalen Projektionsmodus zurück, um eine geräteinterne Überhitzung zu vermeiden. Das kann störend sein.

Möchte man während einer Beamerpräsentation mit einem Diaprojektor Dias zeigen, so kann man als elegante Lösung eine Folie mit schwarzen Hintergrund und einer Titelzeile wählen. Diese bildet den Hintergrund für das darauf projizierte Dia. Die Titelzeile gibt das Thema vor, die »Bühne« ist aber trotzdem frei für die zweite Projektion. Die Erfahrung zeigt jedoch, dass das Einfügen einer »schwarze Folie« nicht bei allen Projektoren wirklich zu einer völligen Abdunkelung führt. Ein eher »leuchtendes Dunkelgrau« stört bei der Projektion mit dem Diaprojektor nicht unwesentlich. Der einfachste Trick, wirklich abzudunkeln, ist eine dunkle Folie und zusätzlich eine Kartonscheibe, die man (in einiger Entfernung) vor die Linse stellt. Damit entfällt allerdings die Möglichkeit, einen passenden Titel zum Dia zu projizieren. Bei der Einspielung von Dias in eine Digitalprojektion ist außerdem darauf zu achten, dass der Beamer und der Diaprojektor vorher genau justiert werden, um das Diabild wirklich passgerecht auf die Powerpoint-Fläche zu projizieren.

Neutraler Anfang und klarer Schluss

Zu Beginn einer Präsentation empfiehlt es sich, zur Einstellung der Bildgröße und zur Fokussierung ein neutrales Motiv, z. B. ein Logo seiner Institution vor einem dezent farbigen Hintergrund zu projizieren. Nach der technischen Justierung des Beamers kann man mit der eigentlichen Titelfolie beginnen. Dies ist auch dann sinnvoll, wenn man zuerst von einem Moderator vorgestellt wird und die Titelfolie eine Vorwegnahme von Informationen bedeuten würde.

Präsentationen benötigen aber nicht nur eine Einstiegsfolie, sondern auch eine klar als Schlussfolie erkennbare Seite. Wenn man keine speziell gestaltete Seite in der Präsentation vorbereitet hat, wird nach der letzten Folie eine schwarze Seite mit der Überschrift »Ende der Präsentation« angezeigt. Dies geschieht aber nur, wenn in der Einstellung »Extras/Optionen/Ansicht/mit schwarzer Folie beenden« aktiviert ist. Mag man »Ende der Präsentation« nicht, so kann man selbst eine schwarze Folie einfügen. Unbedingt vermeiden sollte man, dass das Programm umschaltet und die Bedienungsoberfläche von Powerpoint erscheint. Der Ablenkeffekt wäre zu groß und man könnte in diesem Modus auch nicht mehr mit dem Foliennavigator oder den anderen genannten Möglichkeiten eine bestimmte Folie aufrufen.

Manuskriptausdruck und Handouts, WWW-Präsenz

Als generelle Regel kann man angeben, dass Ausdrucke von Powerpoint-Präsentationen ohne weitere Bearbeitung keine geeigneten Manuskripte zur Verteilung an die Zuhörer darstellen. Allerdings kann der Vortragende eine ideale Übersicht über die zu präsentierenden Folien als Manuskript für den Vortrag ausdrucken. Um die Wirkung des Ausdruckes auf Papier im S/W-Druckmodus zu beurteilen, kann man sich vorab im Bildschirmmodus auch eine Graustufenansicht anzeigen lassen. Dabei wird die farbige Originalgrafik optional als Farbbild angezeigt.

Die Ausgabe einer Präsentation als WWW-Datei, wie es von Powerpoint angeboten wird, kann nach eigenen Erfahrungen bei aufwändig gestalteten Präsentationen nicht empfohlen werden. Da aus den einzelnen Animationsschritten einzelne HTML-Seiten werden müssen, führt dies zu einer riesigen Datenmenge, die bei geringeren Datenübertragungsraten zu Problemen mit dem Download führen können. Besser sind die sogenannten Pack & Go-Versionen, bei denen der Präsentation automatisch ein Direkt-Projektionsmodul angehängt wird. Damit kann man die Präsentation auf jedem PC ablaufen lassen, auch wenn Powerpoint nicht installiert ist.

Eine Auswahl von Folien kann über die Funktion »Ausblenden« bzw. über »Zielgruppenorientierte Präsentation« erfolgen. Damit kann man z. B. aus einer Sammlung von Folien Präsentationen für verschiedene Zwecke zusammenstellen.

Man kann die gesamte Datei auch an eine Word-Datei senden. Dies ist eine ideale Form der Ausgabe, aber nur farbig möglich, weil auch die Textkommentare (Notizen) mitgedruckt werden. Das Drucken von Verteilungsblättern ist so direkt möglich, die Art der Ausgabe ist über den »Handzettelmaster« einstellbar.

Wer die Ausgabe eines Skriptums aus der Powerpoint-Präsentation vorhat, sollte seine Präsentation von vornherein in einer Weise konzipieren, die eine solche Ausgabe in einer für die Nutzer lesbaren Form ermöglicht. Zum Beispiel lässt sich beim Druck die Option »Notizenseiten« dazu verwenden, die gezeigten Folien mit zusätzlichen, erklärenden Notizen auszudrucken und als ein passabel verständliches Skriptum zu verteilen.

Ausgabe als PDF-Version

Wie oben schon erwähnt kann die Ausgabe von animierten Powerpoint-Präsentationen über eine Druckausgabe direkt in das PDF-Format überführt werden. Wenn viele einzelne Animationsschritte in der Präsentation enthalten sind, können bei Export als PDF-Datei große Datenmengen anfallen, da wie bei einem Zeichentrickfilm für jeden Schritt eine eigene Folie erzeugt wird. Diese Folien werden bei der Projektion einfach nacheinander abgearbeitet und so entsteht ein pseudo-animiertes Bild. Die Darstellung der Präsentation mit dem Acrobat-Reader ermöglicht allerdings nur einfache Animationseffekte mit schrittweisem Überdecken, also ohne spezielle Bewegungseffekte. Zu viele Animationsschritte können dazu führen, dass die PDF-Datei unüberschaubar viele Seiten generiert und somit sehr groß wird. Die Erfahrung zeigt, dass bei komplizierten Animationen auch Programmabstürze beim Erstellen der Druckdatei nichts selten sind.

5.5 Checkliste: Technische Vorbereitung einer digitalen Projektion

- Machen Sie sich mit der Projektionsanlage vertraut und testen Sie zur Sicherheit das Zusammenspiel Notebook-Beamer.
- Falls die Präsentation nicht vom eigenem Notebook gezeigt wird, lassen Sie die Präsentation vorab auf dem Vorführrechner laufen.
- Notebook-Grafikkartentreiber unbedingt als Installationsverzeichnis auf Festplatte kopieren.
- TrueType-Schriften oder Formel-Editor auf dem Vorführ-Rechner installieren, Schriften oder Formeln werden sonst evtl. nicht angezeigt.
- Alle anderen Programme auf dem Rechner schließen, um Arbeitsspeicher freizuhalten.
- Häufigen Projektionswechsel vermeiden, große Helligkeitsunterschiede blenden und ermüden.

- Ablesen von Notebook unbedingt vermeiden, verwenden Sie Manuskript und Fernbedienung für die Interaktion!
- Es beruhigt, wenn man den technischen Betreuer des Vortragsraumes kennt und weiß, wo er im Falle einer technischen Panne erreichbar wäre. Dies ist in Zeiten der Einsparung von technischem Personal an Hochschulen häufig ein unlösbares Problem und »Restrisiko« für jeden Dozenten.

5.6 Tastaturkürzel

»Tastentricks« sind sehr hilfreich bei der Steuerung von Powerpoint-Präsentationen. Mit folgenden Hotkeys kann man sich sicher in der Präsentation bewegen:

Funktion	Effekt
Taste »n« (next), Eingabetaste (Enter), Bild-ab,Nach-rechts-Taste, Nach-unten-Taste, Leertaste	Auslösen des nächsten Animationsschrittes oder des nächsten Folienwechsels
Taste »p« (previous), Bild-auf, Nach-links-Taste, Nach-oben-Taste, Rücktaste	Zurück zur vorangegangenen Animation oder Folie
Foliennummer + Enter-Taste	Wechsel zu der Folie mit der angegebenen Nummer (hierzu ist Folienliste mit Nummern nützlich)
beide Maustasten für 2 Sekunden drücken (linke Taste zuerst drücken, sonst wird Navigationsmenü angezeigt) oder 1 + Eingabetaste (Enter)	Springen zur ersten Folie (Anfang der Präsentation)
»b«-Taste, Punkt-Taste	Anzeigen eines schwarzen Bildschirms (Ausblenden der Präsentation); zurück durch nochmaliges Drücken der Taste
»w«-Taste, Komma-Taste	Anzeigen eines weißen Bildschirms (Ausblenden der Präsentation); zurück durch nochmaliges Drücken der Taste
ESC-Taste, STRG + PAUSE, Bindestrich	Beenden der Bildschirmpräsentation
STRG + H	Sofortiges Ausblenden von Zeiger und Navigationsschaltfläche
STRG + A	Wiedereinblenden des Zeigers als Pfeil

Tab. 2: Hotkeys von Powerpoint.

6 E-Learning an der Hochschule

Claudia Geyer

E-Learning, auch virtuelles Lernen oder Online-Lernen genannt, ist aus der heutigen Hochschullehre nicht mehr wegzudenken. Nach einer Studie des Fraunhofer Instituts bieten etwa zwei Drittel der befragten Professoren verschiedener Fachbereiche virtuelle Studienelemente in den unterschiedlichsten Formen an.

Im folgenden Kapitel wird zunächst das Stichwort E-Learning bzw. virtuelles Lernen in der Hochschule näher erläutert. Hierzu gehe ich kurz auf die zahlreichen unterschiedlichen Formen von E-Learning ein, beschreibe danach die Vorteile von E-Learning und diskutiere Probleme, die diese neue Lernform mit sich bringt. Sodann wird auf bewährte Prinzipien der Gestaltung virtueller Lehrveranstaltungen eingegangen. Zum Abschluss stelle ich »Best-practise«-Beispiele vor, um Ihnen einen Eindruck davon zu geben, wie E-Learning an der Hochschule professionell gestaltet werden kann.

6.1 Warum E-Learning?

Der Umbau der Industrie- in die so genannte Wissensgesellschaft und die geradezu explosionsartige Wissensvermehrung verleihen dem – auch berufsbegleitenden und lebenslangen – Lernen zentrale Bedeutung. Aus- und Fortbildung und besonders die Hochschule als Lernort werden tendenziell zum Motor der gesellschaftlichen Entwicklung. Daraus resultiert für die Hochschule das Problem, Wissen von ständig wachsendem Umfang an eine stetig steigende Anzahl Studierender zu vermitteln. Überfüllte Vorlesungen, zu wenig Praktikumsplätze und Übungen mit zu großen Lerngruppen sind Probleme, die nahezu jede Fakultät kennt und die man durch virtuelle Lernangebote in den Griff bekommen möchte.

Die virtuelle Universität wird als ein Weg angesehen, die bestehende Lernsituation an den Universitäten zu verbessern und die Studierenden zu lebenslangem Lernen anzuregen. Allerdings hat sich die dahinter stehende Annahme und Hoffnung, dass auf diesem Wege das Lernen rationalisiert und ökonomisiert werden kann und sich damit auch Mittel einsparen lassen, ebenso wenig bestätigt wie die Annahme, dass der Lernerfolg durch solche Programme automatisch zunimmt. Der Aufwand für die Entwicklung, Durchführung und Evaluation mediendidaktisch anspruchsvoller und lerneffektiver Lehrprogramme ist erheblich. Dennoch ist es notwendig, die Studierenden im Umgang mit den modernen Kommunikationstechnologien zu schulen, da sie in Zukunft ohne sie nicht auskommen werden. Hierzu gehört der gekonnte Umgang mit dem Laptop ebenso wie die Recherche über die Suchmaschinen des Internet und die weltweite Kommunikation mit E-Mail, Telefon und Videobild. Die sinnvolle Selektion aus vorhandenen Wissensbeständen und die Aktualisierung des Wissens wird zu einer der Schlüsselqualifikationen der Zukunft werden.

Mit Hilfe von Teletutoring erhofft man sich zudem eine individuellere Betreuung der Studenten. E-Learning ist zeit- und ortsunabhängig und virtuelle Lernumgebungen bieten neue Möglichkeiten, das selbstbestimmte Lernen der Studierenden zu fördern, da der Lernende seine Lernumgebung selbst gestalten und das Lerntempo weitgehend bestimmen kann. Auch haben die neuen Medien ein hohes didaktisches Potential; sie bieten pädagogisch-didaktische Chancen, Sachverhalte reizvoller, lebendiger, überhaupt neu zu gestalten.

Im computergestützten Lernen (Computer Based Training, CBT) werden die Lehrenden zum Teil durch das Medium PC vertreten. Die Lehrenden werden dadurch keineswegs überflüssig, ganz im Gegenteil liegt der entstehende Arbeitsaufwand für sie erheblich über dem für eine klassische und oft gehaltene Vorlesung. Sie unterstützen die Lernenden individuell durch Beratung, sind jederzeit erreichbar über E-Mail und Chatrooms und ebenso in den notwendigen Präsenzphasen gefordert, die von den Studierenden unbedingt gewünscht werden.

Diese neue Lehrform erfordert auch einen Rollenwandel von Lehrenden und Lernenden. Die Lehre wird mit den neuen Medien orts- und zeitunabhängig sowie auch unabhängig von der unterschiedlichen Lerngeschwindigkeit der Studierenden. Der Lehrende wird zum Begleiter und Coach von Lernprozessen, der Student wird für seinen Lernprozess selbst verantwortlich und damit potentiell zum autonomen, selbstgesteuerten Lernenden. Voraussetzung hierfür sind die Medienkompetenz der Lernenden und die mediendidaktische Kompetenz der Lehrenden. Damit steigen die Anforderungen für beide Seiten. Die Kommunikation zwischen Lehrenden und Lernenden und zwischen den Lernenden kann eine andere Qualität bekommen, intensiver werden, soziales Lernen kann stattfinden.

Entscheidend ist die Gestaltung der virtuellen Lernumgebung. Professionell entwickelte multimediale Lehrprogramme sollten verschiedene Medien integrieren, unterschiedliche Kodierungen und Symbole verwenden und möglichst viele verschiedene Sinne ansprechen (vgl. Weidenmann 2000). Auch hier gelten die lernpsychologischen Erkenntnisse zum Wissenserwerb, zur Entwicklung von Wissensstrukturen und mentalen Modellen. Wenn diese Erkenntnisse berücksichtigt werden, dann kann auch die virtuelle Lehrveranstaltung einen wertvollen Beitrag zur intellektuellen Entwicklung der Studierenden auf einem höheren Denkniveau liefern.

6.2 Formen von E-Learning

E-Learning kann in den unterschiedlichsten Formen im Hochschulunterricht genutzt werden. Am Grad der »Virtualität«, der Onlineaktivitäten, können die unterschiedlichen Formen virtuellen Lernens unterschieden werden.

- *Geringfügige Nutzung:* Hier dient das Netz nur als zusätzliche i.d. R. optionale Ressource. Beispielsweise stellt der Dozent Literatur ins Internet oder es gibt die Möglichkeit, den Dozenten über Emails Fragen zu stellen. Diese Form von E-Learning gibt es mittlerweile in nahezu jedem Seminar.
- *Integrierte Nutzung:* Hier findet schon ein höherer Prozentsatz der Kursinhalte bzw. Kursaktivitäten online statt. So sind alle Kursmaterialien im Netz oder es gibt Diskussionsforen, in denen die Studierenden die Inhalte der Präsenzveranstaltungen diskutieren können. Ein Beispiel für die integrierte Nutzung des Netzes stellt die Veranstaltung Limbo (www.lim-bo.org) dar, ein begleitendes Onlineangebot zu Vorlesungen des Lehrstuhls für öffentliches Recht an der Universität Passau, auf die unten genauer eingegangen wird.
- *Vollständig virtuelle Veranstaltung:* Hier findet der gesamte Kurs online statt, d. h. sämtliche Kursinhalte sind im Netz, die Veranstaltungen und der Austausch der Studierenden untereinander und mit dem Dozenten finden virtuell statt. Beispiele hierfür sind die Veranstaltungen »EEAV – Empirische Erhebungs- und Auswertungsverfahren« (www.vhb.org) und »Netbite« (net-

bite.emp.paed.uni-muenchen.de) des Lehrstuhls für empirische Pädagogik und Pädagogische Psychologie der LMU München. Eine genauere Beschreibung des Seminars »Netbite« erfolgt ebenfalls weiter unten.

6.3 Probleme beim E-Learning

Nach der großen Anfangseuphorie und den Hoffnungen, die in das E-Learning gesetzt wurden, folgte sehr bald die Ernüchterung. Es ergaben sich zahlreiche Schwierigkeiten bei der Durchführung von virtuellen Lernangeboten.

Man hat rasch festgestellt, dass der Einsatz von neuen Medien in der Ausbildung nicht automatisch zu besseren Lernprozessen und -ergebnissen führt. Eher war das Gegenteil der Fall: Die Lernenden waren häufig mit den neuen Lernformen überfordert. Der Fokus lag auf der technischen Handhabung – auf Kosten der inhaltlichen Aspekte. Auch die erwartete Entlastung der Dozenten trat nicht ein. Vielmehr zeigte sich, dass der Aufwand für virtuelle Lernangebote denjenigen für Präsensveranstaltungen sogar noch weit übertraf. Der Grund hierfür liegt zum einen in der schon erwähnten Überforderung der Studierenden, zum anderen aber auch in den im Vergleich zu Präsenzveranstaltungen höheren Erwartungen der Teilnehmerinnen und Teilnehmer in Bezug auf die persönliche Betreuung. Ein weiteres Problem, das v. a. Veranstaltungen ohne Präsenzphasen betrifft, ist die hohe Teilnehmerfluktuation, für die wohl die fehlende soziale Präsenz in den Seminaren ausschlaggebend ist.

Besondere Probleme ergeben sich beim kooperativen Lernen in virtuellen Veranstaltungen. Der Koordinationsaufwand in netzbasierten Lernumgebungen ist sehr hoch, und eine gemeinsame Verständnisgrundlage zu schaffen, ist mit hohen Anforderungen an die Lernenden verbunden. Ein weiteres Problem, das sich in virtuellen Lernumgebungen viel massiver darstellt als in Face-to-Face-Kooperationen, ist das so genannte Trittbrettfahrerphänomen, d. h. dass es in Lerngruppen häufig Mitglieder gibt, die von der Arbeit der übrigen profitieren. Dies ist wohl auf die hohe Anforderung an die Eigenverantwortung der Teilnehmerinnen und Teilnehmer und das durch die fehlende soziale Präsenz geringere Verantwortungsbewusstsein zurückzuführen.

Drittens erweist sich als problematisch, dass virtuelle Kontakte generell ganz anders gestaltet sind als Face-to-Face-Kontakte. Soziale Beziehungen und Vertrauen entwickeln sich in virtuellen Gruppen deutlich langsamer als in Face-to-Face-Gruppen. Da die Kommunikation sehr aufwändig ist, wird sie auf das Notwendigste – überwiegend fachliche Informationen – beschränkt. Deswegen wird befürchtet, dass eine zu starke »Virtualisierung« der Hochschullehre langfristig zu soziokultureller Vereinsamung und Isolation der Lernenden führt, weil persönliche Kontakte zu den Lehrenden und anderen Lernenden fehlen.

6.4 Prinzipien der Gestaltung virtueller Lernumgebungen

Wenn die Implementierung virtuellen Lernens in den Hochschulunterricht erfolgreich sein soll, sind die folgenden Imperative zu beachten (nach Schulmeister, 2001):

1. *Der ausgewählte Gegenstandsbereich muss für virtuelles Lernen wirklich geeignet sein.* Bestimmte Gegenstandsbereiche erfordern Präsenzveranstaltungen, z. B. Beratungstrainings, Therapieschulungen, Supervision, Exkursionen, praktische Kunst und Musik usw. Diese Lerngegenstände können zwar virtuell unterstützt, aber im virtuellen Lernen nicht vollständig abgebildet werden.
2. *Die eingesetzten virtuellen Lehr- und Lernmethoden müssen didaktisch angemessen sein.* Beispielsweise sind Vorlesungsskripten oder Powerpoint-Präsentationen zur Veranstaltung im Netz didaktisch und inhaltlich meist schlechter als vergleichbare Lehrbücher. Auch so genannte Whiteboards oder Mes-

sage Boards zum Gedankenaustausch der Teilnehmer sind nicht ausreichend. Gute Methoden sind im Gegensatz dazu Simulationen (auch Scheinfirmen oder -börsen) im Netz, virtuelle Labore und Animationen, die jedoch aufgrund des hohen Entwicklungsaufwands und der hohen Kosten nur sehr selten in virtuellen Lernumgebungen zu finden sind.

3. *Die Darstellung von Lehrinhalten in virtuellen Umgebungen darf nicht der systematischen Form der Repräsentation fachwissenschaftlicher Inhalte in Lehrbüchern folgen.* Die induktive Darstellung ist der virtuellen Umgebung und dem Hypertextprinzip eher angemessen. Hier sind insbesondere virtuelle Lernumgebungen als Positivbeispiele zu nennen, die entdeckendes und konstruktivistisches Lernen fördern.
4. *Die geplanten virtuellen Lernumgebungen müssen so gestaltet sein, dass selbstgesteuertes Lernen ermöglicht wird.* Hierfür eignen sich insbesondere Lernprogramme und kognitive Werkzeuge wie Mindmaps oder Mathematik-Editoren, die eigene Konstruktionen ermöglichen. Ungeeignet sind in der Regel Fremdsprachenprogramme nach dem »Drill & Practise«-Prinzip.
5. *Lerninhalte, Beispiele und Lernumgebungen müssen authentisch sein, d.h. es muss ein Bezug zum Lebensalltag des Lernenden* bestehen. Nur authentische Inhalte garantieren trotz ihrer hohen Komplexität motivierte Lernprozesse.
6. *Virtuelle Lehre kann nur als studentenzentrierte Lehre erfolgreich* sein. Beim E-Learning muss ein Rollenwandel von Lehrenden und Lernenden stattfinden. Der Lehrende wird zum Begleiter von Lernprozessen, der Student wird für seinen Lernprozess selbst verantwortlich.
7. *Virtuelles Lernen soll die Interaktion und Kommunikation mit Peers einschließen und die Bildung von Lerngemeinschaften oder »Wissensgemeinschaften«* ermöglichen. Die soziale und kommunikative Komponente von Lernprozessen sollte nicht übersehen werden. E-Learning sollte in Lerngemeinschaften eingebettet werden, in Gruppen stattfinden und diskursiv sein.
8. *Anspruchsvollen Inhalten und Zielen müssen anspruchsvolle Prüfungsformen entsprechen, einfachen Inhalten und Zielen müssen einfache Testverfahren* entsprechen. Hier kommt es bei virtuellen Lehrangeboten häufig zu einer Diskrepanz zwischen Lehransprüchen und Testformen. Eventuell sollten hier Lernsystem und Prüfung voneinander getrennt werden, da ansonsten die Gefahr besteht, dass anspruchsvolles Wissen mit vereinfachten Testformen (z.B. Online-Multiple-Choice-Fragebögen) abgefragt wird.
9. Nicht zuletzt sollten virtuelle Lehrveranstaltungen didaktische Angebote bieten, die außerhalb des Internets nicht anzutreffen sind. Hierbei ist nicht der Stand der Technik entscheidend, sondern vor allem didaktische Phantasie notwendig.

6.5 Beispiele für E-Learning an Universitäten

Im Folgenden werden ausgewählte »Best-practise«-Beispiele aus verschiedenen Fachgebieten und mit unterschiedlichem Grad an Virtualität dargestellt, um die genannten Aspekte zu verdeutlichen und Beispiele zu geben, wie virtuelles Lernen idealerweise aussehen kann.

LIMBO: Eine virtuelle Lehrveranstaltung des Lehrstuhls für öffentliches Recht

LIMBO ist ein begleitendes Onlineangebot (www.lim-bo.org) zu Vorlesungen des Lehrstuhls für öffentliches Recht an der Universität Passau. Die Idee LIMBO (Lernen in Massenveranstaltungen – betreut online) hat ihren Ausgangspunkt in der schlechten Betreuungsrelation in Massenfächern wie Jura oder BWL, die für Lehrende wie Lernende von großem Nachteil ist. Für die Lehrenden ist der Organisationsaufwand bei der Durchführung von

Lehrveranstaltungen und Prüfungen sehr hoch, bei den Studierenden (aber auch den Lehrenden) kommt es durch die Anonymität leicht zum Motivationsverlust und es entsteht ein großes Gefälle in der Leistungsbereitschaft und -fähigkeit innerhalb der Teilnehmerschaft.

Ziele und didaktisches Konzept

Die Lernmotivation soll erhöht werden durch verbesserte Information, Interaktion und permanente (Online-)Betreuung, die Lerneffizienz verbessert werden durch den schrittweisen Aufbau von Basis-, Vertiefungs- und Transferwissen, verbunden mit einer testgestützten Erstellung von Nutzerprofilen zur bedarfsgerechten Nutzung des Vorlesungsskripts, sowie einer permanenten Kontrolle des Lern- und Lehrerfolgs (Evaluationsstruktur).

Das Projekt LIMBO verknüpft die organisatorische Bewältigung juristischer »Massenvorlesungen« über das Internet mit dem didaktischen Anliegen einer am individuellen Vorwissen orientierten Ausbildung. Zu diesem Zweck werden unter einer eigenen Internetdomain zahlreiche Lern-, Service- und Informationsmodule angeboten, die zur Vor- und Nachbereitung der konventionellen Vorlesung dienen, aber zum Teil auch im Hörsaal eingesetzt werden. Hier finden die Studierenden z. B. ein Online-Skript, Datenbanken, Diskussionsforen und einen Chat-Room. Auch das für diese Vorlesung entwickelte Planspiel wird über die Online-Akte dieser Homepage durchgeführt.

Limbo-Projekte sind benutzerfreundlich gestaltet, so dass sich auch Lehrstuhlmitarbeiter schnell in der Infrastruktur zurechtfinden und an der Erweiterung bzw. Aktualisierung des jeweiligen Projekts arbeiten können. Die Idee ist auf andere Massenfächer in der Hochschullehre übertragbar.

Phasen und Module

Ausgerichtet darauf, Hörsaal und Internetportal sinnvoll zu verknüpfen, lassen sich die einzelnen Module von LIMBO drei Phasen zuordnen.

Die erste Phase dient der virtuellen Vorbereitung. Hier werden die Studierenden im Internet auf den Inhalt der jeweils folgenden Vorlesungseinheit vorbereitet. Im Pilotprojekt »Einführung in das Internetrecht« dient hierzu ein Planspiel, in dem ein Internet-Autohaus seinen Auftritt zu planen und hierbei die verschiedensten juristischen Hürden zu meistern hat. Eine Woche vor der jeweiligen Vorlesungseinheit wird eine neue »Spielkarte« in das Internet gestellt. Die Studenten werden in verschiedene Gruppen (Staat, Unternehmensvorstand, Rechtsanwälte, Unternehmensberater) eingeteilt und können die jeweilige Spielkarte in einem eigens für ihre Gruppe eingerichteten Forum auf der Homepage mit den anderen Gruppenteilnehmern diskutieren. Jede Spielkarte erfasst hierbei einen speziellen Problemkreis, der auch Gegenstand der folgenden Vorlesungseinheit ist. Zur Vorbereitung stehen den Studenten auch ausgewählte Urteile und Gesetzestexte online zur Verfügung.

Die zweite Phase besteht aus der eigentlichen »Vorlesung«. Zu Beginn einer Vorlesungseinheit stellen die Teilnehmer selbst die Ergebnisse aus den einzelnen Planspielgruppen dar. Alle Hörer werden somit stets auf die folgenden Inhalte der Vorlesung eingestimmt. Während bei einer traditionellen Vorlesung ohne Internetbegleitung die Hörer in der Vorlesung meistens erstmals mit dem jeweiligen Lernstoff konfrontiert werden, können die Studierenden bei LIMBO ihr vorhandenes Problembewusstsein aus der Vorbereitungsphase während der Vorlesung bereits erweitern und vertiefen. Hierzu trägt auch bei, dass die Vorlesung selbst computer- und internetgestützt präsentiert wird. Die Hörer erkennen somit durch die klare Struktur der Vorlesung und durch die Aufbereitung des Stoffes die Problemkreise der ersten Phase leicht wieder.

Die dritte Phase dient der Nachbereitung des in der Vorlesung erworbenen Wissens. Dafür sorgen folgende Module:

- Ein *Onlineskript,* in verschiedene Schwierigkeitsgrade abgestuft, ermöglicht es dem Stu-

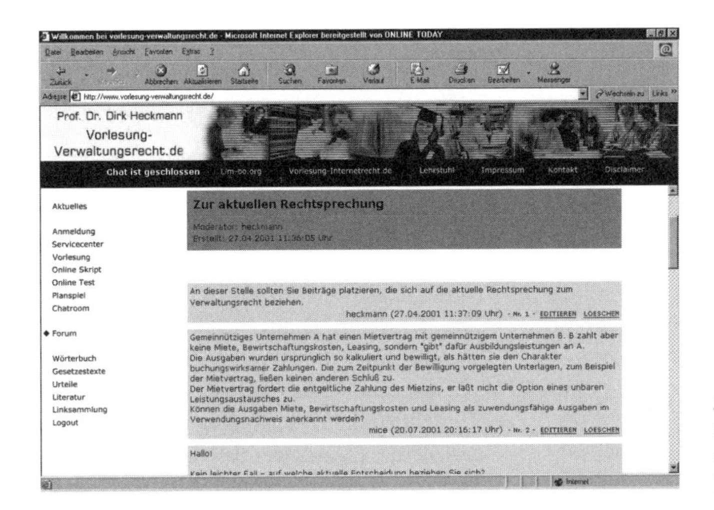

Abb. 18: Internetseite des Onlineangebots LIMBO (www.lim-bo.org) des Lehrstuhls für öffentliches Recht an der Universität Passau.

dierenden, seinen spezifischen Wissensstand zu erweitern. Anfänger, Fortgeschrittene und Examenskandidaten finden ihrem Wissensstand entsprechendes Lernmaterial. Das Onlineskript ist in sich und mit zahlreichen Datenbanken (Urteile, Literatur, Archive usw.) verlinkt. Es unterscheidet sich in Inhalt und Darstellung von herkömmlichen Lehrbüchern durch eine stärkere Strukturierung, wobei die technische Umgebung es ermöglicht, nur den für den individuellen Nutzer erforderlichen Stoff sichtbar zu machen.

- In speziellen *Online-Foren* haben die Studierenden die Möglichkeit, Unverstandenes nachzufragen. In einigen Foren diskutieren die Lernenden ihre Verständnisprobleme untereinander. Zusätzlich ermöglicht die regelmäßige Online-Sprechstunde die Kontaktaufnahme zum Dozenten selbst. Hierbei hat der Studierende die Möglichkeit, sowohl aktiv-fragend als auch passiv-beobachtend teilzunehmen (Abb. 18).
- Mit individuell abgestimmten *Prüfungsmodulen* können die Teilnehmer ihren eigenen Lernerfolg kontrollieren und sich auf anstehende Prüfungen vorbereiten.
- *Servicemodule* dienen einer effizienten Gestaltung des Prüfungsbetriebes. Von der Email-Anmeldung zur Prüfung über die Benachrichtigung über aktuelle Termine bis hin zur Notenbekanntgabe (über E-Mail und SMS), trägt der Interneteinsatz erheblich zur Entlastung der Sekretariate bei der Organisation und Durchführung von Massenvorlesungen bei.
- *Informationsdatenbanken* enthalten didaktisch ausgewählte Urteile, Links und Literaturangaben. Dazu kann der Student sein Wissen zeit- und ortsunabhängig vertiefen.

Evaluation

Die Online-Veranstaltungen werden sorgfältig evaluiert. Die Studierenden erhalten zu Beginn, in der Mitte und am Ende jeder Veranstaltung Online-Fragebögen. Des Weiteren werden die Teilnehmerinnen und Teilnehmer in den Diskussionsforen aufgefordert, Lob bzw. Kritik zu äußern. Geplant sind zusätzlich Zertifizierungen durch externe Beurteiler.

Das Docs 'n Drugs-Projekt für die Medizinerausbildung

»Docs 'n Drugs – die virtuelle Poliklinik« (www.docs-n-drugs.de) ist ein fallorientiertes und webbasiertes Medizinlehrprogramm, das im Rahmen der virtuellen Hochschule Baden-Württemberg an der Universität Ulm und der

Fachhochschule Ulm speziell für Studierende der Medizin und für Ärzte zur Fort- und Weiterbildung entwickelt wurde. Das Lernprogramm wird seit dem Sommersemester 2000 in verschiedenen Lehrveranstaltungen und in mehreren Pflichtseminaren und -praktika eingesetzt. Bisher im System vertretene Fachgebiete sind Infektiologie/Medizinische Mikrobiologie, Kardiologie/Pulmonologie, Nephrologie, Gynäkologie, Neurologie, Pharmakotherapie und Pädiatrie.

Ziele und didaktisches Konzept

In der Medizinerausbildung ist es sehr wichtig, den Studierenden nicht nur theoretisches Wissen zu vermitteln, sondern auch das »ärztliche Denken«, insbesondere in Notfallsituationen. Hierfür sind eigentlich die klinischen Praktika, Famulaturen, PJ- und AIP-Zeiten vorgesehen. Tatsächlich werden diese Phasen jedoch kaum für die patientenbezogene Ausbildung genutzt, da sie zum einen sehr personalaufwändig und somit teuer sind und zum anderen häufig nicht genügend Patienten mit einem »passenden« Krankheitsbild zur Verfügung stehen. Um diesem Lernziel besser Rechnung tragen zu können, wurde das problemorientierte Lernprogramm »Docs 'n Drugs« entwickelt, mit dem Patientenfälle zu Unterrichtszwecken didaktisch aufbereitet werden können und in einer interaktiven, tutoriell geführten, internetbasierten Lernumgebung zugänglich gemacht werden. Die Studierenden sollen so die Anwendung ihres theoretisch erworbenen Wissens erproben und die Konsequenzen ihres Handelns erfahren, ohne dass es reale Auswirkungen hat. Gleichzeitig werden die Medizinstudenten auf diese Weise an die Computerarbeit und den Umgang mit dem Internet herangeführt.

Module

Das System besteht aus drei grundlegenden Modulen.

- *Autorensystem:* Dadurch, dass Falldaten, allgemeine medizinische Daten, didaktische Prozesse und Medienelemente innerhalb des Lernprogramms getrennt sind, ist eine sehr flexible Fallgestaltung möglich. Der Dozent kann einen Lehrfall unter Zuhilfenahme des Autorensystems aufarbeiten und an die individuellen Bedürfnisse seiner Studierenden anpassen. Bei der Erstellung eines Falles kann der Autor Fakten aus der Krankenakte extrahieren, die Inhalte didaktisch aufbereiten und ergänzendes Wissen selektieren.
- *Lernsystem:* Das Lernsystem stellt die Schnittstelle zum Studierenden dar. Hier wird die Bildschirmoberfläche aufgebaut und die Navigation kontrolliert. Das System ruft die Falldaten und die dazu vom Autor ausgewählten Multimediaelemente ab, stellt dem Nutzer oder der Nutzerin themenbezogene Fragen und bewertet die Antworten. Hier ist insbesondere der »Intelligente Tutor« des Lernsystems von zentraler Bedeutung, der den Studenten durch das Programm (seinen Fall) begleitet und die Datenlage beurteilt.
- *Administrationssystem:* Der Zugang zu diesem Lernprogramm erfolgt über ein Passwort. Das Administrationssystem bearbeitet die Benutzerdaten und überprüft, welche Zugriffsmöglichkeiten (Autor – Nutzer) der angemeldete Benutzer hat. Auch die Abrechnung erfolgt hier.

Fallbeispiel

Anhand eines konkreten Fallbeispiels soll im Folgenden kurz der Ablauf einer Sitzung veranschaulicht werden (Abb. 19).

Ein Patient stellt sich in der Aufnahme vor. Mit Hilfe eines computergenerierten Portraits und dem Überweisungsschein kann der Studierende erste Überlegungen zum Krankheitsbild anstellen und Fragen zur Anamnese stellen. Im Anschluss daran erfolgt die körperliche Untersuchung anhand einer virtuellen Puppe, die der Studierende von allen Seiten und mit verschiedenen Methoden untersuchen kann. Während der Untersuchung werden dem Stu-

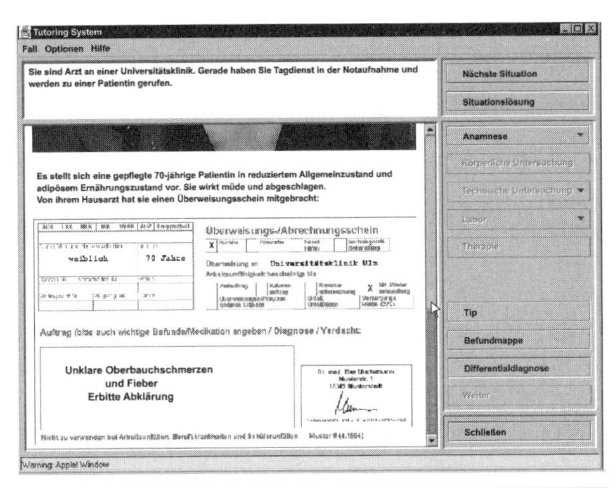

Abb. 19: Anamnese beim virtuellen Medizinlernprogramm »Docs 'n Drugs – die virtuelle Poliklinik« (www.docs-n-drugs.de) der Universität und Fachhochschule Ulm.

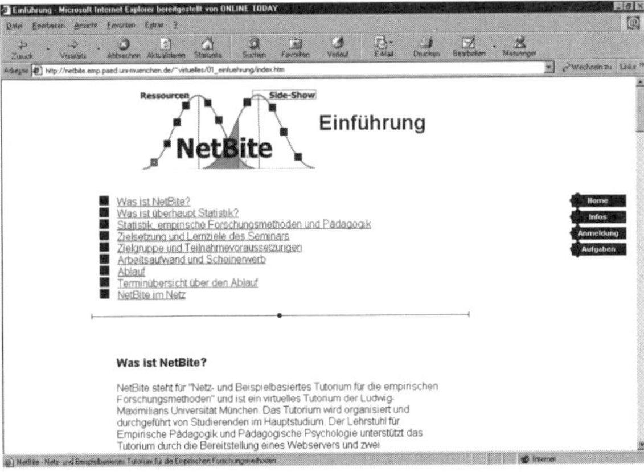

Abb. 20: Das virtuelle Methodenseminar »Netbite« (netbite.emp.paed.uni-muenchen.de) des Lehrstuhls für empirische Pädagogik und Pädagogische Psychologie der LMU München.

dierenden Fragen vom System gestellt und er wird aufgefordert, auf Basis der bisherigen Befunde eine Differentialdiagnose aufzustellen. Unterstützt vom »Intelligenten Tutor« kann der Studierende weitere Untersuchungen anfordern, z. B. eine Sonographie, und letztlich seine Diagnose stellen.

Das Programm CASUS

In der Medizin gibt es eine Reihe von virtuellen Lehrangeboten bzw. Lernsoftware. Eine weitere speziell für Medizinstudierende entwickelte Lernsoftware ist das Programm CASUS, das vor kurzem in Basel den Medida-Prix 2002 bekommen hat, den höchstdotierten hochschuldidaktischen Medienpreis Europas. Auch bei diesem System können die Studierenden Fallbeispiele im Netz (http://casus.medinn.med.uni-muenchen.de) oder auf CD abrufen und bearbeiten. Momentan stehen 75 ausgearbeitete Fälle zur Verfügung. Ein zentraler Vorteil dieses Programms ist seine einfache Bedienbarkeit insbesondere für die Lehrenden, da man ziemlich problemlos ohne Programmierkenntnisse und hohen Arbeitsaufwand neue Fälle ins Netz stellen kann.

Netbite – ein virtuelles Tutorium für die Methodenlehre in Pädagogik

Diese Veranstaltung wird begleitend zur Vorlesung »Empirische Forschungsmethoden und Statistik«, einer Pflichtveranstaltung für Studierende der Pädagogik an der Ludwig-Maximilians-Universität München, angeboten (www.netbite. emp.paed.uni-muenchen.de; vgl. Abb. 20).

Ziele und didaktisches Konzept
Das Hauptziel des virtuellen Tutoriums besteht darin, den Wissenserwerb in empirischen Forschungsmethoden und Statistik zu unterstützen. Weitere untergeordnete Zielsetzungen sind motivational und emotional. Mit Hilfe des Tutoriums soll methodenbezogene Angst reduziert und bei den Studierenden Interesse am Themenbereich geweckt werden. Ein weiteres Ziel ist die Förderung domänenübergreifender Kompetenzen (Medienkompetenz, selbstgesteuertes Lernen, Problemlöseverhalten). In pragmatischer Hinsicht sollen die Lernenden außerdem systematisch auf die Klausur und die abschließende Forschungsarbeit vorbereitet werden.

Die Methodenausbildung für die Studierenden der Pädagogik an der LMU ist problemorientiert. Neben zwei Klausuren jeweils am Semesterende haben die Teilnehmerinnen und Teilnehmer die Aufgabe, selbst eine Forschungsarbeit zu erstellen. Die virtuelle Lernumgebung wurde auf Basis der von Reinmann-Rothmeier und Mandl postulierten Prinzipien einer computerbasierten Lernumgebung konstruiert. Es kommen, in Abhängigkeit vom Ausbildungsabschnitt, unterschiedliche Lernmethoden zum Einsatz. Im ersten Abschnitt bekommen die Lernenden vorlesungsnahe Problemlöseaufgaben zur individuellen Bearbeitung sowie transferorientierte Problemlöseaufgaben, die zu zweit bearbeitet werden sollen. Im zweiten Ausbildungsabschnitt basieren die Lernblöcke auf komplexen beispielbasierten Lösungsaufgaben in Form von Hypertexten. Diese Aufgaben sind mit Erklärungen und Verständnisfragen versehen. Zusätzlich zu diesen inhaltlichen Lernblöcken gibt es auch nicht-inhaltliche Module, z. B. zur Einführung in die Lernumgebung und zur Klausurvorbereitung, sowie eine Sideshow mit Cartoons und einem Online-Café.

Module des ersten Ausbildungsabschnitts
Die inhaltlichen Lernblöcke dieses Ausbildungsabschnitts bestehen aus sechs Modulen.

- In der *Instruktion* wird den Lernenden das Ziel der Aufgaben vermittelt, werden Hilfestellungen und Materialien gegeben, Aufgabenstellungen erklärt und wichtige Termine bekannt gegeben.
- Die *Organisation* enthält aktuelle Informationen zu Vorlesung und Tutorium. Hier haben die Studierenden auch die Möglichkeit, Fragen zum Ablauf sowie Wünsche und Anregungen zum Tutorium einzubringen.
- In der so genannten *Single Task* wird die individuelle Bearbeitung klausurrelevanter Aufgaben geübt. Die Bearbeitung der *Single Tasks* ist freiwillig und unabhängig von der Teilnahme an einem Tutorial. Der Aufbau der *Single Tasks* ist problemorientiert, z. B. muss auf Basis einer bestimmten Fragestellung das Design und die Untersuchungsart konstruiert werden. Das Aufgabenformat sind offene und Multiple-Choice-Fragen. Die Studierenden bekommen nach dem Absenden ihrer Lösung eine unmittelbare Rückmeldung (bei offenen Fragen in Form einer Musterlösung; bei Multiple-Choice-Fragen als Erläuterung der richtigen Antwort). Bei Bedarf können die Tutoren auch persönlich kontaktiert werden.
- Die *Group Tasks* werden in Zweiergruppen mit einem hohen Grad an Autonomie bearbeitet und dienen der flexiblen Wissensanwendung. Beispielsweise können die Studierenden aus 12 Forschungsthemen eines auswählen und hierzu auf Basis zur Verfügung gestellter Hintergrundinformationen einen eigenen Versuchsplan entwickeln. Die Aufgabenlösungen werden von jeweils zwei anderen Gruppen auf Basis eines strukturierten Feedback-Leitfadens kritisiert. Die Interaktion zwischen den Gruppen erfolgt über ein Diskussionsforum und wird von den Tutoren überwacht.

- Im *Group Forum* können Fragen zur Vorlesung oder zur Bearbeitung der Aufgaben an die Tutoren gestellt werden. Des Weiteren dient dieser Bereich der Kommunikation der Gruppen außerhalb der Group Tasks untereinander. Mit der *Suche*-Funktion können sämtliche Inhalte der Seiten nach bestimmten Begriffen durchsucht werden.
- Das *Tutoren only*-Diskussionsforum ist nur für die Tutoren zugänglich. Es enthält organisatorische Informationen, z. B. Teilnehmerlisten, aber auch die Möglichkeit zum Austausch über Probleme mit den anderen Tutoren und dem Dozenten.

Die nicht-inhaltlichen Lernblöcke umfassen die Einführung in die Lernumgebung, die Anmeldung der Studierenden und die Klausurvorbereitung. Außerdem stehen den Teilnehmerinnen und Teilnehmern *Ressourcen,* z. B. die Vorlesungsskripten und eine *Sideshow* mit Cartoons usw. zur Verfügung.

Module des zweiten Ausbildungsabschnitts

In diesem Abschnitt gibt es vier Lernblöcke (zwei inhaltliche und zwei nicht-inhaltliche). Die Struktur der inhaltlichen Lernblöcke entspricht weitgehend derjenigen im ersten Ausbildungsabschnitt. Der Unterschied besteht darin, dass die Single Tasks und die Group Tasks durch jeweils einen Hypertext ersetzt werden, der aus ausgearbeiteten Lösungsbeispielen besteht, die mit Erklärungen und Verständnisfragen versehen sind. Die nicht-inhaltlichen Lernblöcke dienen der *Klausurvorbereitung* und der Unterstützung bei der *Erstellung der Forschungsarbeit.*

Evaluation

Das Seminar wurde seit seiner Implementierung sorgfältig im Rahmen von Magisterarbeiten (vgl. Bürg 2002) und Forschungsprojekten evaluiert und auf Basis der Ergebnisse optimiert.

Tele-TASK

Tele-TASK(www.tele-task.de/) ist ein komplettes, praxiserprobtes Softwarepaket für Zwecke des tele-lecturing unter Einschluss von audiovisuellem Material. Es enthält Tools für den gesamten Prozess von der elektronischen Herstellung von Vorlesungen bis zum Archivieren und der Administration der Inhalte. Das System Tele-TASK (*Teleteaching Anywhere Solution Kit*) hat auf der 2002 ACM Conference in Providence (Rhode Island, USA) den Einstein Award gewonnen.

Ilias

Die »open source«-Software Illias (www.ilias.uni-koeln.de/ios/index.html) ist an der Wirtschafts- und Sozialwissenschaftlichen Fakultät der Universität Köln von Anwendern (Leithold/Kunkel) für Anwender entwickelt worden. Open Source bedeutet, dass jeder Nutzer den Quellcode einsehen kann und deshalb das Programm – entsprechende Kompetenz vorausgesetzt – den eigenen Bedürfnissen anpassen kann.

DIN-Tagung

Das Deutsche Institut für Normung e.V. (DIN) hat sich in einem Workshop (Veranstaltung im DIN e.V. Berlin am 24. Januar 2003) mit dem Thema »Mit Standards in die Zukunft des e-Learning« befasst. Die Dokumentation (Vorträge, Ergebnisse der Workshops) ist im Netz zu finden (www.ebn.din.de).

Portal http://www.e-teaching.org/

Noch im Entstehen begriffen ist das vom Institut für Wissensmedien der Universität Tübingen (Prof. Dr. Dr. Friedrich Hesse) und der Bertelsmann-Stiftung eingerichtete Portal www.e-teaching.org. Hier sollen künftig – ab Jahresbeginn 2004 – Beispiele zur (teil-)virtualisierten Lehre, speziell aufbereitete didaktische Ansätze, technische Informationen und ein Veranstaltungskalender zum Bereich E-Learning zur Verfügung stehen.

6.6 Checkliste: E-Learning

Diese Checkliste nennt zusammenfassend, was Sie bei einer virtuellen Lehrveranstaltung zusätzlich zu den im Kapitel 3 behandelten Punkten beachten sollten.

Voraussetzungen:

- Ist die Aufgabenstellung für das E-Learning geeignet?
- Welche Vorkenntnisse haben die Studierenden bezüglich des Umgangs mit der Technik?
- Technik: Wie setze ich die Lernumgebung technisch um? Gibt es jemanden, der mich bei der technischen Umsetzung unterstützen kann?
- Didaktik: Entspricht die Lernumgebung den oben dargestellten Prinzipien der erfolgreichen Implementierung einer virtuellen Lehrveranstaltung (u. a. ist sie authentisch, fördert sie das entdeckende, konstruktivistische Lernen)?

Unterstützung:

- Wie unterstütze ich die Kommunikation der Studierenden untereinander?
- Ist der Austausch zwischen Dozenten und Studierenden gewährleistet?

Zensurenvergabe:

- Wie erhebe und bewerte ich die Leistungen der Teilnehmerinnen und Teilnehmer? (vgl. Kap. 8).

7 Die Durchführung einer Lehrveranstaltung: Das Lernen ermöglichen

Sie haben Ihre Planungen für die Lehrveranstaltung abgeschlossen, die Studierenden rechtzeitig durch Aushänge (und im Inter- oder Intranet) darüber informiert und alle notwendigen schriftlichen Unterlagen und Medien zusammengestellt. Jetzt fehlt eigentlich nur noch eines: Die Durchführung der Lehrveranstaltung selbst. Im Folgenden begleite ich Sie durch die kritischen Stationen, die für den Erfolg einer Lehrveranstaltung eine wesentliche Rolle spielen: Die aufregende Situation vor der ersten Stunde der Lehrveranstaltung, die nicht minder aufregende Situation in der ersten Stunde, die ersten Wochen, der weitere Verlauf während des Semesters und der Abschluss des Semesters mit der Evaluation der Veranstaltung. Besonderes Augenmerk richten wir auf das Kapitel Prüfungen und auf die Lösung von Problemfällen, die während der Veranstaltung auftreten können.

In Lehrveranstaltungen geht es allerdings nicht nur um die »Sache«, sondern auch und vor allem um das Phänomen der zwischenmenschlichen Kommunikation, darum, wie Sie es fertig bringen, Ihre »Botschaft« an die Studierenden zu bringen. Dazu müssen Sie einiges darüber wissen, wie menschliche Kommunikation gelingt, wie das, was Sie sagen und tun bei den Studierenden ankommt und darüber, wie Sie es erreichen, dass Ihre Botschaft genau so ankommt, wie Sie es möchten. Deshalb beginnen wir in diesem Kapitel mit einigen Hinweisen, wie Ihre Kommunikation mit den Studierenden erfolgreich gelingen kann. Die folgenden Ausführungen beschreiben einen Rahmen, innerhalb dessen Sie Ihre ganz individuelle Art des Unterrichtens entwickeln können. Stellen Sie fest, was davon Ihnen liegt und was nicht zu Ihnen passt. Das einzige Kriterium, das zählt, wenn Sie das eine oder andere ausprobieren: Fühlen Sie sich dabei wohl oder nicht? Passt es zu Ihnen als individuelle und einzigartige Persönlichkeit?

7.1 Wie Kommunikation gelingt

In keiner Sprache
kann man sich so schwer verständigen,
wie in der Sprache

Karl Kraus

Im Folgenden werden aus analytischen Gründen die verbale Kommunikation und die Elemente der Kommunikation separat beschrieben. In der realen Kommunikationssituation bilden sie eine Einheit und bestehen als Gesamteindruck bei den Studierenden.

Verbale Kommunikation: Die vier Ebenen

Kompliziert ist die zwischenmenschliche Kommunikation deshalb, weil sie mindestens auf vier Ebenen erfolgt: Wir teilen Sachinformationen mit (Sachaspekt), wir drücken aus, wie wir zum Empfänger der Nachricht, den Studierenden stehen (Beziehungsaspekt), wir stellen uns selbst dar (Selbstdarstellungsaspekt) und wir versuchen schließlich, den Studierenden in seinem oder ihrem Denken, Fühlen und Handeln zu beeinflussen (Aufforderungsaspekt). Die Empfänger der Botschaft, die Studierenden, hören diese also nicht nur mit zwei, sondern gewissermaßen mit vier Ohren(paaren) (auf das fünfte, mit dem Sie Ihre Selbstgespräche führen, gehen wir hier nicht ein). Häufig wissen wir jedoch nicht, auf welchem Ohr die Studierenden bevorzugt hören, d. h. auf welche Aspekte der Botschaft sie in welcher Weise reagieren – und oft genug wundern oder ärgern wir uns über unerwartete oder auch fehlende Reaktionen (»So habe ich das nicht gemeint.«, »Das haben Sie völlig falsch verstanden.«, »Das habe ich doch schon dreimal erklärt.«).

Vom Empfänger wird die Botschaft auf allen Ebenen wahrgenommen. Hiervon wird den Beteiligten allerdings nur ein kleiner Ausschnitt bewusst; der größte Anteil der Information wird unbewusst aufgenommen und verarbeitet. Wenn die verbalen (Sprache) mit den paraverbalen (Stimme) und nonverbalen (Körper) Anteilen der Botschaft übereinstimmen, dann ist die Nachricht »stimmig« und wird auch vom Gegenüber so empfunden. Das ist eine der wesentlichen Voraussetzungen für eine vertrauensvolle Beziehung zum Gegenüber.

Woher wissen Sie, dass die Botschaft, die Sie senden, auch die ist, die tatsächlich beim anderen ankommt?

Die Be-Deutung einer Mitteilung zeigt sich ausschließlich an der Reaktion, die man bekommt – und nicht daran, was Sie vielleicht denken, das beim anderen eigentlich angekommen sein müsste (Tab. 3)

Ebene der Kommunikation	Sicht des Senders	Sicht des Empfängers
Sache	Worüber ich informiere.	Worüber werde ich informiert?
Beziehung	Was ich von Dir halte.	Wie fühle ich mich behandelt?
Selbstdarstellung	Was ich von mir preisgebe.	Was bist Du für einer?
Aufforderung	Was Du tun sollst.	Was soll ich tun?

Tab. 3: Kommunikation erfolgt auf vier Ebenen.

Kompetent kommunizieren	
Sachaspekt (ES) verständlich reden analytisch zuhören sachlich bleiben	
Beziehungsaspekt (WIR) aktiv zuhören Gefühle ansprechen Rückmeldung geben	*Aufforderungsaspekt* (DU) Fragen stellen Argumente vortragen Fair play
Selbstdarstellungsaspekt (ICH) Ziele klären eigene Meinung darlegen ICH-Botschaften aussenden	

Tab. 4: Aktivitäten, gegliedert nach den vier Ebenen der Kommunikation.

Ebene beim Empfänger	günstig	ungünstig
Sach-Ohr (Es)	bei fachbezogenen und sachlichen Problemen (Es)	wenn es um persönliche Probleme geht (Ich)
Beziehungs-Ohr (Wir)	Ansprechen von Beziehungsproblemen (Wir)	bei Märtyrerhaltung (Ich) und Kritiksucht (Du)
Selbstdarstellungs-Ohr (Ich)	Eingehen auf und Einfühlen in Probleme (Ich)	rationale Analyse und Interpretation ohne Berücksichtigungvon Bedürfnissen (Du, Wir)
Aufforderungs-Ohr (Du)	in Krisensituationen und bei Tohuwabohu (Du)	bei Wünschen, die keiner hat (Hellsehen: Ich-Du)

Tab. 5: Formulierung in Abhängigkeit von der Ebene des Empfängers.

Welche Aktivitäten zu welcher Ebene der Kommunikation gehören und damit auch zu ihr passen, ersehen Sie aus Tab. 4.

Kommunikation:
Welches Ohr für welchen Zweck?

Ebenso, wie der Sender einer Nachricht mit vier Zungen spricht, hören die Empfänger einer Nachricht diese mit vier Ohren(paaren). In verschiedenen Situationen kann es günstiger oder ungünstiger sein, auf die jeweilige Nachricht vorwiegend mit einem Ohr zu hören. Es ist jedoch immer günstig, zunächst auf den dominanten Aspekt der Botschaft einzugehen, bevor man andere Ohren anspricht. Sonst laufen Sie Gefahr, dass der Student Ihnen nicht zuhört oder Sie nicht versteht. Die folgenden Hinweise helfen Ihnen dabei, bestimmte Aspekte einer Nachricht bevorzugt an das richtige Ohr zu senden und auf dem richtigen Ohr empfangen zu können (s. a. Tab. 5).

7.2 Elemente der Kommunikation

Im richtigen Ton kann man alles sagen.
Im falschen Ton nichts.
Das einzig Heikle daran ist,
den richtigen Ton zu finden

G. B. Shaw

Es kommt nicht nur darauf an, was Sie sagen, sondern vor allem, wie Sie es sagen und wie Sie das Gesagte mit Ihrer Körpersprache unterstützen. In Untersuchungen zur Kommunikation hat sich herausgestellt, dass die Information, die beim anderen ankommt, zu einem bedeutenden Teil durch die Körpersprache vermittelt wird (Körperhaltung, Bewegung im Raum, Gestik, Mimik, Augenkontakt). Ein ebenfalls erheblicher Teil wird durch die Stimme (Sprachmelodie, Klangfarbe, Dynamik, Tempo usw.) transportiert. Nur ein relativ kleiner Teil übermittelt den tatsächlichen verbalen Inhalt. Der Kommunikationsprozess insgesamt dient also keineswegs in erster Linie dem Austausch von sachbezogenen, verbalen Inhalten – was auch in Redewendungen zum Ausdruck kommt: »Der Ton macht die Musik«, »drohender Unterton«, »feine Zwischentöne«, »gelassene Haltung« usw. Diese Redewendungen beziehen sich auf den para- und nonverbalen Anteil der Botschaft, auf die Ursprache des Menschen, die aus Gestik, Mimik und einfachen Lautäußerungen bestand.

Im Folgenden gehen wir auf einige Aspekte des verbalen (Sprache), paraverbalen (Stimme) und des nonverbalen (Körper) Anteils der Kommunikation ein. Wenn diese Elemente eine Einheit bilden und »stimmig« sind, sprechen wir von kongruenter Kommunikation.

Verbal: Sprache

Der Sprachgebrauch in der Wissenschaft ist häufig gekennzeichnet durch eine Wortwahl, die weniger konkret als abstrakt und komplex ist. Für den Studierenden bedeutet jeder neue Fachbegriff, den Sie benutzen, dass er oder sie kognitives Neuland betritt. Termini, die Sie selbstverständlich verwenden und deren Bedeutung Ihnen geläufig ist, muss der Student erst mit eben dieser Bedeutung versehen. Dies gelingt ihm nur über sorgfältige Ausarbeitung (Elaboration) und Wiederholung.

Auch die Sprachmuster, die Sie verwenden, erleichtern oder erschweren die Aufnahme, Verarbeitung, Speicherung und Reproduktion des Wissens. Sie können kurze, klare Sätze verwenden, sie können aber auch lange Sätze formulieren. Wenn sie nur lang genug sind, dann richtet sich die Aufmerksamkeit des Studierenden mehr darauf, ob sie ihn auch zu Ende bringen oder ob Sie sich verheddern, als auf den Inhalt dessen, was Sie sagen. Bei unseren Lehrberatungen haben wir wahre »Satzmarathons« erleben dürfen. Und manchmal war es uns ein Rätsel, wie die Betreffenden unterwegs Atem geholt haben. Eine beliebte Variante ist auch der Abbruch eines unvollständigen Satzes und die Fortsetzung mit einem neuen Satzanfang. Wenn Sie dazu neigen sollten, häufiger Floskeln oder Phrasen einzustreuen (»so«, »jetzt«, »also«, »Wie Sie ja alle wissen...« – und wenn nicht?), dann ist es gut, wenn Sie diese utilisieren, also gezielt einsetzen, um Abschnitte zu beenden oder einen Neuanfang zu markieren.

Paraverbal: Stimme

Die Stimme transportiert nicht nur die Worte selbst, sondern auch deren Bedeutung, die Sie ihnen zumessen. Dies reicht von der Artikulation der Sprache (genuschelt bis präzise/klar) über das Stimm-Muster (verbindlich bis zugänglich), die Lautstärke (Bandbreite und Variation), das Tempo bzw. die Pausen (langsam bis schnell, mit oder ohne Pausen) bis hin zu den Interjektionen (Ähhs, Mmms usw. – wenn man es ganz genau nimmt, sind dies eigentlich verbale Äußerungen).

Mit unterschiedlichen Stimm-Mustern können Sie verschiedene Darstellungsformen Ihrer Mitteilungen bzw. eigenen Person umsetzen. Die Bedeutung Ihrer Botschaft ist dadurch spezifiziert und wird den augenblicklichen Bedingungen und Anforderungen der Situation angemessen. Eine gute Stimme führt im Körper des Zuhörers zu angenehmen Resonanzen. (Für die folgenden Hinweise bin ich Michael Grinder zu Dank verpflichtet, vgl. Literaturhinweis).

Das Stimm-Muster von Personen kann mit den Begriffen »wertschätzend-offen« vs. »dominant-direktiv« überzeichnend polarisiert werden. Diese Benennung zweier Extrempunkte legt nur den äußeren Rahmen eines Kontinuums fest, das sich in zahllosen Schattierungen zwischen den beiden Endpunkten aufspannt. In der wissenschaftlichen Gemeinschaft schätzt man eher das Anspruchsvolle sowie Überzeugung, Selbstsicherheit und Kompetenz. Dies wird klarer durch ein Stimm-Muster vermittelt, welches sich auf der dominant-direktiven Seite befindet. Wenn ein Sprecher dagegen den Eindruck erwecken möchte, er sei ein liebenswerter Mensch, ist die »wertschätzend-offene« Stimme angebracht.

Welche »Verhaltensweisen« gilt es darzubieten, um die beiden Muster zu verwirklichen? Probieren Sie einfach einmal die beiden unten genannten Varianten aus, am besten mit einem Freund oder einer Freundin, und lassen Sie sich von der Wirkung auf den oder die andere beeindrucken.

	»dominant-direktiv«	»wertschätzend-offen«
Kopf	ruhig halten	nicken, beweglich
Stimme	flach, gleichmäßig	rhythmisch moduliert
Intonation	senkt sich zum Ende	hebt sich zum Ende

Tab. 6: Stimm-Muster.

»dominant-direktiv«	»wertschätzend-offen«
kühl, distanziert	wärmer, persönlich
eher »Verhör«	interviewt einen Experten
Lob wird als von der Position kommend wahrgenommen	Lob wird als von der Person kommend wahrgenommen
bei länger andauernder Zusammenarbeit wirkt Lob nur schwach motivierend	bei länger andauernder Zusammenarbeit wirkt Lob stark motivierend
im Nachhinein erfolgende Entschuldigungen wirken unecht	im Nachhinein erfolgende Entschuldigungen wirken authentischer

Tab. 7: Effekte der Stimm-Muster.

Mit dem Einsatz der »dominant-direktiven« bzw. »wertschätzend-offenen« Stimme sind im Rahmen verschiedener kommunikativer Kontexte bestimmte Effekte verbunden, die wir hier darstellen wollen.

Stimm-Muster: Lautstärke
Dozenten sprechen im Unterricht häufig nicht mit ihrer eigentlichen Stimme, d. h. einer Stimme, die ihrem sogenannten Eigenton entspricht, sondern darüber oder darunter und zudem lauter (seltener leiser) als normal. Dies ist auf Dauer anstrengend. Wir haben einmal einen Dozenten erlebt, der in einer 90-minütigen Vorlesung laut und mit einer hohen Kehlkopfstimme gesprochen hat, die weit von seiner normalen Stimme entfernt war. Nach der Vorlesung gab er zu, »völlig fertig« zu sein. Wenn Sie dazu neigen, in Lehrveranstaltungen ähnlich zu sprechen und bemerken, dass es Sie anstrengt, dann ist die folgende kleine Übung für Sie empfehlenswert.

Übung zum Eigenton
1. Zählen Sie in ihrer normalen Lautstärke und Geschwindigkeit mehrere Male von 1 bis 10.
2. Variieren Sie jetzt die Stimme um Ihren normalen Ton herum, mal höher, mal tiefer, mal lauter, mal leiser.
3. Verringern Sie die Modulation Ihrer Stimme allmählich, bis Sie den Eindruck haben, dass Sie bei Ihrem Eigenton angekommen sind. Wenn dies der Fall ist, dann hören Sie auf zu zählen und artikulieren ein langgezogenes »Aaaahhhh«. Wenn Sie sich dabei wohl fühlen, dann entspricht dies Ihrem Eigenton. In diesem Ton können Sie stundenlang mühelos reden.

Immer, wenn Sie in Ihrer Rede, Ihrem Vortrag, Ihrer Präsentation etwas Bedeutsames »markieren« wollen, ist es jedoch angebracht, außerhalb Ihres »normalen« Spektrums zu agieren.

oberhalb der für Sie üblichen Bandbreite (lauter/höher)
normale mittlere Bandbreite (Eigenton)
unterhalb der für Sie üblichen Bandbreite (leiser/tiefer)

Unsere sensorische Wahrnehmung spricht auf deutliche Reizunterschiede besser an. Um die Unterschiede klarer zu inszenieren, sind die Pausen wichtig. Dies gilt auch für den Einsatz der Lautstärke beim Sprechen (der gleichen Funktion dient selbstverständlich z. B. die Lautstärkenvariation in der Musik).

Wenn Sie z. B. nach der Kleingruppenarbeit oder der Einzelarbeit die Studierenden wieder »einfangen« wollen, müssen Sie als Präsentator auftreten und mit lauter bzw. höherer Stimme sprechen, um die Aufmerksamkeit der Gruppe wieder auf sich zu lenken. Machen Sie dann eine *Pause* (»einundzwanzig, zweiundzwanzig, dreiundzwanzig«), und gehen anschließend zum Flüstern bzw. tieferer Stimme über. Dies kann auf sehr elegante Weise mit dem Aufsuchen verschiedener Orte verbunden werden (vgl. den Abschnitt über die rechte Ortswahl), um auf der unbewussten Ebene Ihre unterschiedliche Absicht zu kommunizieren:

- Laut = Zuhören, aufgepasst, Konzentration
- Pause
- Ortswechsel
- Leise = bedeutsamer Inhalt

Eine der feinsten Fertigkeiten, die wir als Kommunikatoren zu unserem Repertoire hinzufügen können, ist zu erkennen, wann eine Gruppe unruhig oder kribbelig wird und dann unsere Lautstärke zum Flüstern herunterzuschrauben. Üblicherweise müssen wir die Sequenz: Lauter – Pause vorschalten, um zum Flüstern übergehen zu können. Wenn wir erst einmal beim Flüsterton angekommen sind, langsamer und leiser sprechen, ist die Aufmerksamkeit der Gruppe in der Regel wieder auf uns gerichtet.

Nonverbal: Körper

Während Sie reden, ist Ihr Gehirn nur dann voll funktionsfähig, wenn Sie ab und zu auch einmal (durch)atmen. Dies klingt selbstverständlicher als es ist. Ein fließender Atem sichert die ausreichende Sauerstoffzufuhr für das Gehirn, ein stockender Atem (regelmäßig der Fall bei gegen Sie gerichteten verbalen Attacken) oder ein Atem, der erst dann geholt wird, wenn Ihnen die Luft völlig ausgegangen ist, führt zur Unterversorgung.

Wenn Sie reden (insbesondere wenn Sie die Studierenden von etwas überzeugen wollen, das Ihnen wichtig ist), dann unterstützen Sie das Gesagte durch den Einsatz Ihres Körpers. Dies reicht von der Mimik (starr – lebhaft) über den Blickkontakt (zum Zuhörer – nach draußen), die Gestik (minimal – lebhaft; die Sprache unterstützend oder nicht), die Haltung (starr, unbeweglich – locker, beweglich, sicher) bis zur Raumnutzung (fixiert – verschiedene Orte »markierend«). Auf einige dieser Elemente, die Sie systematisch zur Unterstützung Ihrer Rede, zur Strukturierung des Inhalts und zur Steuerung der Aufmerksamkeit der Studierenden einsetzen können, gehen wir im Folgenden etwas näher ein.

Gesten

Mit der gelungenen Koordination von Wörtern, Gesten und Blickrichtung erreichen Sie, dass die Botschaft ein Höchstmaß an Konsistenz erhält. Mit Gesten können Sie eine Vielzahl von Eigenschaftszuschreibungen vornehmen, die sich auf Zuhörer, Dozent, Inhalt oder »Phantompersonen« bzw. »-zielgruppen« beziehen.

Nonverbale Kommunikation spielt sich normalerweise außerhalb der bewussten Wahrnehmung ab, bestimmt dennoch maßgeblich die Wirkungsweise unserer Aktionen. Während z. B. bestimmte Eigenschaften genannt werden, legt die Richtung der vom Präsentator eingesetzten Gesten und sein Blick den »Empfänger« fest. Die Geste kann aus der Position des Senders an vier verschiedene »Ziele« adressiert sein:

Begrüßung & Präsentation	Dialog & Erläuterung	Konflikte & Attacken

Tab. 8: Plätze bei der Präsentation.

- den/die Zuhörer,
- den Sprecher selbst,
- den Inhalt (Tafel, Flipchart, Pinnwand),
- nicht anwesende Personen,
- nach draußen.

Nehmen wir an, Sie eröffnen als Präsentator eine Lehrveranstaltung mit einer kurzen Erzählung, in der Sie von Studierenden berichten, die »aufmerksam und interessiert zuhören können«. Je nachdem, an welche »Adresse« die Geste und der Blick des Präsentators gerichtet sind, werden die »markierten Adressaten« mit diesen Eigenschaften ausgestattet. Während Sie also mit den Worten: »Einige meiner früheren Studierenden sind wirklich aufmerksame und interessierte Zuhörer« beginnen, richten Sie ihren Blick und ihre Gestik auf die Zuhörer und schreiben damit diese Eigenschaften Ihrem Auditorium zu. Dies gilt sinngemäß für alle oben genannten »Adressaten«.

Vorsicht: Diese Zuschreibung funktioniert auch mit *negativen* Attributen! Diese werden besser nach draußen verlegt.

Auch Orte haben ein Gedächtnis
Das Konzept der Orte gibt Ihnen die Möglichkeit, verschiedene Plätze während des Vortrags, im Seminar oder bei der Präsentation mit speziellen Eigenschaften auszustatten. Suchen Sie dementsprechend für die verschiedenen Teilaktivitäten, die Sie ausführen, verschiedene Plätze auf (z.B. Begrüßungsplatz, Präsentationsplatz, Dialog- und Erläuterungsplatz, Konfliktplatz). Auch Orte haben ein »Gedächtnis«. Ist ein bestimmter Platz einmal mit entsprechenden »Eigenschaften« ausgestattet, so stabilisieren sich diese »Merkmale« bei systematischer Wiederholung.

Das Aufsuchen verschiedener Orte für verschiedene Absichten des Präsentators ermöglicht es Ihnen, verschiedene Funktionsweisen klar voneinander zu trennen. So halten Sie die jeweilige Position »frei von Verschmutzungen oder Überlagerungen“. Dies ist besonders wichtig bei der Würdigung von Widerstand (s. u. Kap. 7.10 und 7.12). Das obige Schema zeigt eine Möglichkeit, wie Orte differenziert werden können (Tab. 8).

Zum Abschluss dieses Kapitels gehen wir zusammenfassend auf einige Grundsätze gelungener Kommunikation ein, deren Beachtung Ihre Botschaft deutlicher und eindeutiger und Ihre Kommunikation effizienter werden lässt.

7.3 Grundsätze gelungener Kommunikation

1. *Die Bedeutung Ihrer Mitteilung zeigt sich an der Reaktion, die Sie bekommen.* Nicht die Absicht zählt, die Sie mit Ihrer Kommunikation verfolgen. Das einzige, was zählt, ist die sinnlich beobachtbare Reaktion, die Sie bei der anderen Person auslösen.
2. *(Sprachliche) Modelle sind nicht die Wirklichkeit, die sie beschreiben.* Sie realisieren und respektieren die subjektive Struktur des Weltbildes/der Wirklichkeitsauffassung anderer Menschen. Sie versuchen, Ihre Landkarte der Realität offen zu gestalten, so dass Sie Ihre Handlungs- und Wahlmöglichkeiten erweitern können.
3. *Kommunizieren Sie konsistent.* Wenn Sie mit anderen kommunizieren, dann geschieht dies in stimmiger Weise, d.h. sprachliche und nichtsprachliche Anteile beim Über-

mitteln der Botschaft sind inhaltlich identisch. Das »Was« und das »Wie« einer Botschaft stimmen überein.

4. *Menschliche Kommunikation hat sowohl einen Inhalts- als auch einen Beziehungsaspekt.* Auf der Inhaltsebene vermitteln Sie »Sachinformation«, während auf der Beziehungsebene die zwischenmenschliche Relation definiert wird.
5. *Man kann nicht »nicht kommunizieren«.* Was immer Sie auch an Verhaltensweisen in einer Kommunikationssituation an den Tag legen: Sie kommunizieren in diesem Moment. Auch dann, wenn Sie regungslos dasitzen und nicht einmal den leisesten Ton von sich geben.
6. *Kommunikation ist maximale Sinnesschärfe pro Augenblick.* Nehmen Sie wahr (hören, sehen, spüren Sie), was jetzt in dem Moment ist. Achten Sie auf das, was Ihnen der Kommunikationspartner, die Kommunikationspartnerin auf der verbalen und der nonverbalen Ebene anbietet.
7. *Kompetente Kommunikation bedeutet, über Wahlmöglichkeiten zu verfügen.* Wo immer Sie »feststecken« oder das Gefühl haben, dass Sie gerade dabei sind, in eine bereits zigmal durchlaufene Verhaltensschleife schon wieder einzufädeln, obwohl Sie deren Nutzlosigkeit und Sinnlosigkeit bereits absehen, spüren und erahnen können, unterbrechen Sie und starten Sie den Versuch, irgend etwas anderes zu tun, auf irgendeine alternative Reaktionsweise auszuweichen.

7.4 Checkliste: Fragen zur nonverbalen Kommunikation

Jeder und jede Lehrende hat seine oder ihre persönliche Art, im Unterricht aufzutreten. Zuweilen bemerkt man selbst, dass sich im Lauf der Zeit einige Verhaltensweisen einschleifen, die man eigentlich unterlassen oder durch andere ersetzen möchte. Im Folgenden sind daher einige Aussagen zusammengestellt, die Sie für sich beantworten können, um festzustellen, ob Sie etwas an Ihrer persönlichen Art und Weise, sich nonverbal auszudrücken, ändern wollen oder nicht.

Beantworten Sie die Fragen zunächst mit »ja« oder »nein«. Danach fragen Sie sich, ob Sie mit Ihrem jeweiligen Verhalten zufrieden sind (Antwort: gut so!) oder ob Sie diesen Aspekt Ihres Verhaltens gerne ändern wollen (Antwort: ändern!).

Fragen zur nonverbalen Kommunikation	Antwort »ja«/»nein«	Zufriedenheit »gut so«/»ändern!«
Kleide ich mich dem jeweiligen Anlass entsprechend?		
Betrete ich einen Raum selbstsicher?		
Stehe ich aufrecht und gerade?		
Stehe ich mit verschränkten Armen da?		
Stehe ich mit den Armen in den Hüften da?		
Sitze ich ganz auf der Sitzfläche des Stuhls?		
Ist der Abstand zum Gesprächspartner angemessen?		
Neige ich den Kopf zur Seite, wenn ich zuhöre?		
Ist beim Gespräch mein Blick nach unten gerichtet?		
Ist mein Gesichtsausdruck eher aggressiv?		

Sehe ich oft nervös aus?		
Lächle ich häufig im unpassenden Augenblick?		
Drohe ich mit dem Finger, wenn ich spreche?		
Fuchtele ich beim Sprechen mit den Händen herum?		
Nestle ich beim Sprechen an der Kleidung herum?		
Fasse ich mein Gegenüber beim Gespräch an?		
Klopfe ich mit den Füßen auf den Boden?		
Sehe ich die Menschen an, wenn ich spreche?		
Starre ich den anderen an, wenn ich mit ihm rede?		
Spreche ich laut?		
Spreche ich leise?		
Klingt meine Stimme wie ein Singsang?		
Klingt meine Stimme quengelig?		
Unterbreche ich oft mit »äh« und »hm«?		
Räuspere ich mich oft beim Reden?		
Halte ich beim Sprechen die Hand vor den Mund?		

7.5 Die erste Veranstaltungsstunde: Ihr Auftritt

Der Magen schmerzt, die Hände sind schweißnass, die Knie wackeln wie Pudding und die Stimme zittert. Nicht wenige Lehranfänger befinden sich in diesem oder einem ähnlichen Zustand, wenn sie das erste Mal »auf der anderen Seite« vor ihrem Publikum stehen. Beruhigen Sie sich: Sie befinden sich in guter Gesellschaft. Selbst erfahrene Lehrende berichten, dass sie immer noch Lampenfieber bekommen, wenn sie die erste Stunde einer Lehrveranstaltung mit neuen Studierenden abhalten oder eine neu entwickelte Lehrveranstaltung beginnen. Auch wenn der Inhalt gleich bleibt, ist der Lehr-Lernprozess immer wieder neu, und keine Studentengruppe gleicht der anderen. Das ist ja gerade das Faszinierende an der Lehrtätigkeit: Sie wird nie langweilig – es sei denn, Sie selbst sorgen dafür.

Die erste Sitzung einer Lehrveranstaltung kann auch für die Studierenden aufregend sein. Die Forschung hierüber hat gezeigt, dass die Studierenden vor allem zwei Dinge wissen wollen:

1. Sie wollen wissen, worum es in dieser Veranstaltung geht und wie stark diese Veranstaltung sie belasten wird.
2. Sie möchten Sie als Person kennen lernen. Sie wollen wissen, ob Sie fair sind, ob Sie die Studierenden als Individuen und nicht als namenlose Nummern betrachten, und ob Sie die Veranstaltung ernst nehmen.

Wie können Sie sicherstellen, dass die Einstellung der Studierenden zur Veranstaltung, zum Stoff und zu Ihnen zu einem produktiven Lernklima führt, das über das ganze Semester hinweg anhält?

Vom Besuch eines klassischen Konzertes wissen Sie vermutlich, dass die Musikerinnen und Musiker sich »einstimmen«, bevor mit dem Spielen des Stückes tatsächlich begonnen wird. In Analogie zu dieser Phase der Vorbereitung schlage ich Ihnen ebenfalls vor, zunächst für Ihre eigene »Stimmung« etwas Gutes zu tun. Dies soll heißen: Sorgen Sie dafür, dass es Ihnen gut geht. Wenn es Ihnen gut geht, dann geht es auch den Studierenden gut. Sorgen Sie für sich selbst und Ihr Wohlbefinden! Alles, was dazu beiträgt, fördert auch das studentische Lernen. Eine gute Stundenplanung kann zu Ihrem Wohlbefinden während der Stunde entscheidend beitragen.

Planung der ersten Stunde

Was für die Planung einer ganzen Lehrveranstaltung gilt, das gilt auch für die Planung einer einzelnen Lehrveranstaltungsstunde. Die Stunde ist ein verkleinertes Abbild der ganzen Lehrveranstaltung. Eine gut geplante Unterrichtsstunde sorgt dafür, dass eine Lehrveranstaltung produktiver abläuft und die sogenannte aufgabenbezogene Zeit (time on task) einen möglichst hohen Anteil an der Gesamtzeit der Veranstaltung hat. Einen solchen Plan können Sie immer wieder verwenden und an die jeweils neuen Umstände anpassen; er kann Sie durch Ihre ganze Hochschulkarriere begleiten.

Es gibt so viele Stundenpläne, wie es Lehrende gibt. Sinnvoll ist es, die Stunde nicht bis ins Einzelne zu verplanen, sondern den Plan so einfach zu halten, dass in ihm nur die wesentlichen Dinge enthalten sind. Hierauf gehen wir im Folgenden ein.

Ziele

Der erste Schritt besteht darin, sich die generellen Lehrziele der Stunde und die speziellen Ziele zu überlegen, nach denen Sie jeweils diese generellen Ziele erreichen können. Unabhängig von der Veranstaltungsart, für die Sie die Stunde einplanen, sind stets drei Komponenten in einer guten Stundenplanung enthalten: Einführung, Entwicklung und Übergänge, Abschluss.

Einführung

Dieser Teil bereitet das spätere Lernen vor. Die Forschung hierzu hat gezeigt, dass es nützlich ist, einen Rahmen für das Lernen zu setzen. Sie können z. B. an die vorherige Stunde anknüpfen und dann einen strukturierten Überblick darüber geben, was in der heutigen Stunde behandelt wird. Diesen Überblick, z. B. eine Gliederung mit den Hauptpunkten, können Sie an die Tafel oder auf ein Flipchart schreiben und dort während der Stunde stehen lassen, so dass Sie immer wieder darauf verweisen können, wo Sie sich gerade befinden. Der Überblick bildet auch für Sie einen Sicherheitsanker, falls Sie einmal den Faden verlieren sollten.

Entwicklung und Übergänge

Hier ist studentenorientiertes Lernen angebracht. Das Lernen sollte so aktiv wie möglich vor sich gehen. Studierende, die aktiv in den Lernprozess involviert sind, behalten die Informationen besser und können eher zu Ebenen des komplexeren Denkens vordringen. Aktives Lernen führt auch dazu, dass sich das Interesse am Stoff erhöht und die Studierenden sich mehr beteiligen. In der Diskussion ist es wichtig, die richtigen Fragen zur richtigen Zeit zu stellen (hierüber finden Sie detaillierte Hinweise in Kapitel 11.3).

Wie Sie Ihre Veranstaltung oder Ihren Vortrag strukturieren können, ist in Tab. 9 dargestellt (nach H. Gralki).

Abschluss

Zum Abschluss der Stunde können Sie noch einmal zusammenfassen, was in dieser Stunde bearbeitet worden ist. Sie können aber auch einen Studierenden oder eine Gruppe damit beauftragen.

7.6 Checkliste: Stundenplanung

- Was sind die wichtigsten Ideen, Konzepte, Inhalte, die ich in dieser Stunde behandeln möchte?

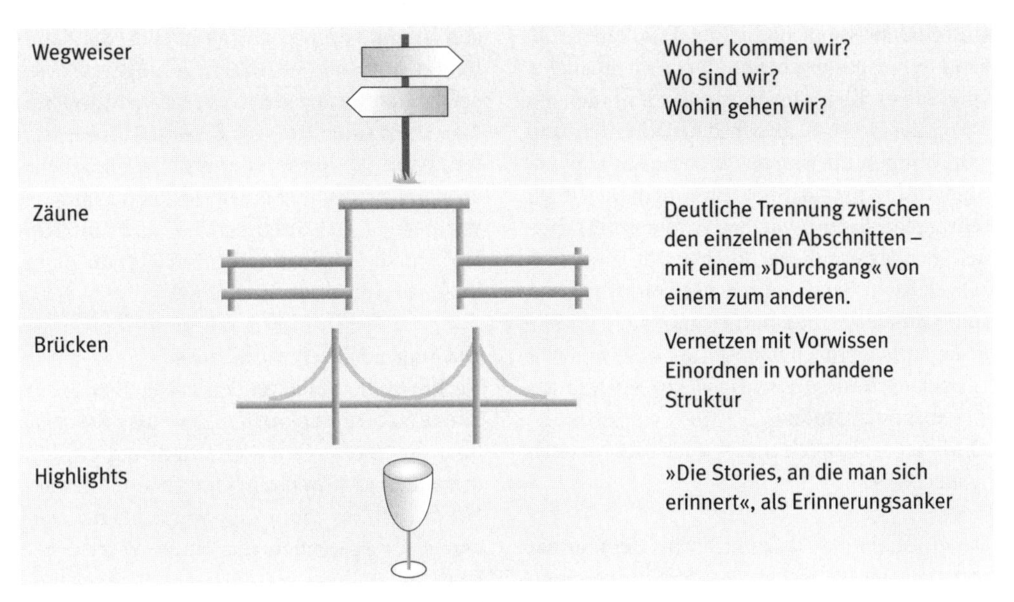

Wegweiser		Woher kommen wir? Wo sind wir? Wohin gehen wir?
Zäune		Deutliche Trennung zwischen den einzelnen Abschnitten – mit einem »Durchgang« von einem zum anderen.
Brücken		Vernetzen mit Vorwissen Einordnen in vorhandene Struktur
Highlights		»Die Stories, an die man sich erinnert«, als Erinnerungsanker

Tab. 9: Strukturierungshilfen für Vorträge und Veranstaltungen.

- Was können die Studierenden nach der Stunde damit anfangen? – Klassifizieren, vergleichen, auswählen, evaluieren, planen, anwenden, entwerfen, differenzieren, erinnern, aufzählen, kennzeichnen usw.
- Wie kann ich am besten evaluieren, wie gut die Studierenden gelernt haben? – Demonstration der Tätigkeit, mündliche Vorträge, Berichte, Referate, Tests, Lerntagebücher usw.
- Welche Methoden und Lernaktivitäten sind am besten geeignet, um die Studierenden die im 2. Absatz aufgeführten Dinge tatsächlich tun zu lassen? – Medieneinsatz, Videos, Filme, Beispiele, Fallstudien, Gastdozenten, Simulationen, Problemlösen, Zuhören, Lesen, Diskutieren, Brainstorming, Analysieren usw.
- Welche weiteren Unterrichtsmaterialien brauche ich für die Stunde? – Filme, schriftliche Unterlagen, Bücher, Artikel, Kopien, Folien, Dias usw.
- Wie viel Zeit brauche ich für die einzelnen Aktivitäten? – Innerhalb der Stunde, außerhalb der Lehrveranstaltungszeit, individuelles Lernen, Kleingruppenlernen, Plenumsarbeit usw.
- Wie kann ich herausfinden, ob die Studierenden während der Stunde die im 2. Absatz genannten Dinge lernen? – Die richtigen Fragen stellen, nonverbale Anzeichen, noch offene Fragen, Kurztests, Aufzeichnungen ansehen usw.
- Wie kann ich feststellen, wie gut ich war und wie ich es das nächste Mal besser machen kann? – selbst Notizen machen, Videoaufzeichnung der Stunde, Feedback von den Studierenden, Unterrichtsbeobachtung durch einen Kollegen usw.

Die erste Stunde

Wenn Sie Ihre Stundenplanung abgeschlossen haben, Sie sich kompetent fühlen und zuversichtlich sind, können Sie sich in den Hörsaal oder Seminarraum begeben.

Der erste Eindruck, den die Studierenden von Ihnen gewinnen, ist Ihre äußere Erscheinung. In manchen, z. B. den juristischen und wirtschaftswissenschaftlichen Fakultäten gibt es eine (ausgesprochene oder auch unausgesprochene) Kleiderordnung.In den meisten Fakultäten wird es jedoch den Dozenten und Dozentinnen überlassen, wie sie sich kleiden. Studentinnen und Studenten achten jedoch sehr genau darauf, wie Sie vor ihnen erscheinen. Schlabberpullover, abgewetzte Jeans und ausgelatschte Sandalen z. B. können zwei Arten von Botschaften transportieren:

1. Eigentlich bin ich noch gar nicht so weit von euch entfernt, denn bis vor kurzem war ich selbst noch Student.
2. Mir ist es ziemlich egal, wie ich hier vor euch erscheine.

Der zweite Punkt ist der kritische, denn er hat etwas mit der Wertschätzung der Studierenden zu tun, die vor Ihnen sitzen. Eine Möglichkeit, dieses Dilemma aufzulösen, besteht darin, vom Prinzip der dosierten Diskrepanz Gebrauch zu machen, d. h. zunächst mit formeller Kleidung zu beginnen und im Verlauf des Semesters die Kleiderordnung aufzulockern.

Ihre Vorstellung

Nachdem Sie Ihren Namen und den Titel der Lehrveranstaltung leserlich und groß genug an die Tafel geschrieben oder projiziert haben, ist es an der Zeit, dass Sie sich vorstellen. Für die Studierenden ist es von großem Interesse, wer Sie sind und wie Sie sind. Lernen ist nicht nur eine intellektuelle Tätigkeit, sondern ein soziales Ereignis. Manchmal gewinnen Studierende den Eindruck, dass es sich beim Dozenten nicht um einen realen Menschen handelt oder dass es für den Dozenten keinen Unterschied ausmacht, ob sie als Personen dort sitzen oder ob es Holzklötze sind, die sich vor ihm aufreihen. Da der Prozess des Lernens ein soziales Ereignis ist, können Sie eine konstruktive Beziehung zu den Studierenden aufbauen, indem Sie einige Dinge über sich selbst mitteilen. Sie können den Studierenden z. B. erzählen, wie es Ihnen als Student ergangen ist, als Sie zum ersten Mal in dieser Lehrveranstaltung gesessen haben, welche Schwierigkeiten Sie damit hatten, und wie es Ihnen gelungen ist, sie erfolgreich zu meistern. Sie können den Studierenden mitteilen, was Sie von ihnen erwarten, damit sie diese Veranstaltung möglichst erfolgreich abschließen. Wenn Sie das tun, ist es nützlich, den Studierenden auch mitzuteilen, was sie von *Ihnen* erwarten können, damit ihr Lernen erfolgreich verläuft.

Die Studierenden kennen lernen

Nachdem die Studierenden etwas über Sie erfahren haben, ist es an der Zeit, dass Sie etwas über die Studierenden erfahren und die Studierenden sich untereinander kennen lernen. Hierfür gibt es zahlreiche Möglichkeiten, von denen im Folgenden nur einige beschrieben sind:

- So können Sie z. B. den Studierenden Fragen stellen, die sie jeweils durch Handaufheben beantworten, z. B. aus welcher Stadt sie kommen, in welchem Semester sie sind usw.
- Sie können Karteikarten ausgeben, auf denen die Studierenden bestimmte Fragen beantworten (z. B. warum sie in dieser Lehrveranstaltung sind, ihre Erwartungen an die Lehrveranstaltung, ihre Befürchtungen hinsichtlich des Lernstoffs oder ähnliche Informationen).
- Sie können die Studierenden in Zweiergruppen sich wechselseitig interviewen lassen (Name, Hauptfach, Erwartungen und Befürchtungen zum Kurs) und danach im Plenum sich wechselseitig vorstellen lassen.
- Die Erwartungen und Befürchtungen können ebenfalls auf Karteikarten aufgeschrieben und nach der jeweiligen Vorstellung an eine Pinnwand geheftet werden.

Konzepte erfassen

Im ersten Kapitel sind wir bereits darauf eingegangen, dass sowohl die Dozenten falsche Vorstellungen darüber haben können, was die Studierenden an Vorwissen in ihre Lehrveranstaltungen mitbringen, als auch die Studierenden ihr eigenes Vorwissen überschätzen können. Wenn Sie erfahren wollen, mit welchem Vorwissen Ihre Studierenden in die Lehrveranstaltung eintreten, dann lohnt es sich, in der ersten oder zweiten Veranstaltungswoche deren Hintergrundwissen zu testen. Eine gute Möglichkeit hierfür wird im Folgenden ausgeführt (Dauer: etwa 30 Minuten).

1. Stellen Sie etwa 10 bis 15 Fragen, welche die Hauptkonzepte Ihrer Veranstaltung repräsentieren und die mit »richtig« oder »falsch« beantwortet werden können. Es ist wichtig, dass der Schwierigkeitsgrad von der ersten bis zur letzten Aufgabe variiert wird, so dass einige Fragen relativ leicht zu beantworten sind.
2. Verteilen Sie die Fragen an die Studierenden und betonen Sie, dass ihre Antworten nicht benotet werden, sondern ausschließlich dazu dienen, festzustellen, welches Vorwissen zur Thematik bereits vorhanden ist.
3. Lassen Sie den Studierenden etwa fünf Minuten Zeit, um die Fragen zu beantworten.
4. Danach bilden sie Paare, die jede Frage und ihre Antworten diskutieren. Ziel ist, dass die jeweiligen Paare Konsens über mindestens die Hälfte der Fragen erreichen. Hierfür geben Sie den Paaren weitere fünf Minuten Zeit.
5. In den nächsten zehn Minuten setzten sich jeweils zwei Paare zusammen, mit dem Ziel, Konsens über wenigstens 7 von 10 Fragen zu erreichen.
6. Im Plenum lesen Sie jede Frage vor und bitten Freiwillige, darauf zu antworten.
7. Nachdem die Studierenden ihre Antworten erläutert haben, geben Sie die richtige Antwort. Dies kann zu weiteren Diskussionen führen.

Durch diese Übungen erfahren Sie nicht nur etwas über das Vorwissen Ihrer Studierenden, sondern die Studierenden lernen, dass eine Gruppe zu besseren Lösungen kommen kann als ein Individuum – und die Studierenden sind von Anbeginn an aktiv an der Lehrveranstaltung beteiligt.

Namen lernen

Die Namen von Studierenden zu lernen mag trivial erscheinen, es ist jedoch ein nützliches Mittel, um die Interaktionen zwischen Dozent und Studierenden und zwischen den Studierenden zu fördern. Dass Studierende vom Dozenten mit ihrem Namen angeredet werden, enthält auch die Botschaft, dass der Student ein Teil der Gemeinschaft von Lehrenden ist, die sich mit Mathematik, Statistik, Chemie oder was immer der Gegenstand der Lehre ist, beschäftigen. Auch die Forschung hierzu zeigt, dass die Studierenden es sehr schätzen, wenn sie vom Dozenten mit ihrem Namen angesprochen werden. Bis zu einer Veranstaltungsgröße von etwa 30 Teilnehmern ist dies innerhalb der ersten Wochen mit Hilfe verschiedener Techniken möglich, von denen hier einige vorgestellt werden sollen.

- Sie können einen Sitzplan erstellen, wie es Lehrer an Schulen tun, um sich die Namen ihrer Schüler zu merken. Bitten Sie dazu die Studierenden, in den ersten Wochen stets denselben Platz im Veranstaltungsraum aufzusuchen, so dass Sie Gelegenheit haben, in dieser Zeit Name und Gesicht miteinander zu verbinden.
- In kleineren Veranstaltungen können Sie auch die Studierenden sich selbst vorstellen und etwas ihrem Namen hinzufügen lassen, das sie einzigartig macht oder besonders auszeichnet. Diese Assoziationen helfen Ihnen ebenfalls, Name, Gesicht und Merkmal miteinander zu verbinden.
- Lassen Sie die Studierenden jedes Mal, bevor sie sprechen, ihren Namen nennen.
- Lassen Sie die Studierenden Namenskarten schreiben und vor sich aufstellen. Die Studierenden können auch Namenskarten tragen, wie Sie dies von Tagungen und Kongressen kennen.
- Lassen Sie Fotos von den Studierenden anfertigen oder bitten Sie die Studierenden, selbst Fotos mitzubringen und ihre Namen leserlich auf die Rückseite zu schreiben.

- Die folgende Methode ist gleichzeitig eine gute Gedächtnisübung: Wenn die Studierenden im Kreis oder Rechteck sitzen und einander sehen können, dann sagt der erste Student links von Ihnen seinen Namen und ein sichtbares Merkmal. Der nächste Student wiederholt, was der erste Student gesagt hat und fügt seinen Namen und sein Merkmal hinzu. So geht es weiter, bis die ganze Runde zu Ende ist. Wenn Sie es sich zutrauen (und der Letzte in der Runde sind), dann ist es Ihre Aufgabe, sämtliche Namen zu wiederholen. Es macht nichts, wenn Sie noch nicht alle Namen behalten haben; die Absicht ist es, die zählt.
- Eine andere Möglichkeit ist, das Lernen der Namen ganz den Studierenden und ihren eigenen Aktivitäten zu überlassen. Hierzu teilen Sie den Studierenden zu Beginn der ersten Sitzung mit, dass Sie den Raum für fünf Minuten verlassen werden. Wenn Sie zurückkommen, erwarten Sie, dass jeder Student fünf weitere mit Vornamen vorstellen kann. Falls die Studierenden fragen, wie sie das tun sollen, dann antworten Sie: »Das bleibt ganz Ihnen überlassen« und verlassen den Raum. Wenn Sie nach fünf bis zehn Minuten zurückkommen, dann ist der Raum mit Energie geladen. Bitten Sie einen Freiwilligen, fünf Studierende vorzustellen. Danach wiederholen Sie deren Namen und heißen sie in der Veranstaltung willkommen. Im Anschluss können Sie in der Veranstaltung fortfahren wie geplant, und die Studierenden sind ganz Ohr.

Weitere Tipps für das Lernen von Namen in Vorlesungen und Massenveranstaltungen finden Sie in Kap. 11.1.

Orientierung und Überblick geben
In der ersten Sitzung sollten Sie auch genau das tun, was die Studierenden über das ganze Semester hinweg vorwiegend tun sollen. Wenn sie Diskussionen führen sollen, dann diskutieren Sie am ersten Tag. Wenn sie Kleingruppenarbeit wollen, dann lassen Sie die Studierenden in Kleingruppen arbeiten. Und wenn sie für den Rest des Semesters nur zuhören sollen, dann lassen Sie die Teilnehmer in der ersten Stunde nur zuhören. Die letzte Möglichkeit ist allerdings für die Förderung des studentischen Lernprozesses am wenigsten geeignet.

Die verbliebene Zeit sollten Sie dazu nutzen, den Studierenden einen Überblick über den Stoff zu geben und solche Fragen zu beantworten wie: »Worum handelt es sich?«, »Woraus besteht das Ganze?«, »Wie ist es mit anderen Kursen, mit anderen Veranstaltungen verbunden?« Hierzu ist der vorbereitete Veranstaltungsplan das geeignete Medium. Es ist am besten, wenn Sie ihn austeilen und gemeinsam mit den Studierenden durchgehen, um eventuell auftauchende Fragen oder Missverständnisse sofort beantworten bzw. klären zu können. Gegen Ende der Lehrveranstaltung haben Sie Gelegenheit, noch einmal darzulegen (mit »Begeisterung und Enthusiasmus«), warum es sich lohnt, an dieser Veranstaltung teilzunehmen und warum das, was in ihr passiert, so interessant für die Studierenden ist.

In den letzten zwei Minuten der Veranstaltung können die Studierenden niederschreiben, was sie an der ersten Veranstaltungsstunde gut fanden, was sie nicht so gut fanden und welche Fragen für sie noch offen geblieben sind. Diese Fragen können Sie auch auf Zetteln vorbereiten. Auf die Kommentare der Studenten gehen Sie zu Beginn der nächsten Stunde ein.

7.7 Checkliste: Die erste Stunde

Stellen Sie sich folgende Fragen:

- Bin ich gut »eingestimmt«?
- Wie steht es mit den drei K? Bin ich kompetent, konfident, kongruent?
- Ist der Unterrichtsraum für die Aktivitäten des Tages hergerichtet?
- Stehen mein Name, Lehrveranstaltungstitel und Nummer im Vorlesungsverzeichnis an der Tafel?

- Habe ich »Eisbrecher«-Aktivitäten eingeplant?
- Weiß ich, wie ich die Namen der Studierenden lernen kann?
- Weiß ich, wie ich Informationen über die Studierenden sammeln kann (Voraussetzungen, Interessen, Erwartungen an die Lehrveranstaltung, Fragen, Befürchtungen)?
- Ist die Ankündigung der Lehrveranstaltung vollständig und klar?
- Habe ich erklärt, wie die Studierenden geprüft werden?
- Habe ich die sonstigen Unterlagen in der notwendigen Anzahl vorbereitet?
- Weiß ich, wie ich das studentische Feedback organisieren kann?
- Wenn die erste Stunde vorbei ist: Kommen die Studierenden gern wieder? Und: Komme ich gern wieder?

7.8 Die ersten Wochen: Prima Klima

Im Folgenden geht es darum, die Studierenden zu aktivieren, d.h. sie dazu zu bringen, Fragen zu stellen, gestellte Fragen zu beantworten und mit Ihnen und untereinander zu diskutieren. Dies ist nicht so einfach, wie es vielleicht scheinen mag. Eher ist die folgende Situation der Regelfall: »Haben Sie noch Fragen?« – das bleierne Schweigen, das für gewöhnlich danach folgt, zeigt allzu deutlich, dass die Antwort für die meisten Studierenden immer »Nein« lautet, unabhängig davon, ob sie den Stoff verstanden haben oder nicht. Die meisten Lehrenden kennen diese Situation. Lehranfänger schauen dann typischerweise erwartungsvoll in die schweigende Runde, werden nach spätestens drei Sekunden unruhig, geraten nach etwa fünf Sekunden in Panik, beginnen zu schwitzen und brechen nach sieben Sekunden unter der Anspannung zusammen. Dann beantworten sie ihre Frage entweder selbst oder stellen eine neue Frage, oft mit demselben Resultat. Das Ergebnis ist, dass es dem Dozenten schlecht geht, und die Studierenden keine Gelegenheit erhalten haben, über die Frage nachzudenken, um auf sie antworten zu können.

Pausen und Schweigen

Sowohl Pausen als auch Schweigen können eine nützliche Rolle in Lehrveranstaltungen spielen, unabhängig davon, ob es sich um Vorlesungen oder Seminare handelt. Das Unbehagen, das die meisten Lehrenden fühlen, wenn eine Pause sich scheinbar endlos ausdehnt, stammt von der kulturellen Norm, in der Pausen während einer Unterhaltung als ein Zeichen dafür betrachtet werden, dass mit der Kommunikation etwas nicht stimmt. Im Hochschulunterricht ist jedoch die Dauerberieselung durch das Reden des Dozenten weder erforderlich noch wünschenswert. Hier sind Pausen eine sinnvolle Möglichkeit, die Effizienz der Veranstaltung zu erhöhen.

Der wichtigste Grund für die Pause ist, den Studierenden die notwendige Zeit zu geben, über mögliche Antworten nachzudenken. Wenn die Frage gut gestellt und mehr ist als eine rhetorische Frage oder eine Frage ist, die leicht aus dem Gedächtnis beantwortet werden kann, müssen Sie auf die Antwort *warten*. Wenn Sie Fragen auf einem höheren kognitiven Niveau stellen, benötigen die Studierenden möglicherweise Minuten des Nachdenkens, bevor sie adäquat antworten können.

Um die auftretende Spannung während des Schweigens zu reduzieren, können Sie den Studierenden zuvor mitteilen, dass Sie genau diese Situation erwarten und sie für den Denkprozess notwendig ist. Die Denkzeit wird dann etwas Normales für Sie und Ihre Studierenden in Ihrer Lehrveranstaltung sein, und die Diskussionen werden davon erheblich profitieren. Eine weitere gute Möglichkeit besteht darin, die Studierenden ihre Antworten zunächst schriftlich niederlegen zu lassen oder die Studierenden in Zweier- oder Dreier-Gruppen gemeinsam an der Lösung des Problems arbeiten zu lassen.

Wenn Sie den Studierenden nicht genügend Zeit lassen, ihre Antwort formulieren zu können, sondern die Frage selbst beantworten, lernen die Studierenden sehr rasch, dass Sie keine Antwort erwarten und stellen das Nachdenken über die gestellten Fragen ein.

Fragen stellen

Wenn die Diskussion in Ihrer Lehrveranstaltung erfolgreich verlaufen soll, ist es gut, zu Beginn das Thema der Diskussion einzuführen oder zu wiederholen, die wesentlichen Dinge aus der letzten Stunde zusammenzufassen und diejenigen Gebiete zu definieren, über die Sie in dieser Stunde diskutieren wollen. Dies ermöglicht den Studierenden, ihre Aufmerksamkeit auf den Gegenstand der Diskussion zu richten. Diese Fokussierung der Aufmerksamkeit ist die Vorbedingung für eine effiziente Diskussion.

Gute Fragen, die eine Diskussion anregen, sind nicht einfach zu stellen. Sie sollten weder zu speziell noch zu generell sein. Die Frage: »Haben Sie noch Fragen?« ist zu generell, die Frage: »Welche drei Hauptgütekriterien muss ein Test erfüllen?« zu speziell. Da es von der Art Ihrer Fragen abhängt, ob und auf welche Weise eine Diskussion in Gang kommt und auf welcher kognitiven Ebene diese Diskussion stattfindet, werden wir uns im Folgenden etwas genauer mit diesen Fragen beschäftigen. Dies ist auch deshalb so wichtig, weil die Forschung hierüber gezeigt hat, dass etwa 60 % der von Dozenten gestellten Fragen Faktenfragen sind, weitere 20 % Verfahrens- und Organisationsfragen und dass lediglich 20 % der Fragen das Denken anregen.

Fragen lassen sich in vier Kategorien einteilen:

1. *Geschlossene (konvergente) Fragen,* die in der Regel lediglich das Behalten von Fakten prüfen.
2. *Offene (divergente) Fragen,* deren Beantwortung nicht festliegt und mit denen die Diskussion oder die studentische Interaktion gefördert werden kann.
3. *Rhetorische Fragen,* mit denen ein bestimmter Punkt oder eine Idee oder Feststellung besonders betont wird.
4. *Organisationsfragen,* die das Management im Unterricht erleichtern.

Stellen Sie divergente und konvergente *Fragen*! Auf divergente Fragen gibt es eine Reihe von möglichen und sinnvollen Antworten. Konvergente Fragen erlauben lediglich eine richtige Antwort. Die Frage: »Was steht darüber im Manuskript?« ist eine konvergente bzw. geschlossene Frage, da die möglichen Antworten durch das Manuskript festgelegt sind. Die Frage: »Auf welche Weise könnten wir in diesem Land das Problem der Energieverschwendung lösen?« ist eine divergente. Dass eine Reihe von Antworten möglich sind, erhöht die Antwortbereitschaft der Studierenden und fordert ein höheres Denkniveau, da die Antwort nicht bereits im Gedächtnis bereit liegt. Divergente Fragen ermöglichen oft neue kreative Einsichten.

Geschlossene Fragen sind nur dann angebracht, wenn Sie wissen wollen, ob die Studierenden bestimmte Fakten gelernt haben oder sich an sie aktiv erinnern können.

Fragetypen zur Förderung des problemlösenden Denkens

Im Hochschulunterricht ist es wünschenswert, dass die Studierenden Fragen nicht nur aus dem Gedächtnis oder aus ihrem Faktenwissen heraus beantworten, sondern die Lösungen auf Fragen selbständig suchen. Einige Fragetypen, welche diese Fähigkeit fördern, sind im Folgenden zusammengestellt:

- *Anwendung:* Hier muss der Student ein Konzept oder ein Prinzip in einem Kontext anwenden, der sich von dem unterscheidet, den er gelernt hat. Beispiel: »Können Sie ein Beispiel dafür nennen, das dieser Definition genügt?«
- *Vergleich:* Hier soll der Student bestimmen, ob Ideen oder Objekte ähnlich, unähnlich, gegensätzlich oder unverbunden sind. Beispiel: »Welche Ähnlichkeiten und Unterschiede bestehen zwischen diesen beiden Theorien?«

- *Schlussfolgerung:* Sie erfordert induktives oder deduktives Denken. Beim induktiven Denken wird aus vorliegenden Fakten ein generelles Prinzip abgeleitet. Beim deduktiven Denken wird von einem generellen Prinzip ausgegangen und dieses Prinzip spezifisch getestet. Beispiel: »Wir haben jetzt über verschiedene Testverfahren und ihre Merkmale gesprochen. Können Sie daraus schließen, welche generellen Merkmale Testverfahren haben sollten?« – »Warum?« Ein weiteres Beispiel: »Wenn die Gastemperatur gleich bleibt, aber das Gas sich in 1000 Meter Höhe befindet, was geschieht dann mit dem Gasdruck?« – »Warum?«
- *Problemlösen:* Hier wird der Student aufgefordert, das zuvor Gelernte anzuwenden, um ein Problem zu lösen. Hierzu muss der Student die Beziehungen zwischen seinem Wissen und dem Problem sehen, das Problem in seine Komponenten zerlegen, die Teile des Problems miteinander verbinden, Materialien, Situationen und Umgebungen diagnostizieren. Beispiel: »Nehmen wir einmal an, dass Sie mit der Idee aufgewachsen sind, dass Frauen in die Küche gehören. Unter den vielen Frauen, die sie mittlerweile kennen gelernt haben, befand sich keine einzige, die lediglich Küchenarbeit verrichtete. Welche Idee würden Sie jetzt darüber haben? Würde Aussehen, Größe, Haarfarbe einen Unterschied in Ihrer Reaktion bewirken? Erklären Sie den Begriff Vorurteil anhand dieses Beispiels.«

Wenn Studierende Fragen stellen

Studierende stellen Fragen nur dann, wenn sie sich sicher fühlen, dass sie dafür nicht bestraft oder herabgesetzt werden. Es ist die Aufgabe der Lehrenden, dafür zu sorgen, dass eine Lernatmosphäre entsteht, in der die Studierenden sich getrauen, Fragen zu stellen. Sie können diese Atmosphäre schaffen, indem Sie zunächst selbst Fragen stellen (»Ist bis jetzt alles klar?«, »Konnten Sie mir bis hierher noch folgen?«, »Möchten Sie, dass ich das noch näher erläutere?«). Wenn Sie sehen, dass die Studierenden verwirrt dreinschauen, ihre Stirn runzeln oder den Kopf schütteln, dann gehen Sie darauf ein: »Ich habe den Eindruck, dass einige von Ihnen verwirrt sind. Was verstehen Sie denn nicht?«

Häufig wird die Diskussion im Unterricht von einem oder einigen wenigen Studierenden bestritten. Um auch die anderen Studierenden einzuziehen, können Sie z. B. sagen: »Jetzt möchte ich noch Kommentare von Studierenden hören, die sich bisher noch nicht geäußert haben.« Oder zu besonders fragefreudigen Studierenden: »Ich habe bereits einige Ihrer Fragen beantwortet. Jetzt möchte ich zunächst noch die anderen Studierenden berücksichtigen, die ebenfalls Fragen haben.«

Manchmal geschieht es auch, dass von Studierenden emotionale Äußerungen kommen, die wenig mit der Sache zu tun haben. In diesem Fall ist es am besten, dem Studierenden zu sagen, dass sie darüber mit ihm oder ihr nach dem Unterricht sprechen können. Emotionalen Äußerungen mit kognitiv gesteuerten Antworten zu begegnen, ist nicht sinnvoll und führt nur zu noch heftigeren emotionalen Reaktionen.

Wenn ein Student eine Frage hat, dann müssen Sie ihm oder ihr diese Frage so beantworten, dass der Student damit zufrieden ist. Dies können Sie sicherstellen, indem Sie nach der Beantwortung die Studentin fragen: »Ist Ihre Frage damit hinreichend beantwortet?« Wenn nach zwei oder drei weiteren Erläuterungen der Student mit der Antwort immer noch nicht zufrieden ist, dann schlagen Sie ebenfalls vor, dies nach der Stunde mit ihm oder ihr zu besprechen.

Wenn Ihnen von Studierenden eine Frage gestellt wird, dann können Sie diese Frage direkt beantworten oder eine der folgenden Möglichkeiten als Alternative ausprobieren:

- Wiederholen Sie die Frage. Dies stellt sicher, dass alle Studierenden die Frage deutlich hören und dass Sie die gestellte Frage auch so verstanden haben, wie der Student sie gemeint hat.

- Geben Sie die Frage weiter. Sie können auch einen anderen Studierenden bitten, auf die Frage zu antworten, oder Sie können die Frage an die Gruppe insgesamt richten.
- Wenn die Antwort zu der Frage in bereits behandeltem Stoff liegt, dann können Sie die Aufmerksamkeit der Studierenden darauf lenken.

Studierende damit zu beauftragen, die Antwort auf eine gestellte Frage selbst zu suchen, birgt das Risiko in sich, dass die Studierenden keine Fragen mehr stellen werden.

Wenn Sie die Diskussion der Studierenden untereinander fördern wollen (besonders dann, wenn es unterschiedliche Meinungen über mögliche Antworten gibt), dann können Sie zu der Frage Gruppen mit jeweils drei oder vier Studierenden bilden und sie für 10 bis 15 Minuten über mögliche Antworten diskutieren lassen. Danach werden die Antworten gemeinsam im Plenum diskutiert.

Stille Studierende
Sollten Sie sich um schweigsame Studierende kümmern? Manche Dozenten sind der Auffassung, dass Diskussionsfähigkeit an der Hochschule gelernt werden sollte und dass der Dozent deshalb dafür sorgen muss, dass die Studierenden diese Fähigkeit entwickeln. Andere Dozenten glauben, dass ein Student persönlich darüber entscheiden kann, ob er teilnimmt oder nicht und dass er nicht dazu gezwungen werden sollte, vor den anderen zu sprechen. Sie müssen sich zu Beginn einer Lehrveranstaltung zu einer dieser beiden Auffassungen bekennen und den Studierenden dies auch mitteilen.

Die Gründe für die Schweigsamkeit von Studierenden können vielfältig sein. Sie können einfach langsamer im Denken sein als andere Studierende. Sie können Furcht davor haben, sich vor den Kommilitonen zu äußern. Sie können sich davor fürchten, »dumme« Antworten zu geben. Oft ist es so, dass die Studierenden sich eigentlich mehr beteiligen wollen, aber irgendetwas sie daran hindert. Eine Möglichkeit besteht dann darin, diesen Studierenden die Chance zu geben, ihre Gedanken niederzuschreiben, bevor sie sprechen. Die Arbeit in kleinen Gruppen ist ebenfalls gut geeignet, diese Studierenden aktiv werden zu lassen. Wenn Ihre Bemühungen dennoch scheitern: Finden Sie sich damit ab. Es gibt eben Studierende, die durch diese Lehrstrategie nicht gut lernen! Sie lernen besser auf eine andere Weise.

7.9 Checkliste: Killerphrasen

Hören Sie aktiv zu, wenn Fragen gestellt werden. Die Studierenden müssen das Gefühl haben, dass Sie an seiner oder ihrer Frage interessiert sind und wirklich verstehen möchten, was er oder sie damit ausdrücken will. Generell sollten Sie alles vermeiden, was die Studierenden daran hindern könnte, Fragen zu stellen. Nachstehend finden Sie einige Antworten von Dozenten, mit denen Sie sicherstellen können, dass die betreffenden Studierenden keine Fragen mehr stellen:

- »Sie sollten wissen, dass wir das bereits vor zwei Wochen behandelt haben.« Alternative: »Was ist mit dem Punkt, den wir vor zwei Wochen behandelt haben? Wie passt das dazu?«
- »Das ist völlig falsch.« Alternative: »Wie würden Sie das in Übereinstimmung bringen mit dem, was wir zum Zeitpunkt X behandelt haben?«
- »Da bin ich völlig anderer Meinung.« Alternative: »Ich bin mir nicht ganz sicher, ob ich dem zustimmen kann, weil ...«

7.10 Problemfälle: Was tun?

Selbst wenn Sie sich sehr gut auf eine Lehrveranstaltung vorbereitet haben, kann es einige Situationen geben, in denen Sie Konflikte lösen müssen. Mit der Strategie »Widerstand würdigen« können Sie die Wahrscheinlichkeit für das

Auftreten von Konflikten drastisch reduzieren. Die Strategie »Widerstand würdigen« antizipiert mögliche Offensiven und entzieht diesen dadurch Energie. Durch dieses proaktive Ansprechen möglicher Probleme verschaffen Sie sich selbst auch einen breiteren Handlungsspielraum.

Es gibt eine Vielzahl von Gründen, warum Teilnehmer in einer Veranstaltung (und damit sind nicht nur Lehrveranstaltungen gemeint, sondern z. B. auch Tagungen oder Kongresse) eine ablehnende Haltung einnehmen. Es ist am leichtesten, mit derartigen Phänomenen umzugehen, wenn es so früh wie möglich geschieht. Wenn der Angriff bereits erfolgt ist, sind Sie in einer reaktiven Position, was Ihre Wahlmöglichkeiten verringert. Dabei sind alle Ebenen Ihrer persönlichen Fertigkeiten, Sprache, Stimme und Körper gefragt.

Proaktive Würdigung

Ortswechsel

Da Sie etwas Negatives ansprechen wollen, sollten Sie bei der »Würdigung von Widerstand« einen Ortswechsel vornehmen. Der Würdigungsplatz könnte seitlich neben Ihrem Präsentationsplatz liegen. Von dort aus können Sie zu Ihrem Präsentationsplatz blicken und gestikulieren: »Einige von Ihnen möchten dieser Position vielleicht widersprechen?« Dabei blicken und zeigen Sie auf den Präsentationspunkt (Tab. 10). Das signalisiert, dass Sie als Moderator wissen, dass es nicht um Sie persönlich geht, sondern um Widerstand gegenüber einer Position, die Sie gleich vertreten werden.

Einsatz von Sprachmustern

Auch auf der sprachlichen Ebene gibt es einige subtile Möglichkeiten, auf potentiellen Widerstand einzugehen. Sie zielen darauf ab, den vermuteten Widerstand einzuschätzen und den Entscheidungsspielraum der Teilnehmer zu wahren. Widerstand kann in unterschiedlichem Maße vorhanden sein. Entsprechend »hart« oder »weich« ist auch die Würdigung auszuführen. Ein sprachliches Beispiel hierzu in Tab. 11.

Das »x« ist eine Variable für Widerstand, der sich gegen den Kontext (z. B. Teilnahmeverpflichtung), den Inhalt oder eine Person bzw. Beziehung richtet. Im Grunde sagen Sie als Präsentator zur Gruppe: »Es ist in Ordnung, wie Sie sich fühlen!« Dabei sind Sie proaktiv und vermeiden die Mühe, es hinterher wieder »hinbiegen« zu müssen. Gleichzeitig sorgen Sie damit für die Sicherheit der Gruppe und verringern die Wahrscheinlichkeit von überraschenden Angriffen.

Begrüßung & Präsentation	Würdigung von Widerstand
	❖

Tab. 10: Platz zur Würdigung von Widerstand.

Antizipierende Aussage	Verwenden wenn ...
»Sie werden X nicht mögen!«	... die Gruppe ihnen zustimmt und X stark ablehnt.
»Sie werden X vielleicht nicht mögen!«	... die Botschaft weicher und angezeigt werden soll, dass es eine Ambivalenz geben könnte. Sie kann Teile der Gruppe oder unterschiedliche Gefühle bei einzelnen Teilnehmern hinsichtlich X betreffen.
»Ein Teil von Ihnen wird X vielleicht nicht mögen!«	... noch schwächer auf die definitiv ambivalente Reaktion der Gruppe hinsichtlich X verwiesen werden soll.

Tab. 11: Ausmaß des antizipierten Widerstands.

Beim Übergang von der Würdigung von Widerstand zum Präsentieren ist es oft hilfreich, eine »Zwischenstation« einzulegen, die eine Vermittlerposition anbietet. In einem der Beispiele von oben könnte dies heißen: »Einige von Ihnen möchten vielleicht nicht hier sein ... (Atmen/Pause/Bewegung zum Mediationsplatz) ... es könnte jedoch interessant sein, sich einen Moment Zeit zu nehmen, um zu erfahren, wie Sie die Information nutzen können.« Der Vermittlungsplatz thematisiert also die Frage: »Was ist für die Teilnehmer (mit Widerstand) möglich, was können sie daraus gewinnen?«

Erlaubniserteilende Vagheit

Der Einsatz geeigneter Sprachmuster ist auch sinnvoll, um ...

- eine Veranstaltung auf eine Weise zu eröffnen, durch die die Teilnehmer positive Einstellungen gegenüber Seminar und Dozent/in entwickeln;
- die einzelnen Übungen in einem Seminar oder Workshop so anzukündigen, dass die Teilnehmer gern mitmachen;
- Gruppengespräche und Diskussionen so zu führen, dass die einzelnen Teilnehmer lernbereit bleiben.

Reaktanz

Wenn der Entscheidungsspielraum eines Menschen, seine Wahlfreiheit, in irgendeiner Weise bedroht ist, wendet er Energie auf, um eben diese Freiheit wieder herzustellen (Phänomen der Reaktanz). Dieses Phänomen kann sich auf verschiedene Weise äußern:

- Ich tue genau das, was ich nicht tun soll.
- Ich finde die verwehrte Alternative attraktiv.
- Ich demonstriere, dass ich die verwehrte Alternative dennoch wählen könnte – wenn ich wollte.
- Ich greife den an, der meine Wahlfreiheit einschränkt.

Das Phänomen der Reaktanz kann minimiert werden dadurch, dass ...

- der individuelle Entscheidungsspielraum und die Wahlfreiheit des einzelnen Teilnehmers implizit und explizit bestätigt werden.
- »Sie/sie« in der Ansprache durch den Dozenten mehrdeutig verwendet wird, um eine Entscheidung nach individuellen und persönlichen Präferenzen möglich zu machen.
- auf spontane und unbewusste Veränderungen und Lernprozesse hingewiesen wird. Sie berühren die Wahlfreiheit nicht, die Veränderung geschieht ganz von selbst (z. B. bei Überraschen und Erstaunen).
- jedem Teilnehmer die Freiheit zugestanden wird, wie er die indirekten und impliziten Aufforderungen und Suggestionen interpretieren und wie er darauf reagieren will.

Reaktive Lösungen

Wenn Sie zu Beginn der Veranstaltung und in den ersten Veranstaltungswochen proaktive Maßnahmen getroffen haben, um mögliche auftretende Probleme erst gar nicht entstehen zu lassen, dann ist die Wahrscheinlichkeit groß, dass Sie später selten zu reaktiven Maßnahmen greifen müssen. Sollten dennoch die eine oder andere der im Folgenden beschriebenen Verhaltensweisen auftreten, so können Sie aus den möglichen Reaktionen die zu Ihnen und zu der Situation passende auswählen.

Latenter Widerstand, der nicht schon frühzeitig im Vorfeld durch entsprechende Würdigung neutralisiert werden konnte, kann im Verlauf einer Veranstaltung in Form von Angriffen ans Tageslicht kommen. Ziel ist es, angemessene Reaktionsweisen auf Angriffssituationen entwickeln zu können, die zu einer Entspannung führen und die Beziehung zwischen Dozent und Student, sowie Dozent und Gruppe intakt halten.

Die Angriffssituation

Eine Angriffssituation entspricht im Wesentlichen einer Verhandlung zwischen Dozent und Student. Dabei können die Parteien, wie in jeder Verhandlung, auf drei (psycho-)logischen Ebenen operieren:

1. Thema, Inhalt,
2. Bedürfnisse, Intention,
3. Beziehung.

Gewöhnlich liegt der Angriff auf der Themen-Ebene (z. B. »Warum behandeln wir xy nicht?«). Seltener handelt es sich um einen persönlichen Angriff. Zumeist steckt aber hinter dem oberflächlichen Angriff eine Frustration, die Vereitelung eines zielgerichteten Bedürfnisses der angreifenden Person. Bedürfnis steht in diesem Sinne für Interesse, Ziel, Intention, Wert.

Wenn Sie angegriffen werden, können Sie grundsätzlich drei Positionen einnehmen:

1. *Sie denken an sich selbst.* Das bedeutet, dass Sie entweder in die Defensive gehen oder zu einem Gegenangriff blasen (viel Spaß dabei!).
2. *Sie denken an den Angreifer.* Dies bedeutet Empathie. Die andere Person fühlt sich anerkannt.
3. *Objektives Problemlösen.* Von dieser Position aus können Sie aktiv nach Lösungen suchen (das ist normalerweise nur effektiv, nachdem sich der Angreifer anerkannt fühlt).

Zu erkennen, wo sich der Angreifer gerade befindet, gibt Ihnen die Möglichkeit, von der Inhalts- auf die Bedürfnisebene zu wechseln. Dies könnte z. B. durch Formulierungen geschehen wie: »Wenn Sie xy bekämen, was würde Ihnen das bringen?«, »Was würde sich für Sie verändern?«

Sie können auch die Intentionsebene des Angreifers anerkennen und die unangemessene Art, in der die Frage gestellt wird, einfach ignorieren: »Es ist offensichtlich in Anbetracht der Vehemenz, mit der Sie Ihre Anmerkungen machen, dass Sie in Bezug auf xy sehr engagiert sind. Was ist Ihre Absicht, wenn Sie diesen Punkt ansprechen?« Durch diese anerkennende und umdeutende Frage versuchen Sie den Angreifer auf die Intentionsebene zu bringen. Hier gibt es eine größere Zahl von Möglichkeiten, die Person zufrieden zu stellen, als auf der Sachebene.

Gruppendynamische Aspekte
Aus den Kommunikationsmodellen der 1970er Jahre stammt die Idee, dass der Rapport zwischen Lehrendem und Lernendem eine Sache »unter vier Augen« ist. Auch heute noch ist das Phänomen zu beobachten, dass bei einer Interaktion zwischen Dozent und einem einzelnen Teilnehmer aus der Gruppe eine solche »eins zu eins«-Rapportfähigkeit stattfindet. Der Dozent geht auf den Teilnehmer zu, er nimmt mit ihm Augenkontakt auf, beugt sich zu ihm usw., reagiert also nur auf *ihn*. In einem moderneren Verständnis von Gruppendynamik sind es hingegen die *Gruppe* und deren Reaktionen, die im Fokus des Lehrenden stehen. Daraus können Sie ableiten, welche Reaktionsweise angemessen ist.

Ein wichtiges Ziel der Gruppendynamik besteht darin, einer Gruppe – zusätzlich zur Orientierung – auch Sicherheit zu vermitteln. Zu Beginn einer Veranstaltung kann dies z. B. dadurch erreicht werden, dass Sie der Gruppe das Gefühl geben: »So, wie ihr seid, ist es in Ordnung.«

Das Unterrichtsgeschehen bewegt sich stets im Spannungsfeld zwischen Dozent, Gruppe und individuellem Teilnehmer (Abb. 21). Professionell Lehrende sollten über die Fähigkeit verfügen, sowohl den Zustand des einzelnen Teilnehmers als auch den aktuellen Zustand

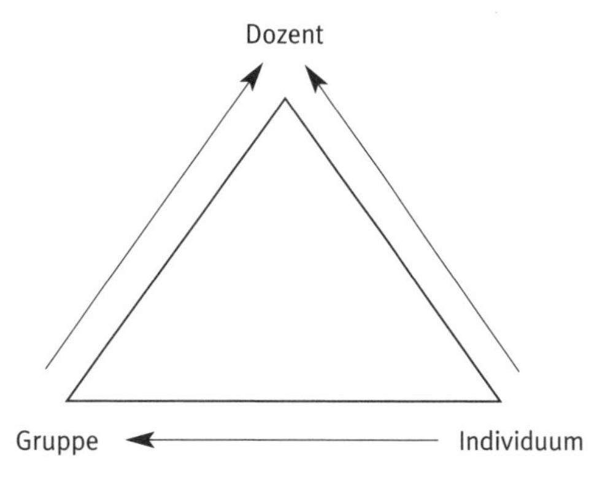

Abb. 21: Gruppendynamische Aspekte des Lehr-Lern-Prozesses.

der Gruppe und die Interaktionsmuster zwischen Teilnehmer und Gruppe einzuschätzen. Dies gibt ihnen die Möglichkeit, angemessen auf Individuen zu reagieren und gleichzeitig die Interessen der Gruppe zu berücksichtigen. Diese Fähigkeit kann effektiv für den Umgang mit Angriffen eingesetzt werden.

Angriffe sind so unangenehm in der Regel nicht durch den Inhalt, sondern durch die Art und Weise, wie sie geäußert werden und wie die Gruppe darauf reagiert. Für den gekonnten Umgang mit Angriffen ist es wesentlich, auf die jeweilige Reaktion der Gruppe zu achten. Denn diese Reaktion zeigt Ihnen auf, über welche Bandbreite an Handlungsmöglichkeiten Sie verfügen, um geschickt mit den Angriffen umzugehen.

Wenn die Gruppe schockiert ist über den Angriff (der Atem stockt und die Gruppe schaut Sie an), dann antworten Sie ruhig und gemessen. Wenn die Angriffe andauern, verlegen Sie das Thema auf einen späteren Zeitpunkt oder nach draußen. Sagen Sie beispielsweise »Wir kommen später noch darauf zurück« oder »Wir können in der Pause diesen Punkt ausführlicher diskutieren«. Wenn die Gruppe sich zu ärgern beginnt (alle schauen auf den Angreifer und/oder sich wechselseitig an, verziehen das Gesicht, schütteln den Kopf o. ä.), dann haben Sie die Erlaubnis, den Angreifer zu stoppen. Dies kann z. B. nonverbal durch einen strafenden Blick geschehen. Sie können auch mit der gestreckten und nach unten weisenden Hand auf den Angreifer zeigen, ohne ihn anzusehen, während Sie zur Gruppe sprechen. Damit »nageln Sie ihn fest« und zeigen ihm und den anderen, wer der Herr oder die Dame im Hause ist.

Wenn Sie die Antwort nicht wissen

Im Hochschulunterricht haben viele Dozenten die Furcht, etwas einmal nicht zu wissen oder Fehler zu machen. Aber Lehrende müssen nicht allwissend sein: Wenn eine Frage Ihre inhaltliche Kompetenz tatsächlich übersteigt, so sagen Sie das. Es ist leichter, sich zum Narren zu machen, indem Sie Pseudoantworten qualvoll aus Ihren Fingern saugen, anstatt offen ihre Unkenntnis einzugestehen. Sie können zu Beginn der Veranstaltung auf die Komplexität und den Umfang des Stoffs verweisen und dabei erwähnen, dass Sie nicht auf jede gestellte Frage sofort die Antwort wissen werden. Auf jeden Fall werden Sie jedoch die Antwort in der nächsten Stunde parat haben. Dies zeigt auch den Studierenden, dass sie selbst nicht alles zu wissen brauchen, was in Ihrem Fach der Stand der Wissenschaft ist.

Wenn Sie denken, dass Ihnen eine vernünftige Antwort einfällt und Sie lediglich ein wenig Zeit brauchen, um über die Frage nachzudenken und eine Antwort darauf zu finden, dann können Sie aus den folgenden Möglichkeiten auswählen:

- »Lassen Sie mich einen Augenblick nachdenken, wie ich das am besten beantworten kann.«
- »Gute Frage. Ich möchte sie an das Auditorium weitergeben, um sie gegebenenfalls später selbst zu kommentieren, wenn das angemessen ist.«
- »Dies ist eine wirklich gute/komplizierte/komplexe Frage, und ich hätte gerne etwas mehr Zeit, um darüber nachzudenken, bevor ich Ihnen antworte. Lassen Sie mich später/im nächsten Abschnitt/in der Pause/am Ende dieses Teils noch einmal darauf zurückkommen.«

Betrachten Sie solche Fragen auch als eine ausgezeichnete Gelegenheit, um laut über die Frage nachzudenken und auf diese Weise zu versuchen, zur Lösung zu gelangen! Dabei lernen die Studierenden mehr als in vielen Vorlesungsstunden. Sie können beobachten, wie Sie als Experte an ein neues Problem herangehen, welche Schritte Sie dabei unternehmen, welche Sackgassen Sie betreten und verlassen, welche neuen Ideen Ihnen kommen und vieles mehr. Dies ist eine Art des Lernens, die nicht hoch genug eingeschätzt werden kann. Und selbst dann, wenn die gefundene Lösung noch nicht perfekt ist, können Sie das Vorführen der eleganten Lösung in der nächsten Stunde immer noch nachholen.

Wenn Sie Fehler machen
Menschen lernen am meisten aus ihren Fehlern und Irrwegen. Wenn Sie ein Kleinkind beobachten, wie es gehen lernt, dann lernen Sie dabei, dass Gehen nichts anderes ist als kontrolliertes Fallen. Es ist wichtig, dass auch die Studierenden erfahren, dass die eleganten Lösungen, die Sie vorstellen, nicht etwa von Anfang an da waren oder vom Himmel gefallen sind, sondern dass geniale Menschen u. U. lange Zeit gebraucht haben, um zu eben dieser Lösung oder Theorie zu gelangen. Sonst erwecken Sie bei den Zuhörern den (falschen) Eindruck, dass sie ebenfalls sofort in der Lage sein müssten, den Lösungsweg zu verstehen und ihn nachzuvollziehen. Wenn ihnen dies nicht auf Anhieb gelingt, kann es leicht geschehen, dass die Studierenden sich für unfähig halten. Für Studierende ist eine Theorie, eine komplexe Formel, eine Datensammlung wesentlich leichter nachvollziehbar, wenn sie den Weg und die Irrwege kennen lernen, die dazu geführt haben. Gehen Sie auf die Geschichte ein, die dahinter steht, auf die fehlgeschlagenen Versuche, zu einer Lösung zu gelangen, auf die Entwicklung und Erweiterung von Theorien und Theoremen (»Anfänglich hat man gedacht, dass ...«).

7.11 Checkliste: Problemfälle

Im Folgenden sind einige Situationen, die in Veranstaltungen vorkommen können, und mögliche Bewältigungsstrategien aufgeführt.

Schweigen oder Nichtbeteiligung:
- Ändern Sie die Lernstrategie und gehen Sie über zu schriftlichen Äußerungen oder zu einer Filmaufzeichnung.
- Verstärken Sie jeden Beitrag positiv.
- Fragen Sie die Studierenden direkt.
- Halten Sie den Augenkontakt aufrecht.
- Ernennen Sie Schweiger zu Sprechern von Kleingruppen.

Vielredner:
- Würdigen Sie die Kommentare.
- Führen Sie eine Zeitbegrenzung für Diskussionsbeiträge ein.
- Schauen Sie einen anderen Studierenden an und bewegen Sie sich auf ihn zu.
- Widmen Sie sich dem Vielredner in der Pause.
- Sagen Sie: »Sie haben Ihre Meinung sehr ausführlich dargestellt. Mich interessiert jetzt, was die anderen Teilnehmer denken.«

»Rotkäppchen«: Vom Weg abkommen:
- Führen Sie die Aufmerksamkeit wieder auf den relevanten Punkt zurück.
- Richten Sie Fragen an die Gruppe, die zum Gegenstand zurückführen.
- Fragen Sie, in welcher Weise das Gesprochene mit dem Diskussionspunkt zusammenhängt.
- Bitten Sie darum, den Hauptpunkt zusammenzufassen.
- Beginnen Sie damit, an der Tafel zu schreiben, oder stellen Sie den Overhead-Projektor an.
- Fassen Sie das, was lang und breit gesagt wurde, in einem einzigen Satz zusammen. Fragen Sie den oder die Teilnehmer, ob es das ist, was er oder sie gemeint haben (nur bei hartnäckigen Vielrednern empfehlenswert, aber sehr wirkungsvoll).

Unterhaltungen während der Stunde:
- Fragen Sie diejenigen, die sich unterhalten, nach Ihrer Meinung zum Diskussionspunkt.
- Fragen Sie, ob sie ihre sicher sehr konstruktiven Ideen nicht mit dem Plenum teilen wollen.
- Bewegen Sie sich auf die Sprechenden zu.
- Schauen Sie die Sprechenden an.
- Hören Sie auf zu reden und warten Sie.

Das Streiten anfangen:

- Heben Sie die positiven Aspekte des Beitrags hervor.
- Geben Sie die Frage oder den Kommentar an die Gruppe zurück.
- Würdigen Sie die Gefühle des Teilnehmers und fahren Sie im Text fort.
- Sagen Sie: »Die Heftigkeit, mit der Sie Ihre Argumente vortragen, zeigt mir, dass Ihnen dieser Punkt sehr wichtig ist. Was müsste geschehen, damit Ihr Anliegen erfüllt wird?«

Offene Feindseligkeit:

- Hinter Feindseligkeit kann Furcht stehen. Reagieren Sie auf die Furcht. Bleiben Sie ruhig und freundlich. Sagen Sie: »Sie scheinen darüber wirklich verärgert zu sein.« An die anderen Teilnehmer gewandt: »Geht es noch anderen so?«
- Ignorieren Sie das Verhalten.
- Sprechen Sie mit dem Betreffenden privat nach der Veranstaltung oder in der Pause. Wenn nichts hilft, bitten Sie den Teilnehmer in einem Gespräch unter vier Augen, entweder die Feindseligkeiten aufzugeben oder die Veranstaltung zu verlassen, damit die Gruppe weiterarbeiten kann.

Beschwerden:

- Sagen Sie, dass es nicht in Ihrer Macht steht, die Dinge zu ändern (wenn dies zutrifft).
- Sichern Sie zu, dass Sie die Angelegenheit überprüfen werden (und tun Sie das dann auch).
- Schlagen Sie vor, das Problem mit dem Teilnehmer privat zu besprechen.

Fallstricke:

Achten Sie auf folgende Formulierungen, da sie manchmal genau das beabsichtigen, was sie nicht zu tun *vorgeben*:

- »Ich will hier ja nichts Negatives sagen, aber ...«, »Ich will hier nicht der Schwarzseher sein, aber ...«, »Entschuldigen Sie, dass ich eine so triviale Frage stelle, aber ...«

7.12 Wie Sie mit Angriffen erfolgreich umgehen können

Folgende Möglichkeiten bieten sich:

- »Go visual« – lenken Sie den Angriff weg von sich und hin in Richtung auf die Seite, an die Tafel oder die Flipchart oder zur Gruppe (»Meinen Sie mit Ihrer Bemerkung den Punkt xy?«, »Was meinen die anderen dazu?«).
- Halten Sie Ihren Präsentationsplatz rein. Trennen Sie den Platz für das Problem vom Platz für die Lösung.
- Verwenden Sie die 3. Person (z. B. »das Thema/Konzept/Modell usw.«). Vermeiden Sie die 1. Person (»ich« und »mein«) bzw. die direkte Anrede der »Angreifer« (»Sie« oder »euer«).
- Sie können den »Rahmen«, auf den sich die Frage bezieht, vergrößern (»Diese Frage bezieht sich auf das grundlegende Phänomen usw.«) und damit die Beantwortung etwas allgemeiner ausfallen lassen.
- Sie können den »Rahmen«, auf den sich die Frage bezieht, verkleinern (»Die Frage enthält einen wichtigen Teilaspekt, den ich zunächst beantworten möchte ...«) und besprechen dann dies Ihnen wohlvertraute Detail.
- Formulieren Sie ihre Antwort indirekt-parabolisch – erzählen Sie eine passende Geschichte oder Analogie (aber nur, wenn Sie etwas wirklich Passendes in Ihrem Geschichtenspeicher vorrätig haben!).
- Reagieren Sie mit Humor. Tun Sie dies auf feinsinnige Weise, sonst kommt möglicherweise ein Bumerang geflogen.

7.13 Konstruktives Feedback

Rückmeldung zu bekommen, ist für viele Menschen ungewohnt. Wenn Sie mit Ihren Studenten üben wollen, wie respektvolles, horchsames und achtsames Feedback gegeben werden kann, dann sind die folgenden Hinweise hierfür hilfreich. Als Spielregeln haben sich bewährt:

Auf Seiten des Feedback-Gebers:

- Annahme: Jede Wahrnehmung ist subjektiv: Ich sehe, höre und fühle.
  Regel: Ich spreche von meiner Wahrnehmung, also von ›ich‹ und nicht von ›man‹.
- Annahme: Nur Verhalten ist wahrnehmbar, im Gegensatz zu Persönlichkeitsmerkmalen (z. B. »Tastet mit seinen Augen sein Gegenüber von oben nach unten ab und verzieht die Mundwinkel« vs. »arrogant«).
  Regel: Ich beschreibe konkrete Situationen und Verhaltensweisen, d. h. ich rede möglichst bildlich und ausführlich.
- Annahme: Nur Verhalten kann sich kurzfristig ändern.
  Regel: Ich versuche, durch konstruktive Vorschläge Alternativen wertfrei aufzuzeigen und zu erläutern, wie diese Alternativen auf mich wirken könnten.
- Annahme: Jedes Verhalten verfolgt einen positiven Zweck.
  Regel: Ich melde zurück, was mir positiv aufgefallen ist und spreche darüber meine Anerkennung aus.
- Annahme: Der Sinn meiner Kommunikation ist die Reaktion meines Gegenübers.
  Regel: Ich sage meinem Gegenüber, welches Verhalten ich mir wünsche, damit es mir leichter fällt, ihm/ihr zu folgen bzw. mich wie gewünscht zu verhalten.

Auf Seiten des Feedback-Empfängers:

- Annahme: Feedback ist nur sinnvoll, wenn eine innere Bereitschaft besteht, sein eigenes Verhalten durch die Augen eines anderen zu sehen.
  Regel: Ich höre zu, ohne zu kommentieren.
- Annahme: Es geht um die subjektive Wahrnehmung und nicht um wahr oder falsch.
  Regel: Ich höre zu, ohne verteidigen zu müssen.

7.14 Checkliste: Die ersten Wochen

- Lernen Sie die Namen der Studierenden so schnell wie möglich oder so viele Namen wie möglich.
- Sprechen Sie die Studierenden mit ihrem Namen an.
- Nutzen Sie jede Gelegenheit, mit den einzelnen Studierenden für eine kurze Zeit zu sprechen.
- Besprechen Sie das Ergebnis von Übungsaufgaben oder Zwischenprüfungen mit den einzelnen Studierenden in Ihrem Büro.
- Planen Sie die erste studentische Evaluation bereits nach vier bis sechs Wochen Unterricht ein.
- Geben Sie, wann immer möglich, positive Rückmeldungen.
- Hören Sie sich die Kommentare und Meinungen der Studierenden aufmerksam an.
- Geben Sie ruhig zu, nicht alles zu wissen.
- Leihen Sie Bücher an interessierte Studierende aus.

Andere Studierende können eine wesentliche Rolle für den Erfolg von Mitstudierenden spielen. Wenn Sie es erreichen, dass die Studierenden zusammenarbeiten, dann wird auch die Wahrscheinlichkeit des Lernerfolgs höher.

- Lassen Sie die Studierenden ihre Referate wechselseitig durchlesen.
- Wenn Sie eine Exkursion planen, lassen Sie die Studierenden diese (mit)planen.
- Bitten Sie die Studierenden, vor der Prüfung selbst Klausurfragen zu formulieren.
- Übertragen Sie den Meinungsführern Aufgaben.
- Lassen Sie die Studierenden sich ihre eigenen Ziele setzen.

Die folgenden Aktivitäten fordern Ihre Fähigkeit und Kreativität als Dozent oder Dozentin heraus:

- Bilden Sie, wann immer möglich, Kleingruppen.

- Kümmern Sie sich um passive Studierende, die nicht teilnehmen und schwache Leistungen zeigen.
- Richten Sie einen Handapparat mit Literaturauszügen ein.
- Schaffen Sie Querbezüge zu anderen akademischen Disziplinen.
- Nehmen Sie bei der Auswahl des Lehrstoffs Rücksicht auf die Bedürfnisse der Studierenden.
- Zeigen Sie den Studierenden das Institut und die für die Studierenden wichtigen Institutionen auf dem Gelände.
- Schaffen Sie Situationen, in denen die Studierenden Ihnen helfen können. (Bücher aus der Bibliothek holen, eine Projektgruppe bilden, auf Quellensuche gehen).
- Sprechen Sie mit anderen Lehrenden, die dieselben Studierenden unterrichten und überlegen Sie gemeinsam, wie Sie das Lernen der Studierenden erleichtern können.
- Planen Sie mindestens einen Gastvortrag pro Semester ein.
- Unterrichten Sie gemeinsam mit einer Kollegin oder einem Kollegen.
- Planen Sie monatliche Selbstevaluationen ein.

7.15 Während des Semesters: Wie das Lernen gefördert werden kann

Dozenten, die Probleme mit ihrer Lehre haben oder die mit ansehen müssen, wie sich von Stunde zu Stunde der Hörsaal oder Seminarraum immer mehr leert und zur Leerveranstaltung wird, neigen dazu, dies auf die mangelnde Motivation und die mangelnden Fähigkeiten ihrer Studierenden zurückzuführen. Unglücklicherweise gibt es keine einzelne magische Formel, um Studierende zu motivieren. Auf der anderen Seite zeigen die Ergebnisse der Lern- und Motivationsforschung einhellig, dass eine Lehrstrategie, die verbunden ist mit der Abfolge »Hinsetzen – Schweigen – Zuhören – Notieren – Lernen – in der Prüfung wiedergeben« nicht dazu geeignet ist, die studentische Lernmotivation zu fördern.

Studierende motivieren

Wenn man Studierende fragt, was ihren Unterricht mehr oder weniger motivierend macht, dann ergeben sich die folgenden Merkmale, die hauptsächlich zur Förderung der studentischen Motivation beitragen:

- Enthusiasmus des Dozenten,
- Relevanz des Materials,
- Organisation des Unterrichts,
- angemessener Schwierigkeitsgrad des Materials,
- aktive Beteiligung der Studierenden,
- Variation der Lehrmethoden,
- Rapport (Beziehung, Kontakt) zwischen Dozent und Studierenden,
- Verwendung von angemessenen, konkreten und verständlichen Beispielen.

Diese Liste ist in etwa deckungsgleich mit der Liste der Merkmale, die guten Hochschulunterricht und exzellente Dozenten auszeichnen. Aus zwei Gründen kommt der Förderung der Lernmotivation eine herausragende Bedeutung zu. Zum einen ist die Lernmotivation eine der wichtigsten Voraussetzungen dafür, dass sich die Studierenden im Rahmen der Lehrveranstaltung intensiv mit den Studieninhalten auseinandersetzen. Zum anderen geht es darum, überdauernde Formen selbstbestimmter Lernmotivation und personale Interessen herauszubilden, die sicherstellen, dass sich Studierende auch außerhalb der Lehrveranstaltungen zu Hause mit Themen und Lernmaterialien beschäftigen und so die Vor- und Nachbereitung der Stunden gewährleistet ist.

Für die Aufrechterhaltung einer bestehenden Lernmotivation ist es wesentlich, dass die Ziele aus der Sicht des Lernenden realistisch und erreichbar sind. Das zugrunde liegende Lernprinzip besagt, dass die Möglichkeit eines Erfolgs motivierender ist als die Wahrscheinlichkeit eines Misserfolgs. Normalerweise wählen Menschen eher Aufgaben von mittlerem Schwierigkeitsgrad als solche, die ihnen sehr schwer oder sehr leicht erscheinen. Wenn Sie z. B. den Studierenden die Möglichkeit eröffnen, aus Aufgaben verschiedenen Schwierigkeitsgrades auszuwählen, so werden Sie sich in der Regel diejenigen Aufgaben auswählen, die für sie einen mittleren Schwierigkeitsgrad und damit die Möglichkeit eines Erfolgs beinhalten. Wenn diese Aufgaben komplexer sind, dann ist es die Aufgabe des Dozenten, die Studierenden dabei zu unterstützen, sich realistische Ziele zu setzen, die auch in der vorgesehenen Zeit erreichbar sind (Winteler, 2000).

Intrinsische und extrinsische Motivation

Gerade im Hochschulbereich hat sich eine Differenzierung zwischen einer intrinsischen und einer extrinsischen Form der Lernmotivation als nützlich erwiesen. Die intrinsische Lernmotivation ist dadurch gekennzeichnet, dass die Handlung um ihrer selbst willen ausgeführt wird, weil sie als interessant, spannend und herausfordernd erlebt wird. Dabei kann die Person motiviert sein durch die mit der Handlung verbundene Aktivität (tätigkeitsspezifische Vollzugsanreize) oder durch das Interesse am Inhalt oder Gegenstand der Handlung selbst (gegenstandspezifische intrinsische Motivation, Interesse).

Im Unterschied dazu wird bei einer extrinsischen Lernmotivation die Handlung durchgeführt, um damit positive Folgen herbeizuführen (gute Zensuren) oder negative Folgen zu vermeiden (Nichtbestehen). Diese Folgen stehen mit der eigentlichen Handlung in keiner unmittelbaren Beziehung.

Im Studium, also im Rahmen von Lehr- und Lernprozessen, die auf Inhalte oder Wissensgebiete bezogen sind, steht die Förderung und Aufrechterhaltung einer gegenstandsbezogenen intrinsischen Lernmotivation und damit eng zusammenhängender stabiler thematischer Interessen im Mittelpunkt. Die Bedeutung gegenstandsbezogener Interessen kann nicht überschätzt werden. Dies hat William James, ein amerikanischer Psychologe, bereits 1890 anschaulich beschrieben:

> *»Nur die Gegenstände, die ich wahrnehme, formen meinen Geist – ohne selektives Interesse ist die Erfahrung ein völliges Chaos. Allein das Interesse setzt Akzente und Betonungen, gibt Licht und Schatten, erzeugt Vordergrund und Hintergrund – mit einem Wort, eine verständliche Perspektive.«*

Studentenorientierte Lernumgebungen

Da vor allem intrinsisch motivierte Studierende Lernstrategien verwenden, die Tiefen- und Bedeutungslernen ermöglichen, kann man indirekt darauf schließen, welche Umweltmerkmale intrinsisch motivierend wirken. Es sind die einer studentenorientierten Lernumgebung. Diese Lernumgebung ist charakterisiert durch Dozenten, die

- klare Lernziele formulieren,
- den Studierenden sagen, was sie von ihnen erwarten,
- die Relevanz der Veranstaltung verdeutlichen,
- die Prüfungskriterien offen legen,
- die Veranstaltung interessant gestalten,
- gut erklären können,
- Gelegenheit zu Fragen geben,
- den Studierenden Möglichkeiten zu unabhängigem Lernen (was und wie sie lernen) einräumen,
- angemessene und hilfreiche Rückmeldungen geben,
- Zeit für Beratungsgespräche haben,
- versuchen, die studentischen Lernschwierigkeiten zu verstehen.

Fakultäten, in denen die Studierenden versuchen, dem Stoff oder der Aufgabe Sinn und Bedeutung abzugewinnen (personal meaning orientation) werden von diesen Studierenden als eine Lernumgebung wahrgenommen, in der gute Lehre und Lernfreiheit vorherrschen. Im Gegensatz dazu beklagen Studierende mit hoher Tendenz zum Auswendiglernen und

Reproduzieren des Stoffes (reproducing orientation) in ihren Fakultäten die zu hohe Arbeitsbelastung und die zu geringen Freiheitsgrade beim Lernen.

Hiermit stimmen die Beobachtungen zu den Bedingungen überein, unter denen vorhandenes Interesse und intrinsische Motivation reduziert wird. Hierzu gehören insbesondere das Einengen von Spielräumen und Wahlmöglichkeiten (fehlendes Autonomieerleben), Rückmeldungen über den Lernfortschritt in einer Art, die als massive Kontrolle erlebt wird (fehlendes Kompetenzerleben), sowie ein Unterrichtsklima, das durch fehlende Partnerschaftlichkeit und fehlende Kooperation charakterisiert ist (fehlendes soziales Eingebundensein).

Merkmale motivierender Lernumgebungen

Versucht man, diejenigen Prinzipien herauszustellen, die gewissermaßen den kleinsten gemeinsamen Nenner der motivierenden Merkmale von Lernumgebungen ausmachen, so sind dies:

1. *Komplexe Ausgangsprobleme:* Im Ausgangspunkt des Lernprozesses steht in der Regel ein komplexes Problem. Dies wird meist direkt damit begründet, dass die Komplexität Neugier erzeugt und die Lernenden motiviert, sich intensiver mit ihm auseinander zu setzen und sich relevantes Wissen zu erarbeiten. Von komplexen Ausgangsproblemen (und nicht von einfach und gut strukturierten!) wird somit erwartet, dass sie eine intrinsische Lernmotivation fördern.
2. *Authentizität:* Die Problemstellung soll vom Lernenden als realistisch, authentisch und lebensnah wahrgenommen werden. Auch dies wird meist motivationspsychologisch begründet: Wer einen persönlichen Bezug herstellen kann und Anwendungsmöglichkeiten sieht, ist motivierter.
3. *Multiple Perspektiven:* Eine wichtige Grundlage für situiertes Lernen ist die Verfügbarkeit multipler Kontexte und Perspektiven. Indem Studierende ermuntert werden, etwa ein neu erkanntes physikalisches Prinzip auf mehrere, leicht variierende Fragestellungen oder unter unterschiedlichen Zielsetzungen hin anzuwenden, lernen sie, ihr Wissen flexibel anzuwenden und Beziehungsstrukturen zu elaborieren. Nun kann das Prinzip der multiplen Perspektiven auch als motivfördernde Maßnahme gesehen werden, denn durch die Konfrontation mit anderen Perspektiven können kognitive Konflikte erzeugt werden, die wiederum die Neugier der Lernenden wecken.
4. *Artikulation und Reflexion:* Damit neues Wissen nicht an den Anwendungskontext gebunden bleibt, in dem es erworben wurde, sollen Lernende wie Lehrende die eigenen Denkprozesse verbalisieren und mit den von ihren Interaktionspartnern artikulierten Ideen und Vorstellungen vergleichen. Kooperationen zwischen Lehrenden und Lernenden geben letzteren die Gelegenheit, Denkmuster, Expertenkniffe und Konventionen kennen zu lernen, die in einer Expertenkultur vorherrschen. Zugleich geht es jedoch mit einer intensiven Interaktion zwischen Lehrenden und Lernenden einher, die einerseits viele Rückmeldungen beinhaltet, die das Kompetenzerleben fördern können, andererseits aber auch soziale Einbindung unterstützt.
5. *Lernen im sozialen Austausch:* Sozialen Interaktionen zwischen Lernenden sowie zwischen Lehrenden und Lernenden wird ebenfalls aus zwei Gründen eine hohe Bedeutung zugemessen. Zum einen soll das gemeinsame Arbeiten Studierende anregen, ein Problem aus verschiedenen Perspektiven zu beleuchten und damit die flexible Anwendung des Wissens fördern. Zum anderen kann kooperatives Lernen die Lernmotivation steigern, wenn es gelingt, die Identifikation der Lernenden mit der Gruppe herzustellen.

7.16 Checkliste: Motivierung

- Gestalten Sie die Lernumgebung um den Gegenstand des Lernens herum möglichst positiv.
- Gehen Sie positiv auf die möglichen Erwartungen, Annahmen und irrtümlichen Überzeugungen ein, die einer negativen Einstellung des Lernenden zugrunde liegen können.
- Entfernen Sie Bestandteile der Lernumgebung, die Furcht auslösen oder zu Misserfolg führen können.
- Planen Sie Aktivitäten ein, die es dem Lernenden erlauben, sich wertgeschätzt zu fühlen.
- Wechseln Sie Art und Inhalt der Lernaktivität. Beteiligen Sie den Lernenden am Lernprozess, z. B. durch Problemlösen, Rollenspiel, Gruppenarbeit, Projektstudien usw.
- Gehen Sie auf die Bedürfnisse der Lernenden ein, um den Inhalt zu gestalten und um Themenbereiche und Lehrmethoden zu entwickeln.
- Setzen Sie Ziele, die nur durch Gruppenkooperation zu erreichen sind, um die Beteiligung der Lernenden am Lernprozess und das gemeinsame Erarbeiten einer Lösung zu fördern.
- Sorgen Sie für regelmäßiges Feedback im Hinblick auf den Fortschritt der zu erreichenden Lernziele.
- Betonen Sie die Verantwortung des Lernenden für die Erreichung des Lernziels.
- Unterstützen und verstärken Sie alles, was zu erfolgreichem Lernen beiträgt.
- Geben Sie den Studierenden Zeit, ihren Erfolg zu genießen. Wenn Studierende sich ihre Diplomurkunde beim Pedell im Keller abholen müssen, dann zeugt dies nicht gerade von einer adäquaten Würdigung ihrer Leistung (wie ich höre, soll dies an einer Technischen Universität sogar für den Empfang von Promotionsurkunden der Fall – wie ich hoffe, gewesen – sein).

8 Ein Kapitel für sich: Prüfungen

Wer Ausbildung *sagt,*
muss auch Beurteilung *sagen,*
oder:
Ohne Lernziel keine Prüfung.

Ausgangspunkt dieses Kapitels sind die Probleme, die sich Lehrenden bei der Prüfungsvorbereitung, während des Prüfungsgeschehens in schriftlichen und mündlichen Prüfungen und bei der Beurteilung der Prüfungsleistung stellen. Da nach meinem Verständnis Lehren Hilfe zur Selbstorganisation von Lernen (»Lernen machen und ermöglichen«) bedeutet, geht es auch um Probleme, denen die *Studierenden* bei der Prüfungsvorbereitung und in den Prüfungen selbst ausgesetzt sind. Beide Aspekte hängen zusammen.

In einem ersten Schritt werden auftretende Probleme im Zusammenhang mit Prüfungen genauer gefasst. Das ist die Grundlage für die Erarbeitung von (alternativen) Möglichkeiten der Vorbereitung und Durchführung von Prüfungen und der Bewertung von Prüfungsleistungen.

8.1 Funktionen von Hochschulprüfungen

Die wesentlichen Funktionen, welche Hochschulprüfungen zugeschrieben werden können, lassen sich in drei Kategorien einordnen (Flechsig):

Rekrutierungsfunktion
- Qualifikationsnachweis
- Platzierung
- Auslese

Didaktische Funktion
- zeitlich-inhaltliche Gliederung des Studiengangs
- Orientierung der Lehrenden und Lernenden
- Rückmeldung des Lehr-Lernerfolgs an Lehrende und Lernende
- Motivation
- Diagnose von Lernvoraussetzungen

Herrschafts- und Sozialisationsfunktion
- Initiationsritus
- Statusverleihung
- Legitimation

8.2 Vorbereitung und Durchführung

Im »Strukturplan für das Bildungswesen« hat der Deutsche Bildungsrat bereits eine hierarchische Klassifikation der Lernziele vorgeschlagen, die eine vereinfachte Version der von Bloom et al. entwickelten Lernzieltaxonomie darstellt. In ihr werden vier Ebenen kognitiver Operationen unterschieden:

1. *Reproduktion* (= Kennen): Wiedergabe von gelerntem Stoff aus dem Gedächtnis (Fakten, Formeln, Details aufsagen, aufzählen, benennen usw.).
2. *Reorganisation* (= Verstehen): Selbständige Verarbeitung und Strukturierung des Ge-

lernten (Begriffe, Regeln, Definitionen, Klassifikationen, Vergleiche, Zuordnungen usw.).

3. *Transfer* (= Anwenden): Übertragung des Gelernten auf neue ähnliche Aufgaben (Modelle, Gesetze, Methoden auswerten, umsetzen, gestalten, handhaben, überprüfen usw.).
4. *Problemlösung* (= Beurteilen): Kritische Bewertung des Gelernten und das Aufsuchen neuer Lösungsansätze (Theorien ableiten, analysieren, begründen, folgern, planen usw.).

Fragen Sie sich, welche kognitiven Leistungen Sie von Ihren Studierenden in welchem Umfang in der Prüfung erwarten. Lernen es die Studierenden in Ihren Lehrveranstaltungen, genau diese kognitiven Leistungen zu üben, damit sie in der Lage sind, sie auch in der Prüfung zu erbringen?

Prüfungsvorbereitung

Die folgenden Aspekte der Prüfungsvorbereitung werden Ihnen die Prüfung erleichtern.

- *Prüfungsvereinbarungen aushandeln:* Die alle Beteiligten verpflichtenden Regeln sind als Merkblatt für Prüfungen auszuhängen. Sie schaffen Sicherheit und reduzieren Prüfungsangst.
- *Prüfungsangst thematisieren:* Allein das Reden darüber entlastet bereits, sowohl Prüfer als auch Prüfling.
- *Öffentlichkeit der Prüfung:* Empfehlenswert, wenn die Prüflinge dem zustimmen. Sie grenzt die Macht der Prüfung ein und sorgt für mehr Sicherheit bei den zukünftigen Prüflingen.
- *Prüfungsthemen:* Arbeitsstil und Schwerpunkte des Prüflings sollten mit bevorzugten Fragen und Themengebieten des Prüfers zur Deckung gebracht und Wahlmöglichkeiten für den Prüfling eröffnet werden.
- *Persönliche Voraussetzungen verbessern:* Verhaltensmöglichkeiten sollten in realitätsnahen Situationen und Simulationen geübt werden, um mehr Handlungskompetenz zu gewinnen.
- *Prüfungsvorbereitung:* Hierzu sollten Veranstaltungen eingerichtet und den Studierenden Anregungen gegeben werden, angefangen von der Teilnahme an Prüfungen und der Befragung von Studierenden über Prüfungen, von Prüfern über Prüfungskriterien, Prüfungsstile und Bewertungsmaßstäben bis zur Bildung von Arbeitsgruppen und Simulation von Prüfungen.

Prüfungsablauf

Eine ruhige und zuversichtlich-ermutigende Ausstrahlung des Prüfers ist für die Befindlichkeit des Prüflings (und die des Prüfers!) außerordentlich wichtig.

In der Regel sind die Prüfer darum bemüht, den Prüfungseinstieg so zu gestalten, dass der Prüfling in der Prüfung ermutigt und entspannt beginnen kann. Die verwendeten Varianten reichen vom förmlichen Einstieg (»Nennen Sie mir doch zunächst einmal Ihren Namen.«), über den sachbezogenen (»Sie haben sich vorbereitet auf das Thema ...«, »Erklären Sie mir doch ...«), den offenen (»Worauf haben Sie sich denn besonders vorbereitet?«) bis hin zum vermeintlich lustigen Einstieg (»Welche Zensur hätten Sie denn gern?«, »Sie sind jetzt wahrscheinlich die Ruhe selbst!?«), den lediglich die Prüfer lustig finden.

Einstiegshinweise

Prüfer können offene und geschlossene Fragen stellen (vgl. Kap. 7.8). Der Einstieg in die Prüfung sollte aber möglichst offen gehalten werden und zunächst Spannung und Prüfungsangst abbauen. Man kann z. B. mit Formalien beginnen (Name usw., Inhalt und maximale Dauer der Prüfung, Prüfungsablauf, Bewertungskriterien), um einige Sicherheit zu schaffen. Danach kann man etwa auf die folgende Weise fortfahren:

> *»Ich weiß nicht, Herr/Frau X, wie Sie sich auf diese Prüfung vorbereitet und mit welchen Themen Sie sich besonders beschäftigt haben. Ich weiß auch nicht, ob Ihnen bestimmte*

Themen leichter als andere gefallen sind. Ich kann mir vorstellen, dass Sie vielleicht mit einem Gebiet besonders gern anfangen möchten. Welches Gebiet könnte das sein?«

Kritische Ereignisse (critical incidents)
Dies sind Situationen, in denen der Prüfling offensichtlich in Schwierigkeiten steckt, sehr nervös ist oder eine »Blockade« hat (bei der übrigens tatsächlich die neuronale Erregungsübertragung gehemmt und blockiert ist).

In solchen Situationen ist zunächst die *Unterbrechung* dieses Zustandes wesentlich für die Neuorientierung des Kandidaten, z. B. der Wechsel zu einer anderen Aufgabenstellung, der Wechsel der Darstellungsweise (das Problem auf einem Blatt Papier darstellen lassen usw.) oder auch der Wechsel der Körperhaltung.

Weitere Hilfestellungen
- *Zeit:* »Sie können sich ruhig Zeit lassen, um die Antwort zu überlegen.«
- *Beispiele:* »Wenn Sie sich einmal das folgende Beispiel vor Augen halten: …«
- *Schwierigkeitsgrad:* »Ich gebe zu, das ist eine ziemlich schwierige Frage. Sie wissen zwar viel, aber Sie können ja auch nicht alles wissen.«
- *Alternativen:* »Was meinen Sie: Ist das oder ist dies eine mögliche Lösung?«
- *Fachwörter:* »Was verbinden Sie mit dem Begriff xy?«
- *Genaues Fragen:* »Ich weiß nicht, ob Sie die Frage richtig verstanden haben. Formulieren wir es einmal anders.«

Prüfungen als Testverfahren

In die Leistungsbeurteilung gehen die Bewertungsmaßstäbe der Prüfer und externe Kriterien ein. Dies können bereits vorliegende Noten sein, Klausurnoten vor mündlichen Prüfungen, persönliche Bekanntschaft mit dem Prüfling, Vor-Urteile: (»Der nächste ist ein Überflieger!«, »Mit dem nächsten werden wir unsere liebe Not haben!«), der Einfluss der Einzelprüfung auf die Gesamtnote, das persönliche Auftreten, die Art der Prüfungsprozedur usw.

Mit Prüfungen sollen Leistungen als Ergebnis der Tätigkeit des Prüflings gemessen werden; darin ähneln sie Tests. Diese werden verstanden als wissenschaftlich begründetes Untersuchungsverfahren, das Aussagen über den Grad einer bestimmten Merkmalsausprägung erlauben soll. Daher können auch auf Prüfungen die sogenannten Gütekriterien Anwendung finden, die für standardisierte psychologische Testverfahren gelten: Objektivität, Reliabilität, Validität (Tab. 12).

Fehlerquellen

Jeder Prüfer kann jeden Prüfling eine Prüfung bestehen oder ihn bzw. sie auch »durchfallen« lassen. Wenn Sie die folgende Zusammenstellung möglicher Fehlerquellen lesen, die bei der Benotung auftreten können, dann fragen Sie sich bei der Beschreibung der einzelnen Fehlerquellen, welchen Urteilsfehlern Sie möglicherweise unterliegen und welchen nicht – und was Sie tun können, um diese(n) zu minimieren.

Verteilungsfehler
Dies sind Fehler, bei denen die Normalverteilung der Leistungen nicht ausgenutzt wird.
- *Mildefehler:* Positive Urteile werden bevorzugt (linksschiefe Verteilung).
- *Strengefehler:* Negative Urteile treten gehäuft auf (rechtsschiefe Verteilung).
- *Extremfehler:* Tendenz, extreme Urteile abzugeben (zweigipflige Verteilung).
- *Zentralfehler:* Mittlere Urteile häufen sich (eingipflig steile Verteilung).

Stellen Sie für sich selbst fest, ob Sie einer dieser Urteilsweisen zuneigen, indem Sie die Häufigkeitsverteilung Ihrer Zensuren für zahlreiche Studierenden und über einen längeren Zeitraum hin feststellen.

Verlaufsfehler
Dies sind Fehler, die aus dem zeitlichen Verlauf der Prüfung oder dem Zeitpunkt der Prüfung

Objektivität Das Ergebnis wird allein durch die Leistung des Prüflings bestimmt.		
Vorbereitungs-Objektivität	Durchführungs-Objektivität	Auswertungs-Objektivität
Alle Prüflinge verfügen über die gleichen Informationsquellen und Informationen.	Verschiedene Prüfer kommen unabhängig voneinander zu ähnlichen Ergebnissen.	Die Bewertung erfolgt anhand vorab definierter Kriterien in standardisierter Form.

Reliabilität Die Prüfung misst das, was geprüft wird, zuverlässig.	
Paralleltest-Reliabilität	Retest-Reliabilität
In einer Klausur mit den gleichen Fragen erhält der Prüfling ein ähnliches Ergebnis wie in einer mündlichen Prüfung.	In einer Wiederholung der Prüfung mit vergleichbaren Fragen (Inhalt, Schwierigkeit) wird ein ähnliches Ergebnis erzielt.

Validität Die Prüfung misst tatsächlich das, was sie messen soll. Lernziele und Bewertungskriterien sind vorab festgelegt worden.			
Inhalts-Validität	Prognostische Validität	Übereinstimmungs-Validität	Kriterienbezogene Validität
Gestellte Fragen repräsentieren das Prüfungsthema angemessen. Bewertet wird nur, was auch geprüft worden, geprüft nur, was vorher festgelegt worden ist.	Beispw. bezogen auf den Zusammenhang zwischen erreichter Note und beruflicher Bewährung.	Vergleich der Einzelnote mit der Gesamtnote, mit der Note in der Klausur bzw. in der mündlichen Prüfung.	Vergleich der Note mit Außenkriterien, welche die zu bewertenden Leistungen repräsentieren oder widerspiegeln.

Tab. 12: Gütekriterien für psychologische Testverfahren.

innerhalb des gesamten Prüfungszeitraums resultieren.

- *Primacy-Effekt:* Frühe Eindrücke werden besser behalten als spätere. Gute Antworten zu Beginn der Prüfung können spätere schlechtere Leistungen überdecken.
- *Recency-Effekt:* Eindrücke am Ende der Prüfung dominieren über frühere Leistungen, besonders dann, wenn sie deutlich davon abweichen.
- *Positions-Effekt:* Wenn über größere Zeiträume geprüft wird, zeigen sich periodische Verläufe der Notengebung.
- *Kontrast-Fehler:* Vergleichende Bewertung aufeinander folgender oder gleichzeitig geprüfter Kandidaten (einer schlechteren folgt eine bessere Bewertung et vice versa).
- *Prüfungsdauer:* Noten gegen Ende sind besser; je kürzer die Prüfung, desto geringer die Objektivität; Beurteilungskriterien verändern sich im Verlauf.

Soziale Wahrnehmungsfehler

Dies sind Fehler, die aus der Wahrnehmung von (Persönlichkeits-)Eigenschaften des Prüflings auf die Leistungsbewertung ausstrahlen.

- *Halo-Effekt:* Eine einzelne Eigenschaft, wie z. B. Sprachflüssigkeit oder sicheres Auftreten, kann erkennbare fachliche Schwachstellen abmildern.
- *Sympathie/Antipathie:* Das Gefühl stellt sich innerhalb der ersten Sekunden der Begegnung mit dem Prüfling automatisch ein und beeinflusst Prüfungsverlauf und -bewertung.
- *Vor-Urteile:* Wissen über frühere Leistungen und Verhaltensweisen beeinflusst die Wahrnehmung der aktuellen Leistung.
- *Persönlichkeit:* Der Gesamteindruck vom Kandidaten beeinflusst die Notengebung.

**Eine Alternative:
Studierende generieren Prüfungsfragen**

Eine Alternative zur üblichen Vorgehensweise, dass der Dozent Prüfungsfragen entwickelt, ist die Formulierung von Prüfungsaufgaben durch die Studierenden. Hierfür gibt es verschiedene Möglichkeiten.

Eine Möglichkeit besteht darin, die Studierenden aufzufordern, nach jeder einzelnen Veranstaltung zwei Prüfungsfragen vorzubereiten. Für die Vorbereitung sollen sich die Studierenden selbst fragen: »Welche Fragen muss ich anderen Studierenden stellen, um zu erkennen, ob sie wirklich verstanden haben, was wir in der heutigen Stunde behandelt haben?« Die gestellten Fragen sollen die Studierenden auch gleich selbst beantworten. Zu Beginn der nächsten Stunde können Sie einen Studierenden zufällig auswählen und ihn bitten, eine der Fragen und die dazugehörige Antwort zu präsentieren. Sie können fehlende oder unrichtige Informationen ergänzen oder korrigieren. Danach können Sie einen zweiten Studierenden bitten, eine weitere Frage und Antwort vorzulesen. Wenn Sie die Fragen und zugehörigen Antworten nach jeder Stunde einsammeln, haben Sie bis zur Abschlussprüfung eine »Itembank«, aus der Sie Fragen für Ihre Prüfung auswählen können.

Eine Variante dieser Vorgehensweise besteht darin, die Studierenden einige Wochen vor der Prüfung einen Satz von Prüfungsfragen entwickeln zu lassen. Hierfür benötigen Sie eine ganze Veranstaltungsstunde, da diese Prozedur in mehreren Phasen abläuft. Zunächst bitten Sie die Studierenden, sich einzeln anhand ihres Manuskripts Fragen zu überlegen, aus deren Beantwortung Sie ersehen können, ob ein anderer Student den Stoff wirklich verstanden hat. Danach bilden Sie kleinere Gruppen (drei bis fünf Teilnehmer). Die Gruppen haben die Aufgabe, sich wechselseitig über Ihre Fragen zu informieren und anschließend einen gemeinsamen Fragenpool zu erstellen. Sie können sowohl die Anzahl der einzeln entwickelten Fragen als auch die Anzahl der in der Gruppe entwickelten Fragen begrenzen (z. B. auf fünf Fragen). Die Fragen werden jeweils leserlich auf DIN-A6-Karteikarten geschrieben, die Antworten auf die Rückseite. Im Plenum stellen dann die Gruppen ihre Fragen vor und heften sie an eine aufgestellte Pinnwand. Die jeweils folgenden Gruppen haben die zusätzliche Aufgabe, ihre Fragen zu den bereits an der Pinnwand befindlichen inhaltlich zuzuordnen oder sie daneben zu heften. Anschließend sind die Gruppen aufgefordert, den zusammengestellten Fragen Überschriften zuzuordnen. Diese Überschriften werden auf eine andersfarbige DIN-A5-Karteikarte geschrieben.

Auf diese Weise erhalten Sie ein Abbild der Veranstaltung in Form von Fragen und von inhaltlichen Bereichen.

Die Vorgehensweise, Studierende selbst Fragen für die Prüfung entwickeln zu lassen, hat die folgenden Vorteile:

- Die Studierenden wiederholen den Stoff aktiv.
- Das Reflexionsniveau ist höher als bei mechanischer Wiederholung.
- Den Studierenden fallen häufig gute Fragen ein, auf die Sie noch nicht gekommen sind.
- Die Studierenden betrachten die anschließende Prüfung als »ihre« Prüfung.
- Sie als Dozent sehen sehr rasch, welche inhaltlichen Bereiche über- oder unterrepräsentiert sind.

- Sie haben Gelegenheit, auf weiße Flecken in der kognitiven Landkarte Ihrer Studierenden hinzuweisen (»Mir fällt auf, dass zum Bereich Gedächtnis nur eine einzige Frage gestellt worden ist. Wir haben diesem Thema jedoch drei ganze Stunden gewidmet«).

Natürlich bleibt es Ihnen überlassen, wie viele von diesen Prüfungsfragen Sie in die Prüfung aufnehmen bzw. welche Fragen Sie selbst noch zusätzlich für wesentlich halten. Wenn Sie das den Studierenden vor der Prüfung mitteilen, ist die Akzeptanz für dieses Vorgehen gesichert. Sie können auch beide genannten Verfahren kombinieren und sowohl im Verlauf der Veranstaltung als auch vor der Prüfung Fragen entwickeln lassen.

Wenn Sie diese Methode im Verlauf der Veranstaltung anwenden, hat dies den zusätzlichen Vorteil, dass Sie aus den gestellten Fragen leicht erkennen können, ob das Niveau der Fragen so ist, wie Sie es für erforderlich halten. Wenn lediglich Fakten abgefragt werden, dann haben Sie Gelegenheit, die Studierenden darauf hinzuweisen, dass Sie Fragen in der Prüfung stellen werden, die zusätzlich zum Wissen noch Verständnis, Anwendung, Analyse, Synthese und Beurteilung verlangen (haben die Studierenden das in Ihrer Veranstaltung auch geübt?). Als Hilfestellung können Sie ihnen einige Fragen an die Hand geben, die diese Ebenen des Lernens prüfen.

Meine Erfahrungen mit dieser Art der Prüfungsvorbereitung sind sehr gut. Die Anzahl der Beschwerden von Studierenden über unfaire Prüfungen sind seitdem auf Null zurückgegangen, und die durchschnittliche Leistung hat sich signifikant verbessert.

8.3 Checkliste: Prüfungen

Die nachfolgend zusammengestellten Hinweise können Ihnen dazu dienen, bereits bei der Planung einer Lehrveranstaltung an die zugehörige Prüfung zu denken, um die Veranstaltung und die anschließenden Prüfungen aufeinander abgestimmt durchführen zu können.

Angestrebte Lehr-/Lernziele

- Reproduktion
- Reorganisation
- Transfer
- Problemlösung/Urteilsfindung

Prüfungsvorbereitung

- Merkblatt für Prüfungen aushängen
- Prüfungsangst thematisieren
- Öffentlichkeit der Prüfung, sofern der Prüfling zustimmt
- Prüfungsthemen stimmen mit den Themen der Veranstaltung überein
- Dem Prüfling Wahlmöglichkeiten geben
- Prüflinge haben in Simulationen zuvor üben können

Prüfungsablauf

- Für ruhige und zuversichtlich-ermutigende Atmosphäre sorgen
- Prüfungseinstieg ermutigend und entspannend, Einstiegsimpuls offen gestalten
- Offene und geschlossene Fragen stellen
- Bei Blackout Aufgabenstellung oder Darstellungsweise wechseln
- Zeit lassen, um die Antwort zu überlegen
- Beispiele, Alternativen und andere Hinweise geben
- Schwierigkeitsgrad allmählich steigern
- Sicherstellen, dass die Frage richtig verstanden worden ist

Prüfung als Test

- Objektivität: Prüfungsergebnis wird ausschließlich durch die Leistung des Prüflings bestimmt, d.h. alle Prüflinge verfügen über die gleichen Informationsmöglichkeiten, werden anhand vorab definierter Kriterien in standardisierter Form bewertet und zeigen bei verschiedenen, voneinander unabhängigen Prüfern ähnliche Ergebnisse.

- Reliabilität: Prüfung misst, was geprüft wird, zuverlässig, d.h. eine andere Prüfungsform oder eine Wiederholung führt voraussichtlich zu einem ähnlichen Ergebnis.
- Validität: Prüfung misst tatsächlich, was sie messen soll, d.h. ausschließlich vorab festgelegte Lernziele, Prüfungsgegenstände und -kriterien werden geprüft und bewertet. Die erreichte Note erlaubt eine Prognose der beruflichen Bewährung.

Mögliche Fehlerquellen

- Verteilungsfehler: Der individuelle Prüfer gibt positive oder negative oder extreme oder mittlere Urteile bevorzugt ab.
- Verlaufsfehler: Bewertung wird beeinträchtigt vom ersten oder letzten Eindruck, dem Vergleich zweier aufeinander folgenden Kandidaten und der Dauer der Prüfung bzw. der Anzahl der Prüfungen. Je kürzer die Prüfung, desto geringer die Objektivität.
- Soziale Wahrnehmungsfehler: Sprache und Auftreten des Prüflings, Sympathie und Antipathie, Wissen um frühere Leistungen beeinflussen Prüfungsverlauf und -bewertung.

Möglichkeiten der Objektivierung mündlicher Prüfungen

- Katalog der Bewertungskriterien festlegen
- Aufgaben unterschiedlichen Schwierigkeitsgrades und Inhalts stellen
- Punkteschema für die Bewertung der Antworten festlegen
- Allgemeinere Fähigkeiten prüfen (s. o. Lernziele)
- Visuelle Hilfen benutzen und erlauben
- Zettelkasten mit Fragen verwenden, die zufällig gezogen werden
- Stoff in Unterthemen mit separater Bewertung aufteilen
- Durch zwei (unabhängige!) Prüfer beurteilen
- Nicht über zwei Stunden bzw. vier Prüflinge pro Tag hinaus prüfen

9 Zu guter Letzt: Evaluation

Die Forschung zeigt, dass Verbesserungen in der Lehre nur unter bestimmten Bedingungen stattfinden. Wesentliche Voraussetzung ist der Erwerb neuen Wissens über die Lehre durch einen Dozenten, der dieses Wissen wertschätzt, der weiß, wie die Lehre zu verändern ist und dazu auch die Absicht hat. Einige Studien legen nahe, dass ein alternatives, formatives System der Lehrevaluation durch Kollegen sowohl notwendig als auch wünschenswert ist, wenn Verbesserungen in der Lehre erreicht werden sollen. Eindeutig belegt ist inzwischen auch, dass die Evalutation bereits in der Mitte des Semesters stattfinden sollte. Hier hat sich besonders die strukturierte Evaluation durch kleine Gruppen von Studierenden bewährt (Small Group Instruction Diagnosis, SGID).

Doch selbst wenn Lehrende bereit sind, ihre Lehre zu verbessern, sind die wenigsten unter ihnen in der Lage, aus den Ergebnissen ihrer Evaluation darauf zu schließen, *welche* Verbesserungsstrategien sie in ihrer Lehre verfolgen sollen. Ohne zusätzliche Beratung durch Kollegen oder einen Experten sind Verbesserungen in der Lehre deshalb nicht zu erwarten.

Die Evaluation der Lehre dient nicht nur dem Zweck, die Lehre zu verbessern. Darüber hinaus stellt sie genaue und zuverlässige Daten über die Qualität der Lehre zur Verfügung und gibt, sofern sie veröffentlicht werden, den Studierenden Informationen, die ihnen bei der Auswahl von Lehrveranstaltungen helfen können. In letzter Zeit werden auch ganze Studiengänge evaluiert.

9.1 Evaluation durch studentische Kleingruppen

Hierzu werden die Studierenden in kleine Gruppen aufgeteilt und diskutieren in den Gruppen darüber,

- was ihnen an der Veranstaltung gefallen hat,
- was verbessert werden kann,
- wie diese Verbesserungen ausgeführt werden können.

Diese Methode hat außerdem den Vorteil, dass die Studierenden von ihren Kommilitonen erfahren, was diese über die Stärken und Schwächen der Veranstaltung denken. Sie wird in der Mitte des Semesters angewendet und erfordert etwa 30 Minuten Zeit. Beteiligte sind der Dozent, die Studierenden und ein studentischer Gruppenleiter. Dieser Gruppenleiter kommt von außen, er ist *nicht* Teilnehmer der Lehrveranstaltung.

Die Vorgehensweise ist wie folgt:

1. Der Dozent und der studentische Gruppenleiter besprechen vorab, wann die Evaluation stattfinden soll.
2. Der Gruppenleiter nimmt an einer Veranstaltung in der Mitte des Semesters teil und wird etwa eine halbe Stunde vor Ende der Sitzung vom Dozenten vorgestellt, der danach den Raum verlässt.
3. Der Gruppenleiter bildet studentische Gruppen, in denen die genannten drei Fragen diskutiert werden. Die Antworten werden schriftlich niedergelegt.

4. Der Dozent erhält vom Gruppenleiter eine schriftliche Zusammenfassung der Antworten aus den studentischen Kleingruppen und bespricht sie mit diesem.
5. In der nächsten Stunde werden die ersten 10 Minuten damit verbracht, die Reaktionen und Reflexionen des Dozenten auf das studentische Feedback zu diskutieren.
6. In einem weiteren Treffen diskutieren der Dozent und der Gruppenleiter die Feedback-Veranstaltung und mögliche Schlüsse.

Durch diese Methode wird in der Regel die studentische Beurteilung der Veranstaltung signifikant verbessert.

9.2 Studentenzentrierte Evaluation

Wenn Sie für sich entschieden haben, studentenzentriert zu lehren, dann muss sich auch die Evaluation der Lehre verändern. Sowohl die Überprüfungen der Lehr-Qualität als auch die hierzu herausgegebenen Empfehlungen für ihre Verbesserung fußen im Wesentlichen auf dozentenzentrierten und inhaltsorientierten Lehrkonzeptionen. Sie bewegen sich damit vorrangig innerhalb des Lehr- oder Instruktionsparadigmas.

Maßnahmen zur Qualitätssicherung in der Lehre sollten auch die den Lehrstrategien und -methoden zugrunde liegenden Orientierungen und Lehrkonzeptionen berücksichtigen. Daher ist eine Einbeziehung weiterer Kriterien in die Evaluation der Lehre notwendig. Pratt (1997; 1998) hat hierzu einen Vorschlag unterbreitet, der drei wesentliche Aspekte der Lehre enthält:

1. *Planung:* In die Evaluation der Planungsphase werden die Intentionen und Überzeugungen mit einbezogen, die zur Auswahl des Inhalts, zu den angestrebten Zielen und den verwendeten Materialien geführt haben. Eine Möglichkeit zur Erfassung bietet ein Lehrtagebuch (Lehrportfolio), in dem Werte und Überzeugungen niedergelegt sind, die den Lehrkonzeptionen zugrundeliegen. Sie können mit Kollegen diskutiert werden.
2. *Implementierung:* Die Evaluation der Implementierung bezieht sich auf die Überprüfung der Übereinstimmung zwischen Lehrkonzeptionen, Lehrstrategien und tatsächlichen Lehrhandlungen. Hier bietet sich zunächst die Beobachtung der Lehre durch Kollegen an (peer review). Bedauerlicherweise ist die Reliabilität dieser Art der Evaluation der Lehre so gering, dass sich die Methode nicht empfiehlt. Hinweise zur Verbesserung der Unterrichtsbeobachtung haben Shulman & Hutchings (1995) in ihrem »Peer Review of Teaching Project« gegeben.
3. *Ergebnisse:* Die summative Evaluation der Ergebnisse durch die Studierenden umfasst die vier Bereiche: Erreichen der angestrebten Ziele, Auftreten zusätzlicher Lerneffekte, Wert der Veranstaltung, Effektivität des Dozenten.

9.3 Selbstreflexion: Das Lehrportfolio

Wichtige Informationen über die Wirksamkeit Ihrer Lehre kann das Führen eines Lehrportfolios geben, einer Art Resümee der lehrbezogenen Tätigkeiten über eine bestimmte Zeitspanne. Hierauf bezieht sich der folgende Leitfaden, den Sie zur Reflexion Ihrer Lehre und zur Dokumentation Ihrer weiteren Entwicklung zur Professionalisierung (z. B. bei Bewerbungen) verwenden können.

Leitfaden zur Erstellung eines Lehrportfolios (Lehrbericht)

1. *Warum lehre ich so, wie ich lehre?*

- Was bedeutet für mich Lehren und was bedeutet Lernen?
- Was sollen meine Studierenden von mir lernen?
- Wie entscheide ich mich für bestimmte Lehr- und Lernverfahren?

- Was fällt mir zum Begriff Hochschullehrer ein? (z. B. »Ich komme mir vor wie ein Schauspieler/Narr/Prediger/Dompteur/Gärtner« usw.)
- Lehren verhält sich zu Lernen wie ... zu ... (z. B. Säen zu Ernten, Geben zu Nehmen, Perlen zu Säue)

2. *Was lehre ich inhaltlich?*

- Was sind die wesentlichen Inhalte meiner Lehrveranstaltungen?
- Wer sind meine Studierenden? (Anfänger, Fortgeschrittene, Diplomanden, Examenskandidaten, Doktoranden usw.)
- Wie viele Studierende habe ich in der Regel in meinen Lehrveranstaltungen?
- Welche Abschlüsse und Berufe streben die Studierenden an?
- Was weiß ich von meinen Studierenden?
- Wie viele Studierende kenne ich mit ihrem Namen?
- Sind sie freiwillig in meiner Lehrveranstaltung? Aus Interesse? Wegen der Prüfung?
- Sind es Hauptfach- oder Nebenfach-Studierende?

3. *Wie lehre ich im Allgemeinen?*

- Was tue ich täglich/wöchentlich im Hörsaal, im Übungs- oder Seminarraum?
- Wie beginne ich und wie beende ich normalerweise eine Vorlesungs-/Übungsstunde?
- Wie ist die Sitzordnung?
- Was erwarte ich von meinen Studierenden in meiner Lehrveranstaltung?
- Wie viel rede ich? Wie viel reden meine Studierenden?
- Was erwarte ich von meinen Studierenden außerhalb der Lehrveranstaltungen?
- Wie gebe ich meinen Studierenden Anweisungen?
- Wie gebe ich meinen Studierenden Rückmeldungen?
- Wie überprüfe ich den Lernfortschritt meiner Studierenden?
- Was empfehle ich meinen Studierenden als Lektüre?
- Was erwarte ich von ihnen nach der Lektüre?
- Wie ist die Präsenz und die Beteiligung meiner Studierenden?

4. *Perspektiven für meine Lehre*

- Was möchte ich besonders an meinem Lehrverhalten verbessern?
- Was würde ich gern hören, wenn meine Studierenden sich über meine Lehrveranstaltung unterhielten? Was würde ich tatsächlich von ihnen hören?
- Was würden meine Kollegen sagen, wenn sie meinen Unterricht kennen lernen würden? Was möchte ich von ihnen hören?
- Vermittele ich in meinem Unterricht tatsächlich dasjenige, was ich auch vermitteln möchte?
- Gibt es Fragestellungen und Probleme inhaltlicher Art, die für die Studierenden regelmäßig schwer zu verstehen sind?
- Was habe ich bisher getan, um das Verständnis der Studierenden zu fördern?
- Was kann ich noch tun, um ein besseres Verständnis der Studierenden zu erreichen?
- Erreiche ich die Mehrzahl meiner Studierenden mit meiner Lehrmethode? Oder erreiche ich nur diejenigen, die sich auf mich (und meinen Lehrstil) einstellen können?

5. *Aktivitäten, die mit meiner Lehre zu tun haben*

- Wie beschäftige ich mich außerhalb meiner Lehrveranstaltungen mit Lehrangelegenheiten? (Beratung und Konsultation; Herausgabe von Textbüchern, Lehrbüchern, Skripten; Aufsätze oder Bücher zur Lehre in meinem Fach; Ausschüsse zu Lehre und Studium, zu Curriculum und Studienplanung; Durchführung oder Teilnahme an Workshops zu Lehren und Lernen)

6. *Vorhaben zur Verbesserung meiner Lehre*

- Wie stelle ich fest, ob das, was ich in meiner Lehre tue, effektiv und zielführend ist?

- Welche Schritte will ich unternehmen, um meine Lehre zu verbessern?
  (Videoaufzeichnungen in der Lehrveranstaltung; Hospitationen durch und bei Kollegen; Teilnahme an Weiterbildungsveranstaltungen zu lehr- und lernbezogenen Themen; regelmäßige studentische Evaluation meiner Lehrveranstaltungen; regelmäßige Diskussion mit den Studierenden während und am Ende der Lehrveranstaltungen; Evaluation und Besprechung meiner Lehre mit Kollegen)

7. *Unterlagen und Belege für meine Angaben*

- Welche Belege habe ich für die Angaben, die ich gemacht habe?
  (Messungen des Lernfortschritts der Studierenden; Leistungskontrollen und Seminararbeiten von Studierenden; Beurteilungen durch Studierende; quantitative Daten aus studentischen Befragungen; Karrieren (z. B. Promotion); schriftliche Kommentare von Kollegen, die meine Lehre kennen/meine Lehrmaterialien gesehen haben; Lehr- und Unterrichtsmaterialien, Prüfungsaufgaben, Tests, Arbeits- und Übungsblätter; Preise und Auszeichnungen für gute Lehre; Teilnahmebescheinigungen und Zertifikate über den Besuch von Fortbildungsveranstaltungen zum Lehren und Lernen)

9.4 Checkliste: Wie es Ihnen gelingt, dass die Studierenden nie wiederkommen

Zum Abschluss finden Sie hier noch einen kleinen Ratgeber, der Ihnen sagt, wie es Ihnen gelingt, von Studierenden verschont zu bleiben, getreu dem Motto eines Dozenten: »Die Universität wäre so ein herrlicher Ort – wenn nur die Studenten nicht wären!«

Wenn Sie sämtliche der beschriebenen Verhaltensweisen zeigen (ich weiß, dass dies für Sie natürlich nicht zutrifft), dann können Sie sicher sein, dass Studierende, die zu Ihnen kommen, nie wiederkommen und dass sie es zusätzlich bedauern, jemals bei Ihnen erschienen zu sein.

- Halten Sie ihre Ankündigung der Lehrveranstaltung so kurz und inhaltsleer wie möglich.
- Schließen Sie Ihre Bürotür zu, wenn Sie anwesend sind.
- Wechseln Sie zu Beginn der Veranstaltung den Hörsaal und hinterlassen Sie keine Nachricht, wohin Sie umgezogen sind (mehrere Wechsel wirken umso sicherer).
- Halten Sie Sprechstunden »Nach Vereinbarung« ab und sagen Sie diese kurz vorher ab oder erscheinen Sie erst gar nicht.
- Kommen Sie auf die Minute genau in die Veranstaltung und beginnen Sie sofort mit dem Stoff.
- Schauen Sie während der Veranstaltung in Ihr Manuskript, auf die Folien, an die Decke, auf den Boden oder nach draußen, nur nicht auf die Studierenden.
- Schreiben Sie die Tafeln voll, reden Sie zur Tafel und wischen Sie alles möglichst schnell wieder weg, um Platz für neuen Stoff zu schaffen.
- Lassen Sie keine Fragen der Studierenden zu.
- Verlassen Sie nach der Veranstaltung den Raum so schnell wie möglich.
- Sprechen Sie über alles mit den Studierenden, nur nicht über die Fragen, die sie interessieren, usw. (Ihrer Phantasie bleibt es überlassen, weitere der unendlichen Möglichkeiten zu finden, damit die Studierenden sicher wegbleiben).

10 Das Meta-Prinzip: Aktives Lernen

Im traditionellen Unterricht, wie etwa in einer klassischen Vorlesung, ist der Dozent die meiste Zeit aktiv, und die Rolle des Studierenden beschränkt sich auf das passive Zuhören. Dahinter steht die Vorstellung, dass Wissen etwas ist, das von einem Wissenden an einen noch nicht Wissenden 1:1 übermittelt werden kann, der oder die danach ebenfalls zum/zur Wissenden wird. Daher beanspruchen Lehrende im Durchschnitt etwa 90 – 95% der Veranstaltungszeit für sich. In der Folge vergessen viele Studierende rasch das meiste von dem, was sie gelernt haben, sie merken nicht, dass sie wesentliche Konzepte missverstehen, ja, sie halten diese unvollständigen oder falschen Konzepte sogar entgegen anders lautender neuer Informationen aufrecht, und sie sind häufig unfähig, das, was sie gelernt haben, auf reale Situationen und Probleme anzuwenden.

10.1 Wenn das Lernen schief geht: Die Pathologie des Lernens

Im Folgenden wenden wir uns zunächst der »Pathologie des Lernens« zu, um dann auf erfolgreiche Therapiemöglichkeiten einzugehen, in diesem Fall auf das Prinzip des aktiven Lernens und des prozessorientierten Lehrens.

Studierende vergessen das meiste, was sie gelernt haben

Ein interessantes Ergebnis der Forschung hierzu zeigt, dass die Vergessenskurve bei Studierenden, die nach einem Jahr Fachstudium und in weiteren Abständen danach auf ihr noch vorhandenes Fachwissen getestet wurden, derjenigen Kurve verblüffend ähnelt, die auch der Psychologe Ebbinghaus bei seinen Gedächtnisversuchen mit sinnlosen Silben erkannt hat: Nach wenigen Wochen bleibt kaum noch etwas vom Gelernten übrig. Ein weiteres betrübliches Ergebnis ist, dass Studierende sich nach dem Studium weder an den Titel noch an den Inhalt einer erheblichen Anzahl von Lehrveranstaltungen erinnern können, die sie besucht haben. Diese Ergebnisse allein liefern bereits eine hinreichende Begründung für eine sorgfältige Überprüfung dessen, was wir lehren und wie wir es lehren.

Studierende missverstehen Konzepte

In einem Video (»A Private Universe«), das an der Harvard Universität aufgenommen wurde, stellten die Interviewer Absolventen der Universität am Tag ihrer Graduierung eine einfache Frage: »Warum ist es im Sommer wärmer als im Winter?« Typische Antworten lauteten etwa: »Im Sommer ist die Sonne viel näher an der Erde, und je näher sie ist, um so wärmer wird es.« Die Antworten der Studierenden zeigen deutlich, dass sie von der Richtigkeit ihrer Annahmen völlig überzeugt sind. Selbst Studierende der Physik oder Astronomie gaben solche und ähnliche Antworten, die von einem prä-kopernikanischen Weltbild zeugen. Das Video ist gedreht worden, um zu zeigen, wie unglaublich resistent mentale Modelle, sind sie erst einmal gebildet, gegenüber Veränderungen sind, besonders dann, wenn diese Veränderung mit traditionellen Lehrmethoden versucht wird.

In einer groß angelegten Untersuchung zur verändernden Wirkung verschiedener Lehrmethoden auf bestehende Konzeptionen und Überzeugungen über Mechanik bei Studierenden wurde ermittelt, ob deren Konzeptionen prä-newtonianisch oder post-newtonianisch sind. In den traditionellen Veranstaltungen (Vorlesung, Laborexperimente, Richtig-falsch-Prüfungen) waren die Veränderungen der Überzeugungen sehr gering, unabhängig davon, welche Dozenten die Einführungsveranstaltung in Physik abhielten.

In den Lehrveranstaltungen mit (inter-)aktiven Formen des Lehrens und Lernens (»heads-on«), mit problemorientierten Laborübungen (»hands-on«) und mit unmittelbarem Feedback durch die Diskussion mit Kommilitonen und Dozenten war der Effekt wesentlich deutlicher. Der Unterschied reichte aber immer noch nicht aus, um bei allen Studierenden eine entscheidende Veränderung der bestehenden (falschen oder unvollständigen) Überzeugungen zu bewirken.

Wenn Sie jetzt den Kopf schütteln und sich wundern, dann lesen Sie den folgenden Satz und kommentieren Sie ihn: »Die Sonne geht unter.« – *Denkpause* –

Das sagen wir normalerweise, denn wir können es ja sehen, wie die Sonne untergeht. Sie jedoch wissen wahrscheinlich, dass es keineswegs die Sonne ist, die untergeht, sondern dass die Erdrotation diesen Effekt hervorruft. Und dennoch erfreuen wir uns an herrlichen Sonnen*untergängen*.

Studierende können absolut davon überzeugt sein, etwas verstanden zu haben – was in Wirklichkeit jedoch nicht der Fall ist. Wenn Studierende zentrale Begriffe, Theorien und Konzepte nicht richtig verstanden haben, dann entwickeln sie ihre privaten Vorstellungen darüber, wie die Welt funktioniert, denn das menschliche Gehirn ist ständig auf der Suche nach Sinn. Diese Vorstellungen können erstaunlich resistent sein, und dies sogar unter Einfluss einer exzellenten Lehre.

Wenn Medizinstudenten das Herz als eine simple Pumpe missverstehen, dann kann dies später zu Problemen führen, wenn sie mit schweren Formen der Kardiopathologie konfrontiert werden. In der Biologie kann es zu Missverständnissen über Evolution und die natürliche Selektion kommen.

Die meisten Studierenden haben eine Lamarck'sche Vorstellung davon, wenn sie solche Kurse beginnen. Sie sind überzeugt davon, dass die von einer Generation gelernten Merkmale auf die nächste Generation vererbt werden. In der Lehrveranstaltung wird jedoch Darwins Lehre vertreten. In den Prüfungen dazu schneiden die Studierenden auch gut ab. Monate später, noch einmal getestet, feierte Lamarck bei den meisten fröhliche Wiederauferstehung.

Studierende verfügen über träges Wissen

Träges Wissen ist solches Wissen, dass zwar im Kopf bereit liegt, mit dem die Studierenden jedoch nicht umgehen können, außer dass sie sich daran erinnern. Benjamin Bloom, der durch die Entwicklung einer Taxonomie der pädagogischen Lernziele bekannt geworden ist (s. S. 38), hat das Wissen von Studierenden anhand dieser Taxonomie überprüft. Er konnte zwei Gruppen von Studierenden unterscheiden, die beide über den gleichen Wissensbestand verfügten. Die eine Gruppe konnte dieses Wissen nicht anwenden bzw. es nicht für die Analyse, Synthese oder Beurteilung von neuem verwenden. Die andere Gruppe zeigte ein höheres Verständnis des Gelernten und konnte es auf neue Situationen und Problemstellungen anwenden.

Die Reaktion: Mehr von dem Gleichen

Eine häufig beobachtete Reaktion von Lehrenden, die feststellen, dass Studierende das meiste vergessen haben, dass sie vieles nicht richtig verstanden haben und dass sie ihr Wissen nicht für Problemlösungen anwenden können, ist die

Lehrstrategie: »Noch mehr von dem Gleichen.« Da sie anscheinend nicht genug Stoff »gebracht« haben, müssen sie noch mehr von diesem Stoff bringen, um sicherzustellen, dass die Studierenden auch wirklich und endlich alles verstehen. Das Ergebnis ist jedoch lediglich noch mehr von der oben beschriebenen Pathologie.

Wie können diese Phänomene erklärt werden?
Wenn jemand eine erworbene Gewohnheit oder eine Fertigkeit ändern möchte (haben Sie schon einmal versucht, Ihre Lehrmethoden, Ihr Lehrverhalten und Ihren Lehrstil zu verändern?), dann kommt es in der Regel zu dem, was wir als Lernschwierigkeiten bezeichnen. Dieses Phänomen wird häufig von Dozenten und auch von Trainern beobachtet. Lernschwierigkeiten können jedoch unter einer bestimmten Perspektive als durchaus normale und universelle Merkmale der kognitiven Entwicklung von Menschen verstanden werden. Lernschwierigkeiten entstehen demnach als natürliches Ergebnis der Tendenz des Gehirns, bereits Gelerntes im Angesicht neuer Erfahrungen, die im Widerspruch dazu stehen, zu beschützen und zu bewahren. Wenn in diesem Fall das neu zu Lernende dennoch weiter geübt wird oder geübt werden muss, dann stellt sich der Erfolg sehr viel später oder gar nicht ein. Häufig verfliegt er nach wenigen Wochen wieder, und das alte Verhalten tritt erneut an seine Stelle.

Woran kann das liegen?
In der Gedächtnispsychologie gibt es ein Phänomen, das proaktive Interferenz oder Hemmung genannt wird. Dieses Phänomen ist eine wichtige Ursache für das Vergessen von neu gelerntem Verhalten. Es bedeutet, dass früher Gelerntes das Behalten von später Gelerntem in bestimmten Fällen stört oder sogar verhindert. Dies ist z. B. dann der Fall, wenn das später Gelernte eine mittlere Ähnlichkeit mit dem zuvor Gelernten aufweist, wie z. B. bei italienischen und spanischen Vokabeln. Dies ist auch dann der Fall – und das ist für unsere Diskussion besonders relevant – wenn das später zu Lernende im Widerspruch zum zuvor Gelernten steht. Der Schutzmechanismus des Gehirns, Gelerntes zu bewahren, führt dann zu beschleunigtem Vergessen des neu Gelernten. Dieses Phänomen tritt auf bei Konzepten, Theorien und Ideen, die in Lehrveranstaltungen vorgestellt werden und die im *Widerspruch* zu in den Köpfen der Studierenden bereits vorhandenen Konzepten, Theorien oder Ideen stehen (dies gilt im übrigen nicht nur für Studierende, sondern auch für Dozenten, die ihren Unterricht nach bestimmten Konzepten des Lehrens und Lernens gestalten).

10.2 Damit das Lernen gut geht: Aktives Lernen

Aus den Ergebnissen der Lernpsychologie lassen sich auch Strategien ableiten, um das studentische Lernen effizienter zu gestalten. Denn die meisten Lernstrategien, die Studierende einsetzen, sind (bis auf eine) wenig geeignet, um ein tieferes Verständnis des Stoffes zu bewirken. In der Folge beklagen sich viele Studierende darüber, dass sie wenig Nutzen aus ihrem Selbststudium ziehen, dass sie trotz Vorbereitung keine besseren Prüfungsergebnisse erzielen oder dass sie sich während der Prüfung nicht an das zuvor Gelernte erinnern können. Dies ist eine völlig normale Reaktion des Gedächtnisses auf die eingesetzten (und ungeeigneten) Lernstrategien.

Erkennungsgedächtnis und Erinnerungsgedächtnis

Wenn Studierende einen Abschnitt in einem Buch, einem Manuskript oder in ihren Aufzeichnungen wiederholt lesen, dann ist sowohl das Erkennungsgedächtnis als auch das Erinnerungsgedächtnis (mit zum Stoff assoziierten Ideen) in Aktion. Dies erweckt bei den Studierenden den falschen Eindruck, dass sie den Stoff schon kennen und weiteres Üben nicht mehr notwendig ist. In der Prüfung, in der es auf das Erinnerungsgedächtnis ankommt, können sie dann das Wissen nicht aktiv erinnern.

Was können die Studierenden tun?
Sie dürfen sich nicht auf das Erkennungsgedächtnis verlassen. Dies erfordert gleiche oder ähnliche Prüfungsfragen wie zum vorherigen Stoff, eine Bedingung, die selten in Prüfungen gegeben ist. Übung ist eine unverzichtbare Bedingung für die Funktion des Erinnerungsgedächtnisses. Dies kann im Selbststudium oder in einer optimal strukturierten und organisierten Gruppenarbeit erfolgen (vgl. Kap. 11.5).

Wenn Studierende zu Hause studieren, dann kann ihnen für das Lernen wesentlicher Stoffabschnitte die folgende Lernstrategie helfen:

1. *Lesen und notieren:* Lesen Sie den zu lernenden Abschnitt sorgfältig durch und machen Sie sich in ihren eigenen Worten (kurze!) Notizen zu den wesentlichen Punkten.
2. *Aktiv wiedergeben:* Legen Sie die Unterlagen weg, erinnern Sie sich an die wesentlichen Punkte des Gelesenen und schreiben Sie diese auf. Zunächst werden die Notizen nicht vollständig sein.
3. *Wiederholen:* Wiederholen Sie die Punkte (1.) und (2.) weitere zweimal. Die Zeit, die Sie hierfür benötigen, wird immer kürzer und gleichzeitig verändert sich Ihr Verständnis des Textes signifikant. Und was Sie verstanden haben, das behalten Sie auch längerfristig.

Wenn dennoch Vergessen eintritt, dann liegt dies vermutlich an neuen Informationen, die Ihren bestehenden Konzepten widersprechen oder aber an fehlender Lernmotivation (vgl. Kap. 12).

Das Lerntagebuch
Eine weitere Methode, Studierenden Rückmeldungen über ihr Lernverhalten und Zeitmanagement zu geben, ist die Führung eines Lerntagebuchs über einen bestimmten Zeitraum (z. B. zwei Wochen) während des Semesters durch die Studierenden. In eigenen Untersuchungen hierzu haben wir festgestellt, dass der größte Lerneffekt für die Studierenden in einer realistischeren Einschätzung ihres Lernaufwands und ihrer »time on task« besteht.

11 Lehrstrategien, die das aktive Lernen fördern

Eine weitere mögliche Lösung besteht darin, Lernen als etwas zu betrachten, dass interaktiv und konstruktiv ist und am besten in Lerngemeinschaften geschieht. Hierzu gehören Lehrmethoden, die das aktive Lernen und damit Aktivität, Reflexivität, Kooperation und Begeisterung unter den Lernenden in Lerngemeinschaften fördern.

Damit wird auch der Erkenntnis Rechnung getragen, dass Lernende ihr Wissen aktiv konstruieren und dazu ihr Vorwissen, mentale Prozesse und ihre bisherigen Erfahrungen verwenden, um neue Informationen in ihre bereits bestehenden Wissensstrukturen zu integrieren. Das Prinzip des aktiven Lernens ist der Schlüssel dazu.

Der Begriff »aktives Lernen« ist nicht präzise definiert. Dennoch gibt es einige Merkmale, die gewöhnlich mit diesem Begriff verbunden werden:

- Die Studierenden sind über das reine Zuhören hinaus beteiligt.
- Es wird mehr Wert darauf gelegt, die studentischen Fertigkeiten und Fähigkeiten zu entwickeln, als Informationen zu übertragen.
- Die Studierenden werden zu höherwertigem Denken angeregt (Analyse, Synthese, Evaluation).
- Die Studierenden werden aktiviert (lesen, diskutieren, schreiben).
- Es wird größerer Wert darauf gelegt, dass die Studierenden ihre eigenen Konzepte, Einstellungen und Werte erkunden.

Aktives Lernen im Unterricht führt dazu, dass die Denkprozesse der Studierenden sich auf einer höheren Ebene befinden. Studierende bevorzugen gegenüber der traditionellen Vorlesung gut geplante Lehrstrategien, die das aktive Lernen und über die Beherrschung des Inhalts hinaus die Entwicklung der Denk- und Schreibfähigkeiten fördern. Diese Lehrstrategien entsprechen auch eher den bevorzugten Lernstilen der meisten Studenten.

In diesem Kapitel stellen wir Lehrstrategien vor, die das aktive Lernen fördern. Zu den klassischen Lehrveranstaltungen, wie Vorlesungen, Seminaren und Übungen, bilden sie sinnvolle Ergänzungen, die das studentische Lernen erleichtern. Aktives Lernen bezeichnet alles, was die Studierenden während des Unterrichts tun, außer passiv zuzuhören. Dies reicht vom Lernen, wie man aktiv zuhört, über kurze schriftliche Übungen, in denen die Studierenden auf Teile der Vorlesung reagieren, bis hin zu Gruppenübungen, in denen sie das Gelernte auf reale Situationen anwenden oder neue Probleme zu lösen lernen.

Der Übergang zu aktivem Lernen ist sowohl für Dozenten als auch für Studenten nicht einfach. Wenn Lehrende versuchen, Lehrmethoden einzuführen, welche die aktive studentische Beteiligung erfordern, stoßen sie oft auf Widerstand und Beschwerden von Studierenden, die eine Lerngeschichte als passive Zuhörer hinter sich haben. Dann ist die Versuchung groß, zu traditionellen Lehrmethoden wie der Vorlesung zurückzukehren. Es gibt jedoch gute

Möglichkeiten, den Übergang vom passiven zum aktiven Lernen elegant zu gestalten:

1. Zunächst ist es wesentlich, dass Sie Ihre Erwartungen an die aktive Beteiligung der Studierenden zu Beginn einer Veranstaltung deutlich äußern, dies begründen und gleich in der ersten Stunde die Studierenden tatsächlich aktiv beteiligen.
2. Weiterhin ist es wichtig, dass die Art der ausgewählten Aktivitäten sich in Übereinstimmung mit den angestrebten Lehrzielen befindet und dass sie wohl überlegt sind. Wenn z. B. in Gruppenarbeiten die Aufgaben nicht deutlich genug formuliert sind und der Zeitansatz unrealistisch ist, dann ist es besser, aktive Lehrmethoden erst gar nicht einzuführen.
3. Schließlich müssen sich Lehrende und Lernende allmählich an die Veränderungen gewöhnen, die für das aktive Lernen erforderlich sind. Wenn Sie als Lehrende von Anfang an mit den Studierenden darüber sprechen, was Sie gemeinsam mit ihnen zu erreichen versuchen wollen und warum Sie dies tun, dann erhöht sich die Bereitschaft der Studierenden, sich auf diese für sie zum Teil neuen Lehr- und Lernmethoden einzulassen und das Ganze als ein interessantes und spannendes Experiment aufzufassen.

Prozessorientiertes Lehren

Lehrstrategien einzusetzen, die das aktive Lernen fördern, bedeutet, dass Sie nach den Grundsätzen eines prozessorientierten Unterrichts handeln. Ihre Rolle als Lehrender besteht dann hauptsächlich darin, den studentischen Lernprozess zu steuern und zu unterstützen. Dabei gehen Sie nach folgenden Prinzipien vor:

1. *Passung:* Sie stimmen Ihre Lehrstrategien auf den Stand der intellektuellen Entwicklung und den Entwicklungsstand der studentischen Lernstrategien ab.
2. *Anforderung:* Sie ermutigen Ihre Studenten, neue Lern- und Denkstrategien auszuprobieren.
3. *Modell:* Sie demonstrieren den Nutzen von Lern- und Denkstrategien und den Prozess der Wissenskonstruktion in Ihrem Fach.
4. *Aktivierung:* Sie regen die Studierenden an, bestimmte Lern- und Denkstrategien zu erproben.
5. *Beratung:* Sie stehen Studierenden als Lernberaterin und Begleiter (guide on the side) zur Verfügung, wenn diese bereits über Lernstrategien verfügen, die sie zu selbstreguliertem Lernen befähigen.
6. *Evaluation:* Sie beurteilen die Qualität des studentischen Lernens und der Lernergebnisse mit adäquaten Methoden.

Qualitativ hochwertiges Lernen findet dann statt, wenn das vorhandene Ausmaß der Selbststeuerung des studentischen Lernens mit der Lehrstrategie des Dozenten und damit dem Ausmaß der Steuerung des Lernens durch den Dozenten übereinstimmt oder aber gut dosiert davon abweicht. Wenn Lernstrategien und Lehrstrategien übereinstimmen, dann ist *Passung* vorhanden. *Interferenz* entsteht dann, wenn eine Lehrstrategie nicht mit den zur Verfügung stehenden Lernstrategien übereinstimmt und diese Diskrepanz negative Effekte auf den Lernprozess, die Lern- und Denkfähigkeiten der Studierenden oder die Lernergebnisse hat. *Herausforderung* bedeutet, dass eine dosierte Diskrepanz zwischen dem Stand der Entwicklung der Lernstrategien der Studierenden und der neuen Aufgabe besteht, die von ihnen zu bewältigen ist. Dieser Zusammenhang ist in Tab. 13 dargestellt.

Dozentenzentrierter Unterricht ist dann angebracht, wenn die Studierenden noch nicht über die Lernstrategien verfügen, die notwendig sind, um sich den Stoff anzueignen. Dann kann der Dozent z. B. erläutern, wie er oder sie die Beziehungen zwischen Konzepten oder Theorien sieht, welche die Studierenden noch nicht erkennen. Wenn er oder sie dabei laut denkt, kann dies als Modell dienen, wie sie an solche Vergleiche herangehen können, und damit ihre Lernstrategien erweitern.

Selbststeuerung studentischen Lernens	Lehrstrategie		
	dozentenzentriert	interaktiv	studentenzentriert
hoch	Interferenz	Interferenz	Passung
mittel	Interferenz	Passung	Herausforderung
niedrig	Passung	Herausforderung	Interferenz

Tabelle 13: Passung zwischen Selbständigkeit studentischen Lernens und Lehrstrategie der Dozenten.

Interaktiver Unterricht kann stattfinden, wenn die Studierenden bereits über ein mittleres Ausmaß an selbständigen Lernstrategien verfügen und diese weiter entwickelt werden sollen, z. B. zur Anwendung des Wissens. Gruppendiskussionen bieten hier geeignete Herausforderungen, um zu eigenem kritischen Denken anzuregen. Interferenzen treten dann auf, wenn der Dozent die Studierenden auffordert, Lernstrategien anzuwenden, die sie bereits beherrschen, z. B. Anwendung des Gelernten auf reale Situationen.

Im studentenzentrierten Unterricht beherrschen die Studierenden die notwendigen Lernstrategien bereits gut und wenden sie auch richtig an. Interferenz tritt hier auf, wenn Dozenten z. B. verlangen, dass sie nach ganz bestimmten Texten lernen und sie genau darüber und über nichts anderes geprüft werden. Interferenz tritt auch auf, wenn die Studierenden noch nicht über die notwendigen Lernstrategien verfügen, sie jedoch bereits von ihnen verlangt werden.

Lehrmethoden, die das aktive Lernen fördern, können generell auf einer Skala angeordnet werden, die von starker Dozentenzentrierung bis zu sehr geringer Dozentenzentrierung (und d. h. hoher Studentenorientierung) reicht. Im Folgenden gehen wir auf drei Positionen ein: dozentenzentrierter, interaktiver und studentenzentrierter Unterricht. Wir beginnen mit einer klassischen Veranstaltungsform, der Vorlesung, gehen dann über zu Diskussionsveranstaltungen, wie Übungen und Seminaren, und schließen mit dem kooperativen Lernen, dem Teamlernen und dem problemorientierten Lernen ab.

11.1 Dozentenzentrierte Lehrstrategien

Das Überleben der Vorlesung als Lehrmethode ist in jeder Hinsicht bemerkenswert. Die Vorlesung ist wahrscheinlich die älteste Lehrmethode und bleibt bis heute die häufigste Form des Unterrichts an Hochschulen – und dies, obwohl die Forschung gezeigt hat, dass klassische Vorlesungen vergleichsweise ineffektiv sind, besonders dann, wenn Sie nicht mit alternativen Lehrstrategien kombiniert werden. Genauso gut, wie Sie daran arbeiten können, ihre Vorlesung zu verbessern, können Sie sich als Erstes überlegen, ob die Vorlesung die beste Lehrstrategie ist, um Ihre Lehrziele zu erreichen. Die Vorlesung ist durchaus angemessen für das Erreichen einiger Lehrziele und sehr unangemessen für das Erreichen anderer Lehrziele.

Die Vorlesung ist ein dozentenzentrierter Unterricht, wenn sie als Frontalunterricht gehalten wird. Sie umfasst sequenzierte und strukturierte Aktivitäten in der Absicht, Wissen vom Dozenten an den Studierenden zu vermitteln. Diese Lehrstrategie bedeutet, dass der Lehrende den Studierenden deren eigene Lernaktivitäten aus der Hand nimmt. Damit entfällt für die Studierenden weitgehend die Notwendigkeit, selbständig zu denken.

Frontalunterricht ist dann gerechtfertigt, wenn ein wohl definiertes Wissensgebiet oder eine Fertigkeit unterrichtet wird, die alle Studierenden beherrschen müssen, wenn der Hauptzweck die Informationsvermittlung ist, wenn der Stoff nicht bereits anderweitig verfügbar ist oder wenn die direkte Instruktion als Einführung einer danach zu bewältigenden Aufgabe notwendig ist.

Vorlesungen

Die beiden Hauptmerkmale effektiver Vorlesungen sind *Klarheit* und *Enthusiasmus*. In der Vorlesung haben Sie eine sehr gute Gelegenheit, Ihr Interesse am Gegenstand des Studiums zu demonstrieren. Den Studenten Ihren persönlichen Enthusiasmus für die Sache zu vermitteln, kann kein Buch oder anderes Medium jemals leisten. Enthusiasmus stimuliert das Interesse und interessierte Studierende lernen mehr und besser. Vorlesungen können auch ein gutes Rollenmodell für die Studierenden darstellen, denn Sie sehen Sie als Experten oder Expertin in Aktion. Die Art und Weise, wie Sie mit dem Wissen umgehen, kann für die Studierenden wegweisend für ihr eigenes Studium sein. In Vorlesungen können Sie außerdem Dinge vorstellen, die anders nicht verfügbar sind, z. B. Forschungsergebnisse oder letzte Entwicklungen in Ihrem Fach, die noch nicht publiziert sind. In Vorlesungen können Sie vielen Studenten zur gleichen Zeit Stoff vermitteln. In Vorlesungen haben Sie ein Maximum an Kontrolle: Sie wählen das Material aus, Sie entscheiden, ob Sie Fragen beantworten und was sonst noch in der Vorlesung geschieht. Auf der anderen Seite sind Vorlesungen für die Studierenden nicht bedrohlich. Sie müssen nicht befürchten, aufgefordert zu werden, etwas zu tun oder zu demonstrieren – was einige Studenten durchaus schätzen. In Vorlesungen kann man durch Zuhören lernen, was ein Vorteil für Studierende ist, die auf diese Weise gut lernen können.

Aber es gibt nicht zu übersehende Nachteile der Lehrstrategie Vorlesung. Der Student befindet sich in einer passiven Rolle, Passivität kann Lernen behindern. Vorlesungen sind eine Einwegkommunikation, es fehlt das Feedback. Vorlesungen erfordern einen Dozenten, der über effektive Kommunikationstechniken verfügt. Vorlesungen bürden dem Dozenten die Last auf, den Stoff zu organisieren, zu strukturieren und zu sequenzieren. Sie sind für höhere Ebenen des Lernens nicht geeignet. Sie sind nicht gut geeignet, komplexes, detailliertes oder abstraktes Material zu lernen. Manche Dozenten denken, dass alle Studierenden auf die gleiche Weise und mit der gleichen Geschwindigkeit und auf dem gleichen Niveau des Verstehens lernen, was selten zutrifft. Der Stoff von Vorlesungen wird in der Regel rasch vergessen. Vorlesungen halten nicht die studentische Aufmerksamkeit aufrecht, die unter Umständen sehr rasch (häufig bereits nach 15 Minuten) nachlässt. In einer Untersuchung hierzu wurde festgestellt, dass in Vorlesungen lediglich etwa die Hälfte der Studenten mitschreibt und mitdiskutiert, die andere Hälfte jedoch anderweitig beschäftigt ist (mit vorlesungsfremdem Stoff, sich unterhalten, schlafen, telefonieren, essen, trinken, aus dem Fenster schauen).

Wenn Sie sich dennoch mit guten Gründen dafür entschieden haben, eine Vorlesung zu halten, finden Sie im Folgenden einige Tipps, wie Sie die Nachteile der Vorlesung vermeiden und die Vorteile der Vorlesung maximieren können.

Begeben wir uns dazu in einen Hörsaal, in dem die erste Veranstaltung einer Vorlesung im neuen Semester stattfindet: Ungefähr 250 Studierende im Hörsaal sind dabei, ihre Freunde zu begrüßen, die sie seit dem letzten Semester nicht mehr gesehen haben, kramen in ihren Taschen herum, um ihre Hefte und Kulis zu finden, sind mit ihren Gedanken noch ganz woanders, denken an den Streit mit ihrer Freundin oder an den Film, den sie gestern Abend gesehen haben. Sie als Dozent oder Dozentin stehen vor ihnen und sollen sie in einen Gegenstand des Studiums einführen, der Sie schon lange interessiert hat, und dem Sie einen guten Teil Ihres Lebens gewidmet haben. Nehmen wir einmal an, Sie haben Ihre Vorlesung sorgfältig vorbereitet und all die Dinge beachtet, die in den Kapiteln »Planung einer

Lehrveranstaltung« und »Durchführung einer Lehrveranstaltung« angesprochen wurden. Dann fehlt nur noch eines: Ihr Enthusiasmus, Ihre Begeisterung für das Fach, das Sie vertreten. Im Folgenden finden Sie einige Vorschläge, wie Sie Klarheit der Darstellung mit der Begeisterung für die Sache verbinden und diese Botschaft wirksam an die Studierenden übermitteln können.

Die Vorlesung strukturieren

Eine rhetorische Faustregel lautet: *Sie können über alles reden, nur nicht über 30 Minuten.* Wie Sie das in einer Vorlesung realisieren können, ist Gegenstand der folgenden Darstellung. Um Klarheit zu erreichen, müssen Sie Ihre Vorlesung so organisieren, dass sie das Verständnis und das Behalten für die Studierenden erleichtert. Wenn es nicht Ihre Art ist, Enthusiasmus zu verbreiten, dann sollten Sie die Vorlesung wenigstens so interessant wie möglich gestalten.

Bei der Vorbereitung fragen Sie sich: Was möchte ich, dass die Studierenden lernen? Sollen Sie sich an bestimmte Punkte erinnern, sollen Sie lernen, ein Problem zu lösen usw.

Die Grundstruktur einer Vorlesungsstunde ist – ebenso wie die einer gesamten Vorlesung – dreiteilig: Einführung, Hauptteil und Schluss.

1. *Einführung:* Sagen Sie den Studierenden, worüber Sie zu ihnen sprechen werden. Bei unseren Lehrberatungen haben wir es mehr als einmal erlebt, dass der Dozent den Raum betritt und sofort mit der Vorlesung beginnt. Es ist besser, die Studierenden darauf vorzubereiten, was sie in dieser Stunde erwarten können. Sie können beispielsweise eine Gliederung der Hauptpunkte an die Tafel schreiben. Sie können zusätzlich zu dieser inhaltlichen Struktur auch die Ziele, die Sie damit verfolgen, an die Tafel schreiben. Dies hilft Ihnen, bei der Sache zu bleiben und wie geplant in der Vorlesung vorzugehen – und es hilft den Studierenden festzustellen, ob sie das lernen, was sie lernen sollen.
2. *Hauptteil:* Im Hauptteil ist die klare und verständliche Struktur des Stoffs wesentlich. Hier reichen drei oder vier Hauptideen oder Punkte aus. Fragen Sie sich immer: Was ist die Hauptbotschaft, die ich in dieser Stunde »rüberbringen« will? Fassen Sie nach jedem Hauptabschnitt noch einmal zusammen, was Sie gerade behandelt haben. Geben Sie dann den Studierenden eine Vorschau auf das, was als nächstes kommt. Redundanz hilft ihnen, die wesentlichen Ideen der Vorlesung zu verstehen.
3. *Schluss:* Zum Abschluss können Sie noch einmal zusammenfassen, worüber Sie in dieser Stunde gesprochen haben. Schließlich können Sie den Studierenden sagen, worüber Sie in der nächsten Stunde sprechen werden.

Die Vorlesung interessant gestalten

Um die studentische Aufmerksamkeit aufrecht zu erhalten, müssen Sie die Vorlesung interessant gestalten. Eine Vorlesung ist ein soziales Ereignis, an dem Personen beteiligt sind. Deshalb ist es erforderlich, dass Sie als Person und als Persönlichkeit präsent sind. Um diese persönliche Beziehung zu den Studierenden zu gestalten, sind zwei Dinge notwendig:

1. Halten Sie Augenkontakt zu den Studierenden, d.h. schauen Sie einzelne Studierenden direkt an.
2. Lernen Sie die Namen von so vielen Studierenden wie möglich.

Eine weitere wesentliche Bedingung dafür, dass die Aufmerksamkeit der Studierenden erhalten und die Vorlesung für sie (und für Sie) interessant bleibt, ist der Wechsel zwischen Vorlesung und studentischen Aktivitäten. Die durchschnittliche Aufmerksamkeit hält in einer Vorlesung ca. 15 Minuten an. Danach lässt sie meist nach, was das Lernen erschwert. Dies bedeutet, dass Sie in einer 45-Minuten-Vorlesung nach jeweils etwa 12 Minuten eine ca. 3-minütige studentische Aktivität einplanen sollten. Dies kann auf einfache Weise geschehen, und die Studierenden lernen signifikant mehr.

Im Folgenden werden verschiedene Varianten der Vorlesung beschrieben, in denen das aktive Lernen gefördert wird. Der resultierende Lernzuwachs macht die anscheinend »verlorene« Zeit für die Stoffvermittlung mehr als wett (wo steht eigentlich geschrieben, dass »alles gebracht« werden muss?). Sie werden überrascht sein, wie lebendig und lernintensiv Sie Ihre Vorlesungen gestalten können, ohne dafür zusätzliche Ressourcen einzusetzen.

Vorlesung mit regelmäßigen Pausen
Hier ist der Ablauf wie folgt: 12 bis 15 Minuten Vorlesung, danach 2 Minuten Pause, in der die Studenten ihre Notizen noch einmal überfliegen können. Die Studenten können dies allein oder zu zweit tun. Dies wird nach ca. 30 Minuten noch einmal wiederholt. In den letzten 3 Minuten der Vorlesung fordern Sie die Studenten auf, alles aus der Stunde aufzuschreiben, an das sie sich erinnern können, *ohne* ihre Notizen zu Hilfe zu nehmen. Nach der Stunde sollen sie es dann mit ihren Notizen vergleichen und ergänzen oder korrigieren. Behalten und Verständnis des Stoffs erhöhen sich dadurch drastisch.

Vorlesung mit unmittelbarer Prüfung
Geben Sie mindestens 5 Minuten vor dem Ende der Vorlesungsstunde einen Test über den Inhalt der Stunde aus, indem Sie Fragen zu den drei oder vier wichtigsten »Botschaften« stellen, die Sie den Studenten vermitteln wollten (was soll unbedingt »hängen geblieben« sein?). Die Studenten verstehen und behalten den Stoff wesentlich besser, wenn sie häufig und unmittelbar darüber geprüft werden (erste Wiederholung möglichst früh). Wenn Sie wissen wollen, was »angekommen« ist, lassen Sie die Blätter einsammeln und sehen Sie die Antworten bis zur nächsten Stunde quer durch. Dann gehen Sie auf Verständnisschwierigkeiten ein oder sagen den Studenten, wo sie darüber nachlesen können.

Untersuchungen zeigen, dass im Vergleich zur klassischen Vorlesung bis zur doppelten Menge des Stoffs noch acht Wochen nach der letzten Veranstaltung behalten wird.

Feedback-Vorlesung
Bei dieser Variante liest der Dozent etwa 20 Minuten. Danach bearbeiten die Studenten für etwa 10 Minuten in kleinen (3er-)Gruppen auf die Vorlesung bezogene Fragen, die der Dozent vorbereitet hat. Im Plenum werden die Fragen anschließend vom Sprecher der jeweiligen Gruppe (! – so kann sich kein einzelner Student »blamieren«) beantwortet. Anschließend wird wieder vorgelesen. Nach der Stunde bearbeiten die Studenten in den Gruppen selbständig weitere Fragen zur Vorlesung. Zu Beginn der nächsten Stunde wird auf diese Fragen und damit verbundene Probleme kurz eingegangen.

Befragungen haben ergeben, dass fast alle Studenten von dieser Methode angetan sind und sie die Aufgaben auch selbständig bearbeitet haben.

Die angeleitete Vorlesung
Bei Vorlesungen müssen die Studenten ihre Aufmerksamkeit teilen. Auf der einen Seite müssen sie versuchen, während der Vorlesung nicht den Faden zu verlieren, sie müssen also aktiv zuhören. Auf der anderen Seite müssen sie versuchen, den Stoff der Vorlesung so niederzuschreiben, dass es nicht nur richtig ist, sondern sie auch anschließend ihre Aufzeichnungen verstehen und anhand der Aufzeichnungen lernen können. Untersuchungen zeigen, dass den meisten Studenten weder das eine noch das andere vollständig gelingt. In der folgenden Variante der Vorlesung wird dieser Nachteil vermieden.

Der Dozent liest, je nach Komplexität des Stoffs, 15 bis 30 Minuten. Die Studenten hören ausschließlich aktiv zu, ohne sich schriftliche Notizen zum Stoff zu machen, und versuchen, den Stoff zu verstehen. In den darauf folgenden 5 bis 10 Minuten schreiben die Studenten auf, woran sie sich erinnern können. Je nach Zeit wird dann wieder vorgelesen, aktiv zugehört und aufgeschrieben. In der restlichen Zeit (5 bis

10 Minuten) bearbeiten die Studenten in kleinen Gruppen weitere Fragen zur Vorlesung, die der Dozent vorbereitet hat.

Wie aktives Lernen gefördert werden kann
Die Studierenden akzeptieren Veränderungen in Vorlesungen dann am ehesten, wenn Sie ihnen zu Beginn erklären, *warum* Sie diese oder jene Veränderung einführen (nämlich um studentisches Lernen zu ermöglichen, zu fördern und das dauerhafte Behalten zu erleichtern). Dann reduziert sich auch die bei aktivierenden Lehrstrategien zuweilen auftretende Unruhe merklich.

Wichtig ist, dass Sie in jedem Fall auf die Resultate der studentischen Aktivitäten eingehen, indem Sie diese abrufen, sie einsammeln, kommentieren. Dies kann während der jeweiligen Stunde oder in der folgenden Stunde geschehen. Ohne diese kontinuierlichen Rückmeldungen von Ihrer Seite nimmt die Bereitschaft der Studenten zu aktivem Lernen rapide ab.

Um Sättigungseffekte zu vermeiden, können Sie im Verlauf eines Semesters zwischen verschiedenen Varianten wechseln. Sie können einzelne Teile der Varianten einsetzen. Sie können auch zwei oder mehrere der Varianten in einer Veranstaltungsstunde kombinieren.

Wenn Sie die geschilderten Varianten auf diese Weise erproben, dann handeln Sie als »reflexiver Praktiker«, indem Sie eine bestimmte Methode ausprobieren, die Effekte registrieren und dann entscheiden, ob, wann, wie und wo sie in Ihrer individuellen Lehrtätigkeit sinnvoll eingesetzt werden kann.

Die folgenden Übungen sind einfach, effektiv und erfordern wenig Zeitaufwand während einer Vorlesung. Die Forschungen hierüber haben jedoch gezeigt, dass sie die studentische Aufmerksamkeit und das studentische Lernen außerordentlich fördern.

Minutenfrage
Die in den englischsprachigen Ländern am häufigsten angewendete und am weitesten verbreitete Methode ist die so genannte Minutenfrage (one minute paper). In den letzten beiden Minuten einer Veranstaltungsstunde bittet der Dozent die Studierenden um die Beantwortung der folgenden zwei Fragen:

1. Was ist das Wichtigste, das Sie heute gelernt haben?
2. Was haben Sie am wenigsten verstanden?

Die erste Frage dient dazu, die Aufmerksamkeit der Studierenden auf den Gesamtzusammenhang zu lenken, die zweite Frage zeigt, wo die Studierenden Verständnisschwierigkeiten haben. Als Lehrende erfahren Sie auf diese Weise sehr einfach und rasch, ob die Studierenden wirklich die zentralen Konzepte Ihrer Veranstaltung verstanden haben und wo gehäuft Verständnisschwierigkeiten auftreten. Darauf können Sie zu Beginn der nächsten Stunde jeweils eingehen. Die Forschungen hierzu zeigen, dass sich durch diese einfache Maßnahme die Qualität des studentischen Lernens erhöht. Der Aufwand für den Dozenten hält sich dabei in Grenzen. Sie können etwa vier bis sechs Antwortblätter pro Minute bearbeiten, so dass Sie innerhalb kurzer Zeit einen Überblick darüber haben, wie die Veranstaltung bei den Studierenden angekommen ist. Am einfachsten ist es, ein Blatt mit den beiden Fragen vorzubereiten und diese Fragen auf dem Blatt beantworten zu lassen. In der jeweils nächsten Stunde können Sie dann darauf eingehen.

Zettelkasten
Dies ist eine Variante der Minutenfrage, kombiniert mit unmittelbarer Rückmeldung. Die Studierenden schreiben auf Karteikarten, was sie in der Veranstaltungsstunde nicht verstanden haben. Diese Karten werden in einem Behälter gesammelt. Der Dozent zieht, je nach verfügbarer Zeit, einige Fragen aus dem Kasten heraus und beantwortet sie oder bittet die Studierenden, sie zu beantworten.

Pausenfrage
Dies ist eine weitere einfache Technik, um das aktive Zuhören zu fördern. Während einer Vor-

lesung, insbesondere dann, wenn ein wichtiger Punkt behandelt wurde oder wenn ein zentrales Konzept besprochen wurde, legen Sie eine Pause ein (drei Sekunden genügen). Dann fragen Sie, ob noch weiterer Erklärungsbedarf besteht (warten Sie weitere 10 bis 20 Sekunden!). Während der Wartezeit können Sie sich im Raum bewegen und durch Blicke und nonverbale Gesten Ihre Aufforderung unterstützen.

Antworten zusammenfassen
Diese Methode ist gut geeignet, um das aktive Zuhören der Studierenden zu fördern. Nachdem ein Student seine Antwort auf eine Frage gegeben hat, wird ein weiterer Student aufgefordert, diese Antwort mit seinen eigenen Worten noch einmal zusammenzufassen und zu wiederholen. Dies involviert mehr Studierende und erhöht die Bereitschaft, einander zuzuhören.

Unmittelbare Rückmeldung
Wenn Sie daran interessiert sind, während der Vorlesung Rückmeldungen darüber zu erhalten, ob die Studierenden den Stoff verstanden haben, dann ist die unmittelbare Rückmeldung eine sinnvolle Methode. Diese Rückmeldungen können Sie einerseits dazu nutzen, unklare Konzepte zu erläutern und mit Beispielen zu versehen. Andererseits können Sie schneller vorangehen, wenn Sie feststellen, dass alle verstanden haben.

Eine Möglichkeit unmittelbarer Rückmeldung besteht darin, vorbereitete Fragen zu stellen und sie von den Studierenden beantworten zu lassen. Wenn die Frage mit »ja« oder »nein« beantwortet werden kann, können die Studenten ein DIN-A4-Blatt vor ihr Gesicht halten, um Anonymität zu gewährleisten; das Blatt hochkant zu halten, bedeutet Bejahung, es quer zu halten ist Verneinung. So können Sie selbst in Massenveranstaltungen auf einen Blick erkennen, ob die Mehrzahl der Studierenden die Frage richtig beantwortet und den Stoff verstanden hat (ich danke Christoph für diesen Hinweis).

Eine weitere Möglichkeit besteht darin, eine vorbereitete Frage mit vier bis fünf möglichen Antwortalternativen auf eine Folie zu schreiben und die Studierenden zu bitten, die nach ihrer Meinung richtige Antwortziffer groß auf ein DIN-A4-Blatt zu schreiben und dieses dann wieder vor ihr Gesicht zu halten.

Paare bilden
In großen Veranstaltungen ist es nicht ganz einfach, Gruppen von drei oder mehr Studierenden zu bilden. Wesentlich einfacher ist es, die Studierenden aufzufordern, jeweils zu zweit zusammenzuarbeiten, sei es, um eine Frage zu beantworten, sei es, um ihre Aufzeichnungen wechselseitig zu vergleichen. Sie können die Studierenden auch jeweils die Aufzeichnungen des anderen durchsehen und kommentieren oder korrigieren und ergänzen lassen.

Für die Förderung des Verständnisses wesentlicher oder schwieriger Konzepte oder Ideen eignet sich folgende Methode besonders gut: Sie stellen eine Frage oder ein Problem, das zu lösen ist. In der ersten Phase arbeiten die Studierenden etwa zwei bis fünf Minuten allein daran. Danach diskutieren sie für weitere drei bis fünf Minuten mit ihrem Nachbarn die Lösung. Schließlich stellt einer der beiden die gefundene Lösung im Plenum vor.

11.2 Checkliste: Dozentenzentrierte Lehrstrategien

Klarheit der Präsentation

Strukturieren

- Stoffmenge begrenzen
- Notwendigen Stoff auswählen
- Überblick geben
- Beziehungen zwischen Abschnitten verdeutlichen
- Beziehungen zu anderen Veranstaltungen aufzeigen
- Analogien, Bilder, Metaphern verwenden

- Zusammenfassungen am Ende jedes Abschnitts geben

Analysieren
- Detaillierte Erläuterungen geben
- Fachtermini erklären
- Schritt für Schritt Vorgehensweise bei komplexen Problemen beachten

Anwenden
- Interpretation aktueller Ereignisse einbeziehen
- Beispiele anführen
- Anwendungen verdeutlichen
- Beziehungen zur Praxis herstellen

Hervorheben
- Wesentliche Punkte hervorheben
- Zentrale Konzepte betonen
- Auf schwierige Abschnitte hinweisen

Kritisch verarbeiten
- Verschiedene mögliche Schlussfolgerungen anführen
- Argumente pro und kontra sammeln
- Mögliche Lösungswege demonstrieren

Wiederholen
- Regelmäßige Wiederholungen vorsehen
- Hinweise für Wiederholungen des Stoffs geben

Produktives Lernklima

Konzentrieren
- Aufmerksamkeit erregen
- Aufmerksamkeit auf aufgabenrelevante Aspekte lenken
- Methodenwechsel einplanen
- Pausen vorsehen

Motivieren
- Interesse wecken
- Auf Fähigkeiten der Studierenden vertrauen
- Die Relevanz der Veranstaltung verdeutlichen
- Gruppenarbeit einplanen
- Aktivierende Lehrmethoden vorsehen

Beurteilen
- Zuversichtliche Haltung aufbauen
- Aufgaben mittlerer Schwierigkeit stellen
- Konstruktive Rückmeldungen geben

Steuerung des Lernprozesses

Orientieren
- Vorwissen und Konzeptionen erfassen
- Einführung in das Thema geben
- Über Ziele, Prüfungsformen, Lehrmethoden und Inhalte informieren und sie begründen

Kontrollieren
- In angemessenem Tempo vorgehen
- Fragen stellen und stellen lassen
- Zwischenprüfungen vorsehen
- Praktische Probleme lösen lassen
- Nach Problemen fragen
- Problemursachen klären

Evaluieren
- Beispielaufgaben ausgeben
- Zwischenprüfung vorsehen
- Rückmeldung über Lernfortschritt geben
- Vorschläge für weiteres Lernen unterbreiten
- Veranstaltung evaluieren

11.3 Interaktive Lehrstrategien

Kommt Ihnen die folgende Lehrsituation bekannt vor? Sie leiten eine Übung oder ein Seminar und möchten gern, dass die Studierenden in der Veranstaltung über bestimmte, für das Verständnis des Themas wichtige Fragen mit Ihnen und untereinander kritisch diskutieren. Was dann jedoch tatsächlich stattfindet, ist einiges oder alles vom Folgenden:
- Sie stellen fest, dass Sie es sind, der die meiste Zeit redet.
- Sie beantworten die Fragen, die Sie an die Studierenden gerichtet haben, immer häufiger selbst.

- Die meisten Studierenden sind stumm wie Fische.
- Wenn Studierende sich äußern, dann richten sie ihre Bemerkungen unweigerlich an Sie und diskutieren nicht untereinander.
- Es entwickelt sich kein echter Dialog.
- Es sind immer wieder dieselben Studierenden, die sich melden.
- Viele Studierende kommen anscheinend unvorbereitet in die Sitzung.
- Die Teilnehmerfluktuation ist hoch.

Im traditionellen Unterricht werden vom Dozenten gestellte Fragen in der Regel nur von wenigen Studierenden beantwortet und die meisten sind nicht aktiv beteiligt. Häufig werden bis zu 90 % der Diskussionszeit von weniger als 10 % der Studierenden bestritten, und ebenso häufig wird der überwiegende Teil der Veranstaltungszeit vom Dozenten selbst in Anspruch genommen. Wenn Sie diesen Zustand ändern und alle Studierenden aktiv beteiligen wollen, dann lohnt es sich für Sie, die folgenden Hinweise zu beachten und Ihrem Stil entsprechend in Ihren Lehrveranstaltungen umzusetzen.

Bei den interaktiven Lehrstrategien geht es um eine vom Dozenten gesteuerte Interaktion zwischen Dozent und Studierenden und der Studierenden untereinander. Die Studierenden werden kontinuierlich aktiviert, um einen Lernstil zu entwickeln, der nicht ziellos oder lediglich auf die Reproduktion des Wissens gerichtet ist, sondern auf die Bedeutung und die Anwendung des Gelernten abzielt.

Diskussionsleitung

Eine Möglichkeit, diese Lernaktivitäten zu fördern, bietet die Diskussionsmethode. Diskussionen sind ein gemeinsames Unterfangen. Als Diskussionsleiter sind Sie abhängig von der Gruppe der Studierenden, davon, ob die Studierenden vorbereitet erscheinen, ob sie mit Begeisterung bei der Sache sind, ob sie bereit sind, an der Diskussion teilzunehmen. Eine gute und lebendige Diskussionsleitung stellt eine große Herausforderung an das Können der Lehrenden dar. Dennoch lohnt es sich, Zeit und Geist in die Vorbereitung von Diskussionen zu stecken, denn Diskussionen ermöglichen aktives Lernen. Sie geben den Studierenden Gelegenheit, Lösungen selbst zu entdecken, ihre kritischen Denkfähigkeiten zu schulen, Ideen zu entwickeln, Lösungen zu bewerten und die Folgen von Lösungen zu evaluieren, kurz: besser und tiefer zu denken. Gute Diskussionen schulen darüber hinaus die Kommunikations- und Kooperationsfähigkeit und damit das effektive Arbeiten in Teams. Dies sind Lernziele des Studiums, die häufig zugunsten des »Stoffs« vernachlässigt werden.

Was ist für eine gelungene Diskussion zu beachten?
Als Dozent haben Sie die Aufgabe, die Diskussion vorzubereiten, die Diskussionsleitung zu übernehmen und die entstandene Diskussion themenbezogen und zielgerichtet zu steuern. Hierfür ist die Beachtung einiger Grundregeln hilfreich.

1. Entscheiden Sie sich dafür, eine Diskussion zu führen. Ohne diesen festen Entschluss von Ihrer Seite aus kann es Ihnen leicht passieren, dass Sie sich im Verlauf der Stunde »vorlesend« wiederfinden, insbesondere dann, wenn die Studierenden Anfangsschwierigkeiten mit dieser für sie vielleicht neuen Lehrstrategie haben. Dann fallen Sie rasch wieder in Ihre gewohnten Verhaltensmuster zurück.
2. Bereiten Sie die Diskussion vor. Dazu sind die folgenden Fragen hilfreich: Welche Ziele will ich erreichen? Zu welchen Schlüssen sollen die Studierenden kommen?
3. Bereiten Sie gut formulierte Fragen vor. Sie sollen sich auf höher angesiedelte Lernziele beziehen (Analyse, Synthese, Beurteilung). Das erreichen Sie, indem Sie konvergente, divergente oder evaluative Fragen stellen (vgl. Kap. 7.8). Die Fragen können auch an Tafel, Flipchart, Pinnwand oder durch Overheadprojektion fixiert sein. Dies hilft

Ihnen und den Studierenden, wieder zur Aufgabe oder Fragestellung zurückzukehren, wenn die Diskussion ausufert.

4. Wenn die Fragen komplex oder schwierig sind, geben Sie den Studierenden diese Fragen schriftlich vor der Diskussion. In diesem Fall ist es auch günstig, sich selbst die Antworten oder Antwortalternativen zu diesen Fragen bereits sehr sorgfältig zu überlegen. Sonst kann es sein, dass Sie in Schwierigkeiten geraten.
5. Schaffen Sie die räumlichen Voraussetzungen für eine echte Diskussion. Wenn Sie in einem Hörsaal vor den Studierenden stehen und alle Augen auf Sie gerichtet sind, ist es schwierig, wenn nicht gar unmöglich, eine lebendige Diskussion zu entwickeln. Die Studierenden bleiben im wahrsten Sinne des Wortes auf Sie fixiert. Am besten eignet sich ein Stuhlkreis mit Öffnung zu den angeschriebenen Fragen. Eine Alternative ist die geschlossene rechteckige Sitzordnung, in der jeder jeden sehen kann (und der Dozent nicht einsam an exponierter Stelle sitzt).
6. Stellen Sie Grundregeln für die Diskussion auf und verweisen Sie nötigenfalls darauf. Diese Regeln können auch von den Teilnehmern selbst formuliert werden, dann wird es außerordentlich schwierig für die Studierenden, ihre selbst gesetzten Regeln zu verletzen.

Grundregeln für die Diskussion

1. Kritisieren Sie die Ideen, Gedanken oder Positionen der anderen, nicht die Personen, die diese Position vertreten.
2. Bei unbewiesenen Behauptungen kann nach Beispielen, Belegen oder Beweisen gefragt werden.
3. Lassen Sie den anderen ausreden, bevor Sie antworten, d. h. hören Sie aktiv zu. Oft ist es so, dass wir die Antwort bereits im Kopf bereitliegen haben, noch bevor der andere den Satz beendet hat. Dies hindert uns daran, aktiv zuzuhören.

Vorbereitung und Durchführung von Diskussionen

Diskussionen entwickeln sich nicht »einfach so«, sondern müssen vorbereitet werden. Im Folgenden finden Sie einige Möglichkeiten, wie Sie die Studierenden auf effiziente Diskussionen vorbereiten können.

Kartenabfrage

Wenn zu Beginn einer Veranstaltung die Studierenden noch nicht »aufgetaut« sind und befürchten, sich mit ihren Fragen und Beiträgen zu blamieren, können Sie mit der anonymen Kartenabfrage beginnen. Hierzu verteilen Sie Karteikarten oder halbierte DIN-A4-Blätter an die Studierenden und bitten Sie, schriftlich auf Ihre Frage zu antworten oder Fragen aufzuschreiben, die sie zu dieser oder der letzten Veranstaltung haben. Dann sammeln Sie die Fragen ein, verteilen Sie wieder zufällig und lassen die Fragen vorlesen. Auf diese Weise ist jeder Einzelne beteiligt und keiner persönlich bloßgestellt. Sie können die Fragen auch an die Tafel schreiben und gleichartige Fragen jeweils mit einem Häkchen markieren. Diese sind dann die Basis für Ihre weiteren Ausführungen zum Thema.

Diskussion mit Feedback (Fishbowl)

Mit dieser Lehrstrategie können Sie die Studierenden darauf vorbereiten, effektive Diskussionen zu führen. Sie ist anwendbar bis zu einer Gruppengröße von etwa 30 Personen und dauert ca. 45 Minuten.

Teilen Sie die Studierenden in zwei Gruppen ein (abwechselnd »1« und »2« sagen lassen) und bilden Sie einen inneren und einen äußeren Sitzkreis aus Stühlen. Die innere Gruppe erhält eine oder mehrere Fragen, über die sie etwa 10 bis 15 Minuten diskutieren soll, während die Gruppe im äußeren Sitzkreis sich Notizen zum Verlauf der Diskussion, zur Gruppendynamik und zur Qualität der Diskussion macht. Danach wechseln die Gruppen. Es ist auch möglich, noch vor dem Wechsel die Eindrücke der äußeren Gruppe abzufragen. Dies wirkt sich auf die nachfolgende Diskussion im inneren Kreis positiv aus.

Die Qualität der Diskussion hängt wesentlich von gut konstruierten, relevanten Fragen ab, die zur Diskussion anregen. Manchmal reicht eine einzige Frage aus. Der Dozent bzw. die Dozentin sitzt während der ganzen Übung im äußeren Sitzkreis und hält sich möglichst zurück.

Nach den beiden Runden wird darüber gesprochen, ob im Verlauf der Diskussion die Fragen gut beantwortet werden konnten und wie gut die Gruppe während der Diskussion zusammen gearbeitet hat. Ist jeder zu Wort gekommen? Wurden neue Fragen aufgeworfen oder neue Einsichten gewonnen? Waren die Beiträge relevant? Wurde respektvoll miteinander umgegangen?

Sie können in der inneren Gruppe auch einen Stuhl frei lassen. Wenn es jemanden aus der äußeren Gruppe danach drängt, an der Diskussion teilzunehmen, kann er oder sie sich auf diesen Stuhl setzen, ihre oder seine Meinung äußern und sich danach wieder nach außen begeben.

In größeren Veranstaltungen können Sie jeweils zwei Gruppen parallel diskutieren und sich danach im Plenum darüber austauschen lassen. Dann hilft es allerdings sehr, wenn noch ein weiterer Dozent oder eingewiesene Tutoren anwesend sind.

Nachfragetechnik

Diese Methode eignet sich gut, um die Studierenden darauf vorzubereiten, auf gut formulierte Fragen zu antworten. Sie kann in jeder Lehrveranstaltung eingesetzt werden.

Begeben Sie sich in eine entspannte und zuversichtliche Haltung (kompetent, konfident, kongruent) und stellen Sie den Studierenden Ihre zuvor wohl überlegte Frage. Im Durchschnitt warten Lehrende eine (!) Sekunde, bevor sie einen Studierenden auffordern, zu antworten oder sich ihre Frage selbst beantworten. Sie jedoch wissen es besser. Sie zählen still vor sich hin (»einundzwanzig, zweiundzwanzig …«), bis Sie bei dreißig angelangt sind. Die Sekunden werden Ihnen wie eine Ewigkeit vorkommen. Während Sie zählen, schauen Sie ruhig im Raum umher und die Studierenden an. Besonders während der ersten Veranstaltungsstunden kann es sein, dass Sie tatsächlich bei dreißig ankommen, bis die erste Hand sich hebt und die erste Antwort gegeben wird.

Wenn nach sechs oder sieben Sekunden noch keine Antwort gekommen ist, dann bewegen Sie sich langsam im Raum und auf einen Stuhl oder Tisch zu. Stellen Sie nach den verstrichenen zehn Sekunden noch einmal in leicht veränderter oder kürzerer Form Ihre Frage und fügen Sie hinzu: »Sagen Sie einfach, was Ihnen dazu einfällt.« Dann lehnen Sie sich entspannt gegen Tisch, Stuhl oder Wand und fangen wieder im Stillen an zu zählen. Die nonverbale Botschaft (»Ich habe alle Zeit der Welt, um auf die Antwort zu warten«) verlagert den Druck auf die Studierenden. In der Regel erfolgt die erste Antwort, bevor Sie bis fünf gezählt haben. Voraussetzung für den Erfolg dieser Methode ist allerdings, dass Ihre Frage gut formuliert ist.

Wie es Ihnen gelingt, die Diskussion abzuwürgen

Diskussionen anzuregen und dann in Gang zu halten, erfordert ein erhebliches Können. Wenn Sie wissen, welche Fragen und sonstigen Handlungen Ihrerseits eine gut geführte Diskussion sehr rasch zu einer peinlich schweigenden Angelegenheit werden lassen und Sie dies zu vermeiden lernen, dann haben Sie eine gute Chance, dass in Ihrer Veranstaltung respektvoll, horchsam, achtsam und lebhaft zugleich diskutiert werden kann.

Killerfragen

Dies sind Fragen, mit denen Sie es ziemlich sicher erreichen können, dass die Studierenden verstummen und die Diskussion abstirbt (wenn Sie jetzt glauben, dass ich mir diese Beispiele ausgedacht habe: Es sind alles Originalsätze aus unseren Beobachtungen in Veranstaltungen).

- *Herabsetzende Frage:* Eine rhetorische Frage, die eine Antwort abwertet oder die Diskussion beendet, z. B. »Können Sie alle sehen, warum die Antwort von X nicht richtig sein kann?«
- *Sackgassenfrage:* Auf diese Frage gibt es nur ein »Ja« oder »Nein« als Antwort, z. B. »War das vor oder nach dem Ersten Weltkrieg?«
- *Frage mit programmierter Antwort:* Hier gibt es nur eine richtige Antwort aus vorgestellten Alternativen, z. B. »Man könnte annehmen, dass die Gleichung jetzt vollständig ist. Stimmt das oder stimmt das nicht?«
- *Chamäleonfrage:* Die Frage zielt zunächst in eine Richtung, dann wird die Richtung gewechselt, z. B. »Wie können Sie dieses Phänomen X erklären ... und was denken Sie über dieses andere Phänomen Y!?«
- *Verwirrungsfrage:* Hier wird nicht deutlich, worauf die Frage abzielt, z. B. »Was halten Sie von Testverfahren?« Die Antwortpalette reicht von: »Gar nichts!« bis hin zu wohl begründeten Antworten zu Nutzen und Grenzen des Einsatzes von Tests.

Sonstige Abwürgtechniken

- Sie haben sich schlecht vorbereitet. Die Studierenden merken es und Sie verlieren Ihren Kredit auf Vorschuss, den sie zu Beginn einer Veranstaltung immer haben.
- Ihre Eingangsfrage ist schlecht formuliert.
- Sie reden zu viel und die Studierenden zu wenig.
- Sie sind die Quelle aller Weisheit und wissen bereits alles. Wozu dann noch diskutieren?
- Sie gehen auf eine gegebene Antwort nicht weiter ein, sondern fahren im Stoff fort oder stellen die nächste Frage.
- Sie haben die Antwort nicht verstanden und kommentieren sie dennoch, ohne nachzufragen.
- Sie reagieren auf eine Antwort in der falschen Richtung.
- Sie antworten ärgerlich oder kurz auf eine Frage (»Das gehört jetzt nicht hierher«, »Wer hat sich denn diese Frage ausgedacht?«, »Auf welche Ideen man auch kommen kann«). Im letzteren Fall kann zusätzliches Kopfschütteln, Seufzen und ein gequälter Gesichtsausdruck die Wirkung noch verstärken.
- Sie unterbrechen den Studierenden, während er antwortet.
- Sie äußern sich herabsetzend über einzelne Personen oder Gruppen (»Schon wieder Sie, Meier«, »Wieder einmal die AG 9, das kenne ich schon«).

11.4 Checkliste: Effektive Diskussionsleitung

Vorbereitung

- Welche Ziele wollen Sie mit der Diskussion erreichen?
- Welche Aspekte sollen diskutiert werden?
- Reicht das Vorwissen der Studierenden hierfür aus?
- Können die Studierenden die Konzepte mit ihren eigenen Erfahrungen verknüpfen?
- Sind die ausgewählten Gegenstände offen für die Diskussion (keine eindeutige Lösung, viele Zugangsweisen möglich)?
- Ist Einzel-, Gruppen- und Plenumarbeit vorgesehen?

Durchführung

- Sind die Instruktionen klar und eindeutig?
- Ist die Atmosphäre beteiligungsförderlich?
- Sind die Fragen gut formuliert?
- Geben Sie Zusammenfassungen der Beiträge?
- Diskutieren die Studierenden untereinander (und nicht nur mit Ihnen)?
- Halten Sie die Wartezeit (Pausen) ein?
- Hören Sie aktiv zu?
- Bremsen Sie Vielredner und ermuntern Sie Schweiger?
- Visualisieren Sie die wesentlichen Punkte und Ergebnisse?
- Fassen Sie am Ende noch einmal das Ergebnis kurz zusammen?

Evaluation

- Wie viele Studierende haben an der Diskussion teilgenommen?
- Wer hat nicht teilgenommen?
- Verlief die Diskussion respektvoll und achtsam?
- Welche Meinung haben die Studierenden über die Diskussion?

11.5 Studentenzentrierte Lehrstrategien

Die Lehrstrategie »Studentenorientiertes Lernen« bedeutet, dass die Studierenden den Hauptteil der Lernarbeit leisten müssen und der Dozent sie nach Kräften dabei unterstützt. Dies kann auf verschiedene Weise geschehen und ist nicht nur in kleineren Gruppen, sondern auch in größeren Lehrveranstaltungen einsetzbar. Das entspricht auch den Forderungen der »Abnehmer« der Hochschulabsolventen. Sie weisen schon seit langem darauf hin, dass im Studium professionelle Kompetenz entwickelt werden müsse, da sie im Beruf eine wesentliche Voraussetzung für den Erfolg darstelle. Professionelle Kompetenz bedeutet nicht nur, über Fachwissen zu verfügen, sondern auch, mit Informationstechnologien umgehen zu können, Probleme lösen zu können, zu analysieren, zu führen, zu coachen, in Teams oder Netzwerken zu arbeiten, zu präsentieren, zu evaluieren usw.

Unglücklicherweise werden diese Forderungen im bisherigen Hochschulalltag nur ungenügend erfüllt, in dem immer noch die klassischen Veranstaltungsarten wie Vorlesung und Übung und die einseitige Wissensvermittlung dominieren. Die unbeabsichtigten Konsequenzen dieser dozentenzentrierten Wissensvermittlung zeigen sich in ungünstigen Einstellungen vieler Studenten gegenüber dem Fach, in hohen Abbruchquoten und in Absolventen, die schlecht darauf vorbereitet sind, reale Probleme kompetent und auf kooperative Weise zu lösen.

Elemente effizienten Gruppenlernens

Einfach Gruppen zu bilden und ihnen Aufgaben zu übertragen, führt noch nicht dazu, dass die Gruppen diese Aufgaben auch effektiv lösen können bzw. dass dies tatsächlich in der Gruppe geschieht. Häufig wird hingegen die Arbeit in der Gruppe ungleich verteilt, treten interne Konflikte auf und entsteht Unzufriedenheit mit dieser Lehrstrategie.

Diese Probleme treten besonders dann auf, wenn Gruppenaufgaben vergeben werden, die gelöst werden können, indem die Arbeit auf einzelne Gruppenmitglieder aufgeteilt wird – also dann, wenn die Aufgabe einfach ist und zu ihrer Lösung keine Interaktion in der Gruppe erforderlich ist. Sie treten auch auf, wenn die Bearbeitung der Aufgabe umfangreiche schriftliche Ausarbeitungen, also individuelle Aktivitäten erfordert. Die einzige Gruppentätigkeit besteht dann darin, zu entscheiden, wie die Arbeit unter den Mitgliedern aufgeteilt wird. Danach zerstreut sich die Gruppe in alle Winde, um erst zur endgültigen Erstellung des Berichts wieder zusammen zu kommen.

Probleme in Lerngruppen sind sowohl vorhersagbar als auch vermeidbar. Anstatt zu versuchen, die auftretenden Symptome zu kurieren, indem zum Beispiel nur eine Note für den Gruppenbericht vergeben wird, ist es besser, die Ursachen des Problems zu betrachten und zu berücksichtigen, d.h. Bedingungen zu schaffen, unter denen die Studierenden effektiv in Gruppen arbeiten können (s. u. »Handout: Grundregeln für die effektive Arbeit in Gruppen«, S. 148).

1. *Positive Interdependenz:* Hoch effektive Personen haben eine Entwicklung von der Phase der Abhängigkeit über die Phase der Unabhängigkeit zur Phase der wechselseitigen Abhängigkeit, der Interdependenz durchlaufen. Auch die Studierenden in Lerngruppen müssen erfahren, dass sie aufeinander angewiesen sind, um ihre Aufgabe zu erledigen (sink or swim together). Dies wird durch gemeinsame Bewertungen, wechselseitige Ziele, geteilte Ressourcen und die Zuweisung von Rollen gewährleistet.

2. *Individuelle Verantwortlichkeit:* Die Leistung jedes einzelnen Studierenden wird überprüft, und die Ergebnisse werden dem Einzelnen und der Gruppe zurückgemeldet. Dies kann durch individuelle Tests geschehen oder durch die Aufforderung an einzelne Gruppenmitglieder, das Gelernte zu demonstrieren oder Fragen zu beantworten.
3. *Gruppeninteraktion:* Die Studierenden unterstützen sich wechselseitig in ihren Lernbemühungen. Sie erklären, diskutieren und vermitteln den anderen in der Gruppe, was sie gelernt haben.
4. *Soziale Fertigkeiten:* Diese müssen die Dozenten den Studierenden beibringen, damit die Gruppen effektiv arbeiten können. Dazu gehören Führung, Entscheidungsfindung, Aufbau von Vertrauen, Kommunikation und Konfliktmanagement.
5. *Gruppenprozess:* Die Studierenden analysieren, wie gut sie ihre Ziele erreichen und ob die Arbeitsbeziehungen produktiv sind. Hierzu dienen Fragen wie: »Was war das zentrale zugrundeliegende Konzept der heutigen Stunde?« oder »Sagen Sie Ihrem Nachbarn, was er/sie heute dazu beigetragen hat, damit die Gruppe gute Arbeit leistet.“

Wie kann effizientes Gruppenlernen durch die Gestaltung geeigneter Lernumgebungen entwickelt werden?
Solche Lernumgebungen werden von Lehrstrategien geschaffen, die als kooperatives Lernen, Teamlernen und als problemorientiertes Lernen bezeichnet werden. Bei der Einführung dieser Strategien ist der Einfluss des so genannten »hidden curriculum« zu beachten, das mit dem formalen Curriculum nicht notwendig übereinstimmt. Hiermit ist das Curriculum gemeint, was in den Köpfen der Studierenden vorhanden ist, das Curriculum, welches die Studierenden wahrnehmen und interpretieren und wonach sie ihr Studienhandeln ausrichten. Diese Interpretation der Lernumgebung wird wesentlich von ihren bisherigen Lern- und Prüfungserfahrungen bestimmt. Daher ist es wichtig, für Passung von formalem und verstecktem Curriculum zu sorgen.

Kooperatives Lernen
Was ist kooperatives Lernen (KL)? KL ist das Lernen in sorgfältig strukturierten kleinen Gruppen, in denen Studierende zusammen arbeiten, um ihr eigenes Lernen und das Lernen der anderen Gruppenmitglieder zu maximieren, indem sie einander wechselseitig unterrichten (teaching is learning twice). Die Effektivität dieser Lehrmethode ist so gut belegt wie bei keiner anderen Methode. KL führt zu höherer individueller Leistung für alle Arten von Aufgaben, auch und gerade in mathematisch-naturwissenschaftlichen und ingenieurwissenschaftlichen Fächern. Kooperatives Lernen führt zu einem Lernergebnis, das etwa eine halbe Standardabweichung über der Leistung liegt, die von Studierenden in einer traditionellen Vorlesung erzielt wird (für die Spezialisten unter den Lesern: Effektgröße >.50; vgl. Springer et al., 1999).

Dieses Ergebnis wäre als Begründung für den Einsatz der Lehrmethode bereits hinreichend. Es sind jedoch noch weitere Effekte nachweisbar: Die intrinsische Lernmotivation ist höher, es finden höhere kognitive Denkprozesse statt (Metakognition, Elaboration), und das Gelernte wird länger behalten. Andere Effekte sind: eine geringere Abbruchquote, positive Beziehungen zwischen den Studierenden, größere soziale Unterstützung durch Mitstudenten und Dozenten, bessere psychische Gesundheit und Selbstvertrauen (self-esteem).

KL-Gruppen lassen sich nach ihrer zeitlichen Erstreckung kategorisieren. Es gibt drei Kategorien von KL-Gruppen:

1. *Informelle KL-Gruppen* sind zeitlich begrenzte Gruppen, die für eine Veranstaltungsstunde oder zu einem bestimmten Diskussionsgegenstand gebildet werden. Ziel ist hier, die Aufmerksamkeit der Studierenden auf den Lernstoff zu lenken, ein gutes Lernklima zu schaffen, den zu behandelnden Stoff zu

strukturieren, sicherzustellen, dass die Studierenden das, was gelehrt wird, kognitiv verarbeiten, und eine Unterrichtseinheit abzuschließen. Informelle KL sind besonders nützlich in Vorlesungen oder in solchen Phasen des Direktunterrichts, in denen die Augen der Studierenden beginnen, glasig zu werden und ihre Gedanken abwandern (häufig nach etwa 15 Minuten). Dies ist ein guter Zeitpunkt, um die Studierenden das Gelernte verarbeiten zu lassen, sie den Stoff organisieren, erklären, ihn zusammenfassen und in ihre eigenen konzeptuellen Netzwerke integrieren zu lassen. Diese Strategie behebt das Hauptproblem in »hands on, head off«-Vorlesungen, in denen das vom Dozenten verbreitete Wissen von den Studierenden mechanisch auf die Mitschrift übertragen wird (hands on), ohne dass die Studierenden geistig aktiv beteiligt sind (head off).

2. *Formelle KL-Gruppen* können bis zu einigen Wochen zusammenarbeiten, um eine bestimmte Aufgabe zu bewältigen. Hier erhalten die Studierenden ihre Instruktionen und Ziele vom Dozenten. Jeder Student wird einer Lerngruppe zugeteilt, notwendige Arbeitsunterlagen werden ausgegeben, jeder Student erhält eine Rolle zugewiesen. Der Dozent erklärt die Aufgabe und die Struktur der Kooperation. Der Dozent sorgt im Verlauf des Lösungsprozesses durch seine Anwesenheit und Beratung dafür, dass die Lerngruppen effektiv arbeiten. Wenn nötig, interveniert er oder sie, um die Kooperation zu fördern oder fachliche Hilfestellung zu leisten. Zum Abschluss beurteilt der Dozent die individuellen Leistungen, und die Gruppenmitglieder beurteilen sich wechselseitig daraufhin, wie gut sie zusammengearbeitet haben. Wenn die Studierenden Hilfe brauchen, sollen sie zunächst ihre Kommilitonen darum bitten und nur im Notfall den Dozenten. Es wird erwartet, dass die Studierenden zusammenarbeiten, dass sie ihr Wissen teilen, den anderen das Gelernte beibringen und dass sie selbst dafür sorgen, dass jedes Gruppenmitglied seine oder ihre Aufgaben erfüllt, indem sie eine am Lernziel orientierte, kriterienbezogene Evaluation durchführen.
3. *Basisgruppen* sind KL-Gruppen, die langfristig kooperieren und deren primäre Aufgabe darin besteht, jedem Mitglied die Unterstützung und Hilfe zu gewährleisten, die es benötigt, um im Studium voranzukommen. Das lässt die Studientätigkeiten und Lernerfahrungen in der zugehörigen Lehrveranstaltung persönlicher werden. Je nach Größe der Veranstaltung bestehen die Gruppen aus drei bis sieben Mitgliedern. Sie bleiben über das Semester hinweg zusammen und treffen sich auch außerhalb der Lehrveranstaltung. Ein Beispiel, wie kooperatives Lernen organisiert werden kann, bietet das so genannte Gruppenpuzzle (jigsaw).

Gruppenpuzzle

Dies ist eine bekannte Methode kooperativen Lernens, in der das Lernen durch Lehren eine zentrale Rolle spielt. Der Ablauf ist wie folgt:

1. Als Erstes gibt die Lehrperson eine Einführung in die Thematik, die in einem bestimmten Zeitraum (z. B. eine Stunde, eine Woche) erarbeitet werden soll. Danach wird der Lernstoff in Teilgebiete unterteilt.
2. In der zweiten Phase bilden die Lernenden so genannte Expertengruppen, die sich selbständig ein Teilgebiet des Stoffes erarbeiten. Die verschiedenen Teilgebiete werden dabei durch verschiedene Expertengruppen bearbeitet.
3. In der dritten Phase reorganisieren sich die Expertengruppen in Lerngruppen, und zwar so, dass in jeder Gruppe jeweils ein Experte für jedes Teilgebiet vorhanden ist. Der Experte für ein bestimmtes Teilgebiet vermittelt dann jeweils den Partnern in der Lerngruppe den entsprechenden Stoff.
4. Die vierte Phase dient der Integration und Evaluation. Dabei kann der Stoff im Plenum nochmals bearbeitet und über die Kooperation in der Gruppe reflektiert werden.

HAITI – Übungen (Hans-Christoph Bartscherer)

Ziele

- Konsumhaltung der Studenten aufbrechen
- Teamarbeit fördern
- Prüfungsleistungen verbessern
- Studentische Gemeinschaft, speziell der Erstsemester, fördern

Methode, geschildert als Ablaufplan

- In der ersten Übungsstunde wird das Verfahren erklärt und eine Aufgabe zur Bearbeitung angegeben. Die Studenten bilden Arbeitsgruppen, die einen wöchentlichen Treffpunkt vereinbaren.
- Die Studenten bearbeiten jeweils für sich zu Hause die angegebene Aufgabe.
- Die Arbeitsgruppen treffen sich und bearbeiten die Aufgabe. Sie stellen fest, wo ihre Schwierigkeiten bei der Aufgabe liegen und was sie nicht lösen können. Dies teilen sie dem Dozenten bis zu einem festgelegten Termin schriftlich mit.
- Der Dozent analysiert die eingegangenen Berichte und gestaltet die nächste Übungsstunde entsprechend. Am Schluss der Stunde gibt er die nächste Aufgabe aus usw.

Einzelheiten

- Wegen des Ablaufs, insbesondere der häuslichen Bearbeitung der Aufgaben, die wohl am ehesten am Wochenende erfolgt, soll der Termin der Übung (donnerstags oder) freitags sein.
- Die Gruppengröße sollte 6 Teilnehmer nicht überschreiten. Bei Erstsemestern reduziert sich die Gruppengröße in der Regel im Lauf des Semesters von selbst, so dass man in diesem Fall mit 8 Teilnehmern beginnen kann.
- In der ersten Übungsstunde wählt der Dozent einige Studierende als künftige Gruppensprecher aus und gibt ihnen ein Gruppenheft.
- Hat man verschiedene Fachrichtungen in der Lehrveranstaltung, will aber die Studenten gleicher Fachrichtung in den Gruppen beieinander haben, wählt man für jede Fachrichtung eine bestimmte Farbe für das Gruppenheft und andere Materialien.
- Etwa in der dritten Übungsstunde werden Methodenhinweise verteilt oder angeschrieben zur Materialsammlung, Definitionen, Brainstorming usw.
- In der Mitte des Semesters erfolgt eine studentenbezogene Evaluation des Verfahrens mittels Fragebogen in der Übungsstunde. Die Ergebnisse sollten sich auf die Fortsetzung des Programms auswirken.
- Evtl. sind Hinweise zur Gruppendynamik usw. in einem Treffen der Gruppensprecher sinnvoll. Bei entsprechendem Personal wäre auch eine Ausbildung der Gruppensprecher in Teamarbeit möglich.

Gruppenhefte

Gruppenhefte enthalten Hinweise für den Gruppensprecher, ein Treffpunktblatt mit dem Namen der Gruppe, das die Gruppe an einer großen Anschlagtafel anheftet, die als Infobörse dient, zwölf vorstrukturierte Gruppenbriefe (für jede Aufgabe/Übungswoche einen), in denen die Gruppe ihren Bericht an den Dozenten zusammenfasst, einen Fragebogen, mit dem das Unternehmen am Ende des Semesters evaluiert wird.

Beispiel für ein Gruppenheft
Deckblatt Format A5 quer

Physik-Arbeitsgruppe ______________________________ (Name)

Fachrichtung: Gartenbau (grün)

Blatt 1:

Hinweise für den Gruppensprecher, die Gruppensprecherin

Sie sind die Keimzelle einer Physik-Arbeitsgruppe, die bei ihrer Gründung nicht mehr als 8 (acht) Mitglieder haben soll. Wie Sie sich zusammenfinden, bleibt Ihnen überlassen, aber Sie sollten nur Studenten und Studentinnen der angegebenen Fachrichtung(en) sein.

Vereinbaren Sie miteinander einen wöchentlichen Treffpunkt, der montags, dienstags oder mittwochs sein sollte, wo und wann – das bleibt Ihnen überlassen.

Notieren Sie diesen Treffpunkt auf dem folgenden »Treffpunktblatt« und heften Sie dieses Blatt in einem der Felder der Anschlagtafel »Übung Physik« im Foyer an. Bitte aktualisieren Sie die Angaben, falls sie sich ändern, damit andere Studenten die Gruppe finden können, wenn sich Gruppen auflösen usw. Sie können den Platz auf der Anschlagtafel auch für Mitteilungen untereinander benutzen, etwa wenn Sie sich ausnahmsweise an einem anderen Ort treffen usw. An der Anschlagtafel gibt es auch ein Feld für Mitteilungen »an alle«, sei es von Ihnen, sei es vom Dozenten.

Beim Gruppentreffen bearbeiten Sie gemeinsam die gestellte Aufgabe, mit der sich jede(r) über das Wochenende bereits beschäftigt hat. Es dient also dazu, dass Sie sich gegenseitig bei der Lösung der Aufgabe weiterhelfen. Es ist nicht die Aufgabe des Gruppensprechers, die Aufgabe vorzurechnen, die Lösung zu kennen oder sonst ein großes Genie zu sein.

Der Gruppensprecher soll die Gruppe organisatorisch zusammenhalten.

Blatt 2:

Entnehmen Sie diesem Heft am Ende jedes Gruppentreffens einen Gruppenbrief und beantworten Sie gemeinsam die dort gestellten Fragen. Werfen Sie den Brief ungefaltet und ohne Umschlag bis spätestens Mittwoch 17:00 Uhr in den Gruppenbriefkasten an der Anschlagtafel »Übung Physik«.

Aus diesem Brief kann der Dozent entnehmen, welche Probleme Ihre Gruppe mit der Aufgabe hatte und in der nächsten Übungsstunde entsprechend reagieren.

Ihr Gruppenbrief kann völlig anonym bleiben, niemand muss befürchten, »sich zu blamieren«. Der Wochenplan sieht also so aus:

Freitag	Übung Physik und neue Aufgabe
Wochenende	individuelle Bearbeitung der Aufgabe
Mo/Di/Mi	Gruppentreffen nach Vereinbarung
Mi 17:00 Uhr	letzter Termin für Einwurf des Gruppenbriefes
Freitag	Übung Physik und neue Aufgabe

Blatt 3:

Ihre Gruppe wird im Lauf des Semesters ein Eigenleben entfalten. Dabei werden Gruppenprobleme nicht ausbleiben. Wenn Sie in dieser Hinsicht Rat brauchen, kommen Sie in die Sprechstunde. Wir versuchen, Ihnen zu helfen.

Sprechstunde: mittwochs 12:00-13:00 im Praktikumsbüro

Am Ende dieses Heftes finden Sie einen Evaluationsbogen, den Sie als Gruppensprecher bitte am Ende des Semesters ausfüllen und mit dem letzten Gruppenbrief einwerfen.

Blatt 4:

Die Physik-Übungsgruppe ______________________________

besteht aus Studierenden der Fachrichtung(en) ______________________________

sie trifft sich jeweils ______________________________ (Tag/ Zeit)

______________________________ (Ort)

☐ die Gruppe existiert nicht mehr (gegebenenfalls ankreuzen)

Blatt 5ff.:

Gruppenbrief zu Aufgabe ________

Wir sind zur Zeit ________ Personen, die diese Aufgabe bearbeitet haben,

davon fanden ________ die Aufgabe schwer, ________ mittel, ________ leicht.

Wir haben folgende Teilaufgaben lösen können: (Bitte ankreuzen)

[a] [b] [c] [d] [e] [f] [g] [h] [i] [j] [k] [l]

Nicht gelöst bzw. nicht richtig verstanden haben wir die Teilaufgaben:

[a] [b] [c] [d] [e] [f] [g] [h] [i] [j] [k] [l]

Der schwierigste Punkt war für uns folgender: ______________________________

____

Sonstige Mitteilungen an den Dozenten: ______________________________

____

(Bitte kurz fassen, der Dozent muss alle Briefe lesen!)

Letztes Blatt:

Übungen Physik – Evaluationsbogen für Gruppensprecher(innen)

In meiner Gruppe waren zuerst ________ Personen, zuletzt ________ Personen.

Bitte jeden Block zuerst lesen, dann einen Satz ankreuzen:

Im Kern blieben wir die Gruppe, wie sie sich in den ersten Treffen bildete.	☐
In meiner Gruppe waren immer wieder neue Mitglieder, die kamen und gingen.	☐
Meine Gruppe löste sich nach dem ________ Treffen auf.	☐
In meiner Gruppe waren wir in etwa gleich stark/schwach in Physik.	☐
Es gab große Unterschiede bezüglich der Physik in meiner Gruppe.	☐
Eine(r) war das »Genie« in Physik und hat die Gruppe dominiert.	☐
Beim Gruppentreffen waren alle immer gut vorbereitet.	☐
Bestimmte Gruppenmitglieder haben sich praktisch nie vorbereitet.	☐
Manche Gruppenmitglieder waren immer vorbereitet, die anderen manchmal.	☐
Ich war sauer, dass ich Gruppensprecher wurde und bin es noch.	☐
Ich war sauer, dass ich Gruppensprecher wurde, bin es aber nicht mehr.	☐
Ich fand von Anfang an nichts dabei, Gruppensprecher zu sein.	☐
Menschlich waren wir ein prima Haufen.	☐
Wir bearbeiteten die Aufgaben, und das war's dann auch.	☐
Ich kann mir vom Menschlichen her tollere Gruppen vorstellen.	☐
Ich denke, wir haben durch die Gruppenarbeit mehr gelernt als alleine.	☐
Wir hätten allein vermutlich genauso viel Physik gelernt.	☐
Die Gruppentreffen waren Mist, sollte man wieder abschaffen.	☐

Was ich sonst noch sagen wollte, habe ich auf der Rückseite notiert …

Letztes Blatt:

Evaluationsbogen

Bitte kreuzen Sie je nach Zustimmung auf der 5-wertigen Skala an:

1. Ich studiere ________________ im __________ Semester.
2. Ich bin in keiner Übungsgruppe. Weiter bei (17)
3. Ich bin in einer Übungsgruppe mit insgesamt ______ Personen

	trifft vollständig …	… weitgehend …	… teils/ teils nicht …	… weitgehend nicht …	… überhaupt nicht zu
4. Ich besuche die Übung praktisch immer.	☐	☐	☐	☐	☐
5. Ich hatte Schwierigkeiten, eine für mich passende Gruppe zu finden.	☐	☐	☐	☐	☐
6. Ich finde, die Gruppe hat die richtige Größe.	☐	☐	☐	☐	☐
7. Wir sind in der Gruppe sehr verschieden stark in Physik.	☐	☐	☐	☐	☐
8. Nach meinem Gefühl dominiert eine(r) in der Gruppe zu sehr.	☐	☐	☐	☐	☐
9. Ich komme in der Gruppe zu selten zu Wort.	☐	☐	☐	☐	☐
10. Ich bereite mich fast immer auf das Gruppentreffen vor.	☐	☐	☐	☐	☐
11. In der Gruppe sind viele, die sich nicht vorbereiten.	☐	☐	☐	☐	☐
12. Meine Gruppe ist auch persönlich eine nette Gemeinschaft.	☐	☐	☐	☐	☐
13. Die Gruppenarbeit taugt nichts, ich lerne alleine genauso viel.	☐	☐	☐	☐	☐
14. Der Dozent geht auf die Probleme ein, die wir im Gruppenbrief angegeben haben.	☐	☐	☐	☐	☐
15. Das, was ich vorher nicht verstanden habe, habe ich nach der Erläuterung durch den Dozenten auch nicht kapiert.	☐	☐	☐	☐	☐
16. Der für mich wichtigste Punkt wurde gar nicht angesprochen, nämlich: (bitte kurz fassen)	☐	☐	☐	☐	☐

17. Ich bin in keiner Übungsgruppe, weil …

Teamlernen

Um die Qualität des studentischen Lernens zu erhöhen, können strategisch organisierte Kleingruppen gebildet werden, die das sogenannte Teamlernen ermöglichen (Michaelson). Diese Lehrstrategie ist in allen Veranstaltungsformen einsetzbar, auch und gerade in großen Vorlesungen. Hierbei werden etwa 20% der Veranstaltungszeit für die eigentliche Stoffvermittlung genutzt und 80% für die Gruppenarbeit. Die Lehrstrategie Teamlernen besteht aus fünf miteinander verbundenen Elementen:

1. Der Stoff wird in sinnvolle Lerneinheiten unterteilt (mindestens 5 bis 7). Die Studierenden müssen den zugehörigen Stoff VOR der jeweiligen Lerneinheit durcharbeiten.
2. Die Überprüfung, ob der Stoff verstanden worden ist, findet zu Beginn jeder Lerneinheit statt und besteht aus individuellen Prüfungsfragen, Gruppenprüfungen, unmittelbarer Rückmeldung (Feedback) und der Möglichkeit des Einspruchs.
3. Der Dozent registriert, welche Fragen den Gruppen Schwierigkeiten bereitet haben und gibt in der verbleibenden Zeit (etwa ein Viertel der Vorlesungszeit) genau dazu die Erläuterungen.
4. Während der Vorlesungszeit werden sorgfältig vorbereitete und anwendungsorientierte Gruppenaufgaben bearbeitet.
5. Die Zensur, welche die Studierenden zum Abschluss erhalten, setzt sich zusammen aus ihren individuell erreichten Punktwerten, dem Punktwert der Gruppe und den Bewertungen ihrer Leistung durch die anderen Gruppenmitglieder (s. a. Handout: Ein Schema zur Peer Evaluation).

Die Gruppenarbeit trägt zu einer besseren Gesamtzensur bei. Der erreichte Gruppenwert liegt in der Regel etwa 20% höher als der höchste individuelle Wert in der jeweiligen Gruppe.

Die Organisation der Gruppen

Die Studierenden werden in strategisch organisierten Kleingruppen von 5 bis 7 Mitgliedern aufgeteilt (auch bei Gruppengrößen von 200 und mehr möglich). Die Gruppen müssen strategisch zusammengesetzt werden, d.h. möglichst divergent sein im Hinblick auf Fachkompetenz, Semesterzahl, Geschlecht usw. In großen Gruppen kann entsprechend der Anzahl der Kleingruppen im Hörsaal von hinten nach vorn und von links nach rechts durchgezählt werden (z. B. bei 210 Teilnehmern und Gruppengrößen von 7 wird jeweils von 1 bis 30 durchgezählt und dann wieder von vorn angefangen. Danach versammeln sich die 1er, 2er usw. unter vorbereiteten großen Schildern mit der entsprechenden Zahl). Bleiben Sie gelassen: Das Chaos löst sich nach wenigen Minuten auf. Die Gruppen bleiben über das ganze Semester zusammen. Die Forschungsergebnisse hierzu zeigen, dass die Dauer der Zusammenarbeit in direktem und positivem Zusammenhang mit der Qualität der Gruppenarbeit steht.

Überprüfung des Stoffverständnisses

Dies geschieht in fünf Schritten:

1. *Selbständiges Studium:* Die Studierenden lernen primär, indem sie die angegebene Literatur oder schriftlichen Unterlagen durcharbeiten.
2. *Individuelle Prüfung:* Die Studierenden beantworten einen Multiple-Choice-Test mit 10 bis 20 Fragen zum Stoff, die in ca. 15 Minuten in der Veranstaltung beantwortet werden können.
3. *Gruppentest:* Die Studierenden diskutieren danach in der Gruppe das »Warum« und »Wie« ihrer individuellen Antwortwahlen. Zu jeder Frage muss die Gruppe zu einem Konsens über die richtige Antwort gelangen.
4. *Einspruch:* Die Gruppen erhalten hier Gelegenheit, die vom Dozenten als »richtig« gekennzeichneten Antworten in Frage zu stellen und zu begründen, warum ihre Antwortalternative (ebenfalls) richtig ist. Dies geschieht in schriftlicher Form. Der Dozent entscheidet darüber, ob die Begründung akzeptiert werden kann. Dies führt häufig zu

vertieftem Textstudium in der Gruppe und zu besserem Verständnis der Konzepte.

5. *Rückmeldung durch den Dozenten:* Anhand der Prüfungsergebnisse kann der Dozent das Niveau des Stoffverständnisses abschätzen und in der Vorlesung auf Missverständnisse und Lücken eingehen.

Ein wesentlicher Punkt für die Prüfung des Stoffverständnisses ist die Wiederholung. Wenn die Gruppen diesen Prozess nicht häufig genug erleben (individuell, Gruppe, Rückmeldung), dann formen sie sich nicht zu einer echten Arbeitsgruppe. Erst dann melden sich auch zuvor schweigende Studierende, z. B. dann, wenn die Gruppe die falsche Antwort gibt und sie die richtige Antwort herausgefunden haben.

Einspruch, Euer Ehren

Hier erhalten die Gruppen Gelegenheit, zu von ihnen falsch beantworteten Fragen schriftlich Stellung zu nehmen. Die Begründung muss aus dem bearbeiteten Stoff abgeleitet sein. Der Dozent entscheidet dann, ob er die alternative Antwort zulässt. Bei diesem Prozess lernen beide Seiten, die Studierenden und auch der Dozent. Der Dozent erhält Rückmeldungen über ungenaue oder doppeldeutige Fragen, die Studierenden lernen, aus dem Stoff zu argumentieren. Hierzu analysieren sie den Stoff nochmals und entwickeln dabei die Fähigkeit, kritisch zu denken.

Unmittelbare Rückmeldung

Die beste Rückmeldung an die Studierenden über ihre Leistung ist eine möglichst frühe. Der MC-Test dient dazu, festzustellen, wie gut die Studierenden Schlüsselbegriffe, Konzepte und Ideen verstanden haben und sollte in etwa 15 Minuten zu beantworten sein. Während die Gruppen über die individuellen Antworten diskutieren, kann der Dozent bereits damit beginnen, die individuellen Tests auszuwerten. Die Antworten können von einer anderen Gruppe bewertet werden oder die Gruppen bewerten ihr Ergebnis selbst. Um Täuschungsversuche zu vermeiden, kann in diesem Fall mit zwei Antwortblättern gearbeitet werden, von denen nach der Diskussion der Ergebnisse in den Gruppen ein Exemplar dem Dozenten ausgehändigt wird und das andere bei der Gruppe verbleibt.

11.6 Checkliste: Effektive Arbeit in Lerngruppen

Vor der Gruppendiskussion

- Wird der neu gelernte Stoff individuell und schriftlich mit MC-Aufgaben (oder mit Fragen vom Antworttyp ja/nein; am besten/schlechtesten; mehr/weniger/keine Veränderung) abgefragt?

Während der Diskussion innerhalb der Gruppen

- Werden die Gruppenmitglieder aufgefordert, über die individuellen Antworten zu diskutieren und zu einem Konsens über die richtige Antwort zu gelangen?
- Drehen sich die Diskussionen um das »Warum« oder »Wie« der Antwort?
- Ist der direkte und unmittelbare Vergleich der Antworten der einzelnen Gruppen mit den Antworten der anderen Gruppen gesichert (z. B. Plenum)?

Während der Diskussion zwischen den Gruppen

- Werden die Gruppenantworten gleichzeitig berichtet?
- Konzentrieren sich die Gruppenberichte auf die Schlüsselkonzepte?
- Wird den Gruppen Gelegenheit gegeben, über den gesamten Bericht zu reflektieren, bevor die Plenumdiskussion beginnt?
- Konzentrieren sich die Diskussionen um das »Warum« und/oder »Wie«?

Handout: Grundregeln für die effektive Arbeit in Gruppen

Grundregeln für die effektive Arbeit in Gruppen

Gruppenarbeit kann sehr effektiv sein und nicht nur zur Erweiterung des Fachwissens, sondern auch zur Entwicklung von analytischem und kritischem Denken und von Kooperations- und Kommunikationsfähigkeit beitragen. Dies sind Fähigkeiten, die in der zunehmenden Teamarbeit notwendige Voraussetzungen für den Teamerfolg in Studium und Beruf darstellen.

Die folgenden Hinweise sollen Sie dabei unterstützen, ein erfolgreiches Teammitglied und damit ein erfolgreiches Team zu sein. Es ist empfehlenswert, wenn Sie sich in Ihrer Gruppe darauf verständigen, nach diesen Vorschlägen zu verfahren. Während der Gruppenarbeit und auch bei auftretenden Konflikten hilft Ihnen dies sehr, themenzentriert zu arbeiten.

Nehmen Sie an allen Gruppensitzungen teil
Wenn Sie nicht teilnehmen, bedeutet das für die anderen, dass Ihnen Ihre Arbeit wichtiger ist als die Arbeit am Gruppenprojekt und damit, dass Sie wichtiger sind als alle anderen. Möchten Sie das? Sagen Sie den anderen auch vorher Bescheid, wenn Sie nicht teilnehmen können und warum Sie nicht teilnehmen können. Übernehmen Sie dafür andere Arbeiten.

Beteiligen Sie sich an der Gruppendiskussion
Wenn jemand sich nicht äußert, ist dies für die anderen frustrierend. Sie nehmen dann möglicherweise an, dass Ihnen das Projekt egal ist oder dass Sie sich nicht vorbereitet haben. Das führt nur zu einem schlechten Arbeitsklima in der Gruppe. Äußern Sie Ihre Meinung. Das trainiert auch für zukünftige Gelegenheiten im Studium und in der Arbeitswelt.

Seien Sie achtsam und respektvoll gegenüber den anderen Gruppenmitgliedern
Wenn Sie Ihre eigene Meinung überbewerten und die Meinung anderer herabsetzen, dann wirkt dies schädlich für das Klima in der Gruppe. Hören Sie zu, lassen Sie andere ausreden und antworten Sie dann zur Sache – und nicht zur Person.

Tragen Sie zum Gruppenerhalt bei
Eine gut funktionierende Gruppe ist ein soziales Gebilde, in dem es nicht nur um die »Sache«, sondern auch um soziale Interaktion zwischen Personen geht. Je besser Sie sich kennen lernen, desto besser gelingt auch der sachliche Teil der Arbeit. Jeder sollte daher auch einen gleichen Anteil an Routinearbeiten übernehmen (Kopieren, Exzerpieren, Literatursuche, Schreibarbeiten, Aufräumen usw.).

Übernehmen Sie Leitungsfunktionen
Wenn stets nur einer die Leitungsaufgabe übernimmt, dann ist das kein Gruppenprojekt, selbst wenn das Projekt erfolgreich abgeschlossen wird. Es ist wichtig, dass für die verschiedenen Aspekte der Arbeit jeweils ein anderes Mitglied die Leitung und Verantwortung übernimmt, z. B. für die Informationssuche, die Datenanalyse, den Projektbericht, die Präsentation usw.

Handout: Ein Schema zur Peer Evaluation

Lehrveranstaltung: ______________________________

Name (leserlich in Druckbuchstaben): ______________________________

Nehmen Sie sich bitte für die Beurteilung der anderen Gruppenmitglieder soviel Zeit, dass Sie möglichst objektiv und frei von Vorurteilen oder anderen Dingen, die mit der Leistung der anderen Studierenden nichts zu tun haben, deren Beitrag zur Gruppenarbeit einschätzen können.
Ihre Beurteilungen werden vertraulich behandelt.
Vergeben Sie bitte für jedes andere Mitglied der Gruppe eine Zensur von 1 bis 5 für deren Grad der Beteiligung an den auf der Rückseite aufgeführten Aufgaben.

Die Zensuren bedeuten Folgendes:
1: Hervorragend, hat wesentlich zum Erfolg des Projekts beigetragen
2: Überdurchschnittlich, gewillt mitzuarbeiten, fähig, erfolgreich, Extraeinsatz geleistet
3: Durchschnittlich, hat die Arbeiten erledigt, kein Extraeinsatz
4: War gewillt mitzuarbeiten, aber nicht besonders erfolgreich
5: Hat keinen Beitrag zur Erledigung der Aufgabe geleistet, obwohl es erwartet wurde.

Berücksichtigen Sie sowohl die Qualität der Arbeit als auch die Kooperationsfähigkeit Ihrer Kommilitonen:
Hat er/sie an allen Treffen teilgenommen?
Hat er/sie vereinbarte Termine für Beiträge eingehalten?
Hat er/sie konstruktive Kritik akzeptiert und entsprechend gehandelt?
Hat er/sie Ideen beigetragen und mit diskutiert?
Hat er/sie auch lästige Arbeiten übernommen (Kopieren, Bücher besorgen, Schreiben usw.)?
Für zusätzliche Kommentare ist unten noch Raum freigelassen.

Aufgabe	**Name des Gruppenmitglieds**			
	Müller	Meier	Schneider	Werner
War auf die Sitzung vorbereitet	☐	☐	☐	☐
Hat an den Sitzungen teilgenommen	☐	☐	☐	☐
Hat in der Gruppe mit diskutiert	☐	☐	☐	☐
Hat lästige Arbeiten erledigt	☐	☐	☐	☐
Hat konstruktive Kritik aufgenommen	☐	☐	☐	☐
Hat zum guten Gruppenklima beigetragen	☐	☐	☐	☐
Hat Literaturrecherchen für den Bericht erledigt	☐	☐	☐	☐
Hat die Analyse der Daten übernommen	☐	☐	☐	☐
Hat den Bericht geschrieben	☐	☐	☐	☐
Der Beitrag insgesamt war …	☐	☐	☐	☐
Sonstiges:				
Bemerkungen:				

Problemorientiertes Lernen

Problemorientiertes Lernen (POL) ist eine studentenzentrierte Lehrmethode, in der den Studierenden eine echte oder simulierte Problemsituation präsentiert wird (z. B. Fallbeschreibungen in der Medizin) und die auf der Theorie des Erfahrungslernens und des Kognitivismus basiert.

Das Ziel bei dieser Methode ist, die Problemlöse- und Denkfähigkeiten zu schulen und die Studierenden dabei zu unterstützen, unabhängig, autonom und selbstbestimmt zu lernen. Der Erwerb von Wissensstoff steht dabei nicht im Zentrum, sondern erfolgt eher »nebenbei«. Das POL kreist um interessante und sinnvolle Probleme und Fragestellungen. Die Rolle der Studierenden ist aktiv und relativ autonom. Sie planen die Untersuchungen und führen sie weitgehend selbständig aus, um die gestellten Fragen und Probleme zu beantworten.

POL erfordert Flexibilität im Hinblick auf den Ort der Durchführung, die Zeit bis zum Abschluss sowie das gestellte Thema, das die Studierenden unter Umständen selbst oder mit bestimmen können. Die Rolle des Dozenten ist primär die eines »facilitator«. Er oder sie erleichtert das Lernen der Studierenden, indem er sie durch die einzelnen Phasen des POL begleitet.

- *Orientierung auf das Problem:* Ausgangspunkt ist eine Fragestellung oder ein Problem. Das gestellte Problem sollte wesentlich sein.
- *Relevanz des Problems:* Das gestellte Problem sollte von praktischer Relevanz und simuliert oder real sein.
- *Organisation der Studiengruppen:* Die Gruppen arbeiten bis zur endgültigen Lösung des Problems zusammen und entwickeln dabei Kommunikations- und Kooperationsfähigkeiten.
- *Untersuchungsrahmen:* Der bereitgestellte Untersuchungsrahmen widerspiegelt, wie Experten das Problem untersuchen würden. Er hilft den Studierenden, das Problem systematisch zu explorieren und zu analysieren.
- *Unterstützung des unabhängigen Lernens und der Gruppenarbeit:* Die Studierenden entwickeln den Untersuchungsplan, sammeln die erforderlichen Daten, interpretieren die Ergebnisse und ziehen Schlussfolgerungen daraus.
- *Entwicklung und Präsentation der Ergebnisse:* Diese werden vorgestellt in Form von Ausstellungen, Postern, Modellen, Videos usw.
- *Analyse und Evaluation des Prozesses der Problemlösung:* Der gesamte Prozess wird noch einmal reflektiert und Folgerungen für das zukünftige Lernen werden diskutiert.

Damit das POL für Studierende und Dozenten erfolgreich verlaufen kann, sind einige kritische Punkte zu beachten, die sich auf die Qualität des Problems, die Rolle von Studierenden und Dozenten sowie den Gruppenprozess beziehen.

Die Qualität des Problems

Die Problemstellungen spielen eine entscheidende Rolle im POL. Sie dienen als Leitfaden für das Selbststudium, da die Studierenden die Lücke zwischen dem vorhandenen Wissen und dem Wissen, das benötigt wird, um das Problem zu lösen, selbst schließen müssen. Sie sind motivierend, da sie sich auf reale Probleme beziehen. Sie fördern die Arbeit in Gruppen, da nur so eine effiziente Lösung des Problems erreicht werden kann. Sie umfassen sowohl theoretische als auch praktische Aspekte.

Da Probleme eine zentrale Rolle im POL einnehmen, haben auch die Merkmale der Problemstellung einen entscheidenden Einfluss auf den folgenden Lernprozess, den Prozess der Problembearbeitung (Gruppenarbeit, Selbststudium usw.) und das Ergebnis, die Problemlösung.

Welche Merkmale kennzeichnen eine angemessene problemorientierte Aufgabenstellung? Das Problem sollte

- ein normales alltägliches Problem sein, das von Absolventen des Fachs gelöst werden kann

- den Wissensstand der Studierenden berücksichtigen
- in seiner Komplexität dem Stand des Vorwissens der Studierenden entsprechen
- ein konkretes und aktuelles Problem sein, das in der realen Berufssituation auftreten wird
- einen breiten Inhaltsbereich abdecken
- offen genug sein, um verschiedene Lösungen zu ermöglichen
- adäquates Aufgabenmanagement erfordern
- zu Diskussionen zwischen Lehrenden und Lernenden über mögliche Lösungswege führen.

Die Rolle von Studierenden und Dozenten
Eine erfolgreiche Problembearbeitung stellt neue Anforderungen an Studierende und Dozenten. Die Lehrenden haben die Aufgabe, den Lernprozess der Studierenden anzuregen, zu steuern und zu begleiten. Sie müssen daher in der Lage sein, sich verständlich auszudrücken und den Stoff so zu erklären, dass die Studierenden ihn verstehen können (Prinzip der kognitiven Passung).

Sie haben auch die Aufgabe, die Zusammenarbeit in den Kleingruppen zu unterstützen und dafür zu sorgen, dass alle Gruppenmitglieder gleichermaßen an der Problembearbeitung beteiligt sind. Sie dürfen dabei nicht der Versuchung unterliegen, zu direktiv vorzugehen, zu intervenieren und wieder in die Rolle des Dozenten zu verfallen, der das notwendige Wissen selbst vermittelt. Dies erfordert einen ständigen Balanceakt zwischen externer Regulation und Selbstregulation der Lernenden.

Die Studierenden müssen eine größere Verantwortung für ihren eigenen Lernprozess übernehmen. Sie müssen eine aktive Lernhaltung entwickeln, d. h. sie müssen zu selbständigem und unabhängigem Studium in der Lage sein. Sie müssen sich über ihre eigenen Lernziele klar werden, darüber, wie sie diese Ziele erreichen können, was dafür zu tun ist und welche Anstrengungen dafür erforderlich sind. Dies impliziert z. B. die Suche nach der passenden Literatur, die Entscheidung, welche Quellen relevant für das Problem sind, den Entwurf der Vorgehensweise zur Problemlösung, die Befragung von Experten oder Kommilitonen.

Der Gruppenprozess
Die Vorteile des Lernens in kleinen Gruppen sind – wie gesagt – hinreichend belegt: Die Studierenden erhalten Gelegenheit, aktiv und kooperativ zu lernen, sich wechselseitig zu unterstützen, Rückmeldungen über ihren Lernfortschritt zu erhalten und zu geben, ihre individuellen Stärken einzusetzen, ihre Studienzeit produktiv zu nutzen und dabei Fähigkeiten der Problemlösung und Teamfähigkeiten zu entwickeln.

11.7 Checkliste: Problemorientiertes Lernen

Qualität des Problems
Enthält das Problem die Merkmale einer angemessenen problemorientierten Aufgabenstellung? Ist es
- alltäglich?
- zu lösen?
- dem Vorwissen angemessen?
- von adäquater Komplexität?
- konkret, aktuell, real?
- diskussionsfähig?
- Deckt es einen breiten Inhaltsbereich ab?
- Ermöglicht es verschiedene Lösungen?
- Erfordert es Aufgabenmanagement?

Formulierung der Fragestellung und Zielsetzung
Sind Fragestellung und Zielsetzung mit den gegebenen zeitlichen, materiellen und geistigen Ressourcen zu bewältigen?
- Fragestellung präzise genug?
- Fragestellung realistisch?
- Fragestellung zu bearbeiten?
- Zielsetzung klar?

Analyse des Problems
Wird das Problem angemessen untersucht?
- Logische Vorgehensweise?
- Analyse umfangreich und tief?
- Wissenschaftliche Kriterien erfüllt?

Untersuchungsinstrumente
Sind die gewählten Untersuchungsinstrumente und -verfahren adäquat?
- Passend zur Fragestellung?
- Nach dem »state of the art« konstruiert?
- Methodisch angemessen?
- Decken sie die Fragestellung ab?

Formulierung von Lernzielen
Haben die Studierenden ihre eigenen Lernziele formuliert und evaluiert?
- Eigene Lernziele formuliert?
- Lernprozess reflektiert?
- Lernprozess evaluiert?

Selbststudium
Trägt das Selbststudium zur Problembearbeitung und -lösung bei?
- Unabhängiges Studium gewährleistet?
- Information problemrelevant?
- Information effizient zur Lösung verwendet?

Gruppenprozess
Ist der Lernprozess in der Gruppe lernförderlich verlaufen?
- Informationsaustausch gegeben?
- Diskussion über Relevanz der Information erfolgt?
- Information auf das Problem angewandt?
- Gegenseitige Rückmeldung über Lernfortschritte?
- Lernen kooperativ?
- Wechselseitige Unterstützung vorhanden?
- Individuelle Stärken eingesetzt?
- Rückmeldungen durch den Dozenten?

Evaluation
Findet eine kontinuierliche Evaluation statt?
- Bezogen auf die Sache?
- Bezogen auf den Lernprozess?
- Bezogen auf den Gruppenprozess?
- Bezogen auf den Dozenten?

11.8 Strukturiertes Brainstorming

Wenn Sie die Studierenden dazu bringen wollen, aus dem geistigen Korsett auszusteigen, das wir alle angelegt haben, und auf die Schere im Kopf zu verzichten, damit neue, ungewöhnliche und kreative Ideen in ihrem Kopf Platz finden können, dann ist die nachfolgende Methode gut geeignet.

Es ist allerdings nicht empfehlenswert, unmittelbar mit Brainstorming zu beginnen (»So, und jetzt brainstormen wir alle mal schön«), ohne dass die Sitzung vorbereitet wird und die Studierenden dazu bereit sind. Dies führt nur zu Frustrationen auf beiden Seiten. Eine gute Vorübung, um den Geist frei zu machen für das folgende strukturierte Brainstorming, ist die »Eierübung«. Diese Übung lockert Körper und Geist und macht das Gehirn bereit für die Entwicklung ungewöhnlicher Gedanken und Ideen.

Vorübung: Das Flugei
Hierzu werden Teams von Studierenden gebildet, die jeweils die folgende Materialien erhalten:
- 1 rohes Ei
- etwa 28 Strohhalme
- etwa 1,2 m Bindfaden
- 1 Schere

Die Aufgabe der Teams besteht darin, eine Konstruktion zu entwickeln, mit der das Ei aus einem Meter Höhe unbeschädigt auf dem (mehr oder weniger harten) Boden landen kann. Hierfür erhalten die Teams 15 Minuten oder mehr Zeit. Danach erfolgt der gemeinsame Härtetest (für einen geeigneten und leicht zu reinigenden Platz sorgen).

Nach dieser Übung, die Körper und Geist aufgelockert hat, können Sie mit dem strukturierten Brainstorming beginnen.

Strukturiertes Brainstorming
Kreativ ein Problem gemeinsam zu lösen, ist der Grundgedanke des Brainstorming. Damit die kollektive Ideensuche im Team wirklich wertvolle Verbesserungen bringt, muss sie aber strukturiert werden. Die bei Neuland angewandte Moderationstechnik hat eine Vorgehensweise entwickelt, die auf Ideenfindung ebenso großen Wert legt wie auf die anschließende Entscheidungsdurchsetzung. Das wird in drei Schritten erreicht:

1. Die Ideenfindung wird wesentlich intensiver und gründlicher durchgeführt als beim traditionellen Brainstorming. Alle Beteiligten fühlen sich viel sicherer, weil wirklich alle Aspekte berücksichtigt werden.
2. Aufgrund der gemeinsamen Erarbeitung der Problemlösung und der gemeinsamen Entscheidungsfindung engagiert sich der Einzelne eher bei der anschließenden Realisierung.
3. Der aus Punkt (1) und (2) folgende Arbeitsablauf wird sorgfältig und genau festgehalten, die Teilarbeiten werden verteilt. Diese konkreten Umsetzungsstrategien sind von Anfang an eingebaut und werden laufend überprüft.

In der Neuland-Moderationsmethode ist der erweiterte Ideenfindungsprozess in 12 Phasen gegliedert. Die Methode funktioniert nach dem Zwiebelschalenprinzip, das heißt, Sie arbeiten sich langsam, Schicht für Schicht, an den Kern des Problems heran und finden dafür die beste Lösung. Es ist von Vorteil, das Brainstorming im Team durchzuführen und Teilbereiche der effektiven Umsetzung an Einzelpersonen oder Zweiergruppen weiterzugeben.

Die 12 Phasen des strukturierten Brainstorming

Schreiben Sie zu Beginn der Teamarbeit auf eine große Karteikarte an einer Pinnwand für alle gut sichtbar das Problemthema auf: »Darüber werden wir heute sprechen.«

1. Phase: Sammeln der ersten, an der Oberfläche liegenden Ideen
»Welche Fragen müssen wir auf jeden Fall beachten?« Oder: »Das können wir dazu auf jeden Fall sagen.« Mit dieser »auf jeden Fall«-Phase generieren Sie Aussagen, die an der Oberfläche liegen. Erfahrungsgemäß kommen meist Allgemeinplätze und altbekannte Thesen zum Vorschein, aber das schadet nichts. Die Ideen werden auf Karten geschrieben und angepinnt.

2. Phase: Sammeln weiterer, vertiefter oder analoger Ideen
»Welche Fragen müssen wir vielleicht beantworten?« Oder: »Das können wir vielleicht dazu sagen.« Mit dem »vielleicht« sind die Teilnehmer aufgefordert, sich vertieft mit der Angelegenheit zu befassen. Unsichere Teammitglieder äußern sich eher, wenn die Vorschläge mit »vielleicht« formuliert werden.

3. Phase: Umkehrfragen: Das werden wir auf keinen Fall tun
Gemeint sind Ideen, die wir auf keinen Fall realisieren möchten oder können. Notieren Sie auf der Pinnwand: »Das werden wir auf keinen Fall tun.« Bei diesem Punkt des Brainstorming werden wieder Anregungen der Teilnehmer aufgeschrieben. Diesmal soll der Input der Team-Mitglieder Lösungen oder Antworten hervorbringen, die, umgedreht, neue Ansätze aufzeigen. Meist kommen so Vorschläge zutage, die durchaus diskutabel sind, die aber niemand während der »auf jeden Fall«-Phase oder »vielleicht«-Phase zu nennen gewagt hat.

4. Phase: Gruppieren verschiedener Ideen mit ähnlichen Aussagen
Nun gruppieren Sie die verschiedenen Aussagen mit ähnlichem Inhalt. Sie vermischen dabei die Punkte »vielleicht« und »auf keinen Fall«. Die »auf keinen Fall«-Ideen formulieren Sie positiv um (falls möglich) und fügen sie sodann in eine der bestehenden Ideengruppen ein. Dies ist die erste Strukturierungsphase.

5. Phase: Überschrift über die gruppierten Ideen

Gemeinsam (oder im Zweierteam) suchen Sie nun Oberbegriffe über die zusammengefassten Ideenblöcke.

6. Phase: Lückenanalyse: Was wurde noch nicht gesagt?

Die Fragestellung auf der Pinnwand lautet nun: »Was fehlt noch?« Mit der sogenannten Lückenanalyse stellen Sie gemeinsam mit den anderen fest, ob irgendwelche Punkte oder Ideen noch nicht berücksichtigt worden sind. Es ist empfehlenswert, die Lückenanalyse in einer zweiten oder dritten Zusammenkunft zu wiederholen. Die in der Lückenanalyse erarbeiteten neuen Ideen fügen Sie den gruppierten Ideen (5. Phase) hinzu.

7. Phase: Gemeinsame Gewichtung der erarbeiteten Ideen

Die in der 5. und 6. Phase erarbeiteten »Cluster« werden nun gewichtet. Jeder Teilnehmer und jede Teilnehmerin erhält dazu eine bestimmte Anzahl Klebepunkte. Sinnvollerweise befindet sich ein Drittel der Ideenblöcke an der Pinnwand. Gewichten können die Teammitarbeiter nach drei verschiedenen Gesichtspunkten:

- Die Punkte werden auf diejenigen Ideencluster geklebt, welche die Teammitglieder für die besten halten.
- Die Punkte werden auf die Ideencluster geklebt, die man weiterverfolgen will.
- Die Punkte werden auf diejenigen Ideencluster geklebt, die nicht weiter verfolgt werden sollen.

8. Phase: Auflisten der Ideen nach ihrer Realisierungsmöglichkeit

Jetzt wird eine Rangfolge der Ideen erarbeitet. Diese wird nach den in Phase 7 erarbeiteten Ideen gebildet. Sie notieren:

- welches die beste Idee ist
- wie die Ideen heißen
- was weiter verfolgt wird
- wer die Weiterführung übernimmt
- wann die Arbeit erledigt wird

9. Phase: Suchen von Lösungsmöglichkeiten zur Realisierung der Ideen

Erstellen Sie erneut eine Liste:

- Ins Feld 1 übertragen Sie jeweils die einzelnen Ideenklumpen (Überschriften) aus der Themenliste, die Sie in Phase 8 erstellt haben. Damit jeder versteht, was sich hinter den Ideenklumpen verbirgt, können diese ausformuliert werden.
- Unter dem Stichwort »Tätigkeiten« schreiben Sie auf, welche Schritte zur Realisierung der Idee notwendig sind. Allenfalls sind in dieser Phase noch weitere Untersuchungen (z. B. Kostenberechnungen) notwendig.
- Was könnte in der Praxis schief gehen? Wo gibt es bei der Umsetzung möglicherweise Probleme? Diese Punkte werden gemeinsam diskutiert und unter »Widerstände« notiert. Allenfalls wird hier noch ein eigener Entscheidungsprozess notwendig.

10. Phase: Auftragserteilung mit Zeitplan

Im Anschluss an die 9. Phase wird nun entschieden, welche Arbeiten konkret auszuführen sind. Dies wird auf einer nachfolgenden Auftragsliste notiert. Die nummerierte Auftragsliste dient einerseits der klaren Auftragszuteilung (Tätigkeit) und andererseits der Fortschritts- und Erfolgskontrolle (wer, mit wem, bis wann, Bemerkungen). Falls nötig, werden Zwischentermine zur Ausführungskontrolle festgelegt.

11. Phase: Erstellen der (Foto-)Protokolle

Weil die Projektbearbeitung mit Plakaten eher unpraktisch ist, werden von allen Tafeln an der Pinnwand Fotoprotokolle hergestellt (auf Format A4). Sie dienen als Arbeitsunterlage und werden zur späteren Fortschritts- und Ergebniskontrolle eingesetzt.

12. Phase: Realisierung der Beschlüsse mit Ergebniskontrolle

Bestimmen Sie bei größeren Arbeiten einen Hauptverantwortlichen. Diese Person soll die einzelnen Arbeiten koordinieren und vor allem regelmäßig und zuverlässig die Fortschritte und Teilergebnisse kontrollieren.

11.9 Checkliste: Strukturiertes Brainstorming

1. Sammeln der ersten naheliegenden Ideen: Das können wir *auf jeden Fall* dazu sagen
2. Sammeln weiterer, vertiefter oder analoger Ideen: Das können wir *vielleicht* dazu sagen
3. Umkehrfragen: Das werden wir *auf keinen Fall* tun!
4. Gruppieren verschiedener Ideen mit ähnlichen Aussagen
5. Überschrift über die gruppierten Ideen
6. Lückenanalyse: Was wurde *noch nicht gesagt?*
7. Gemeinsame Gewichtung der erarbeiteten Ideen
8. Auflisten der Ideen nach ihrer Realisierungsmöglichkeit
9. Suchen von Lösungsmöglichkeiten zur Realisierung der Ideen
10. Auftragserteilung mit Zeitplan
11. Erstellen der (Foto-)Protokolle
12. Realisierung der Beschlüsse mit Ergebniskontrolle

11.10 Das ist ja alles schön und gut, aber ...

Es kann gut sein, das Ihnen während der Lektüre Gedanken durch den Kopf gegangen sind, die eine gewisse Skepsis gegenüber der Möglichkeit des Einsatzes dieser Methoden in Ihrem Lehralltag ausdrücken. Wenn Sie sich selbst fragen, was Sie daran hindern könnte, neue Lehrstrategien auszuprobieren (falls dies überhaupt zutreffen sollte), dann kommen Sie wahrscheinlich auf einige oder mehrere der im Folgenden genannten Gründe:

- Ihre Selbstwahrnehmung und ihr Selbstverständnis
- Das Selbstverständnis Ihrer Rolle als Dozent
- Das Unbehagen und die Angst, die Veränderungen normalerweise hervorrufen
- Der fehlende Anreiz für Veränderungen
- Die begrenzte Veranstaltungszeit
- Die erhöhte Vorbereitungszeit
- Die Schwierigkeit, aktives Lernen in großen Veranstaltungen einzuführen
- Fehlende Materialien oder Ressourcen

Und wenn Sie noch weiter darüber nachdenken, dann werden Sie vielleicht feststellen, dass die möglichen Risiken, die mit der Lehrstrategie »Aktives Lernen« verbunden sind, Sie daran hindern könnten, sie einzuführen. Es könnte ja sein, dass die Studierenden nicht mitmachen oder nicht genug Stoff lernen, dass Sie als Dozent einen Kontrollverlust erleben, dass Ihnen die notwendigen Fähigkeiten und Methoden dafür fehlen, dass Sie von Kollegen für Ihre unorthodoxen Methoden kritisiert werden usw.

Ihre neue Rolle können Sie jedoch erfolgreich ausfüllen, indem Sie Ihre Aktivitäten zur Förderung der studentischen Lernprozesse wie gezeigt sorgfältig planen.

12 Wie Sie die Qualität des Lernens steigern können

In den bisherigen Kapiteln ist eines immer wieder deutlich geworden: Als Dozent oder Dozentin haben Sie es in der Hand, über Ihre Lehrziele (höhere kognitive und affektive Lehrziele), über die Art der Prüfung (Faktenwissen vs. tieferes Verständnis) und über Ihre Lehrstrategien (dozentenzentriert vs. studentenorientiert) die Qualität des studentischen Lernens zu bestimmen. Bisher ist jedoch die Frage noch nicht beantwortet worden, welche Strategien Sie zu welchem *Zeitpunkt* im Studium dafür einsetzen können.

Die Antwort ergibt sich aus der intellektuellen Entwicklung von Studierenden im Verlauf des Studiums. Das Verständnis der intellektuellen Entwicklung ermöglicht Ihnen einerseits eine adäquate Einschätzung, welche intellektuellen Leistungen Sie wann von den Studierenden erwarten können und andererseits, was die Studierenden wann von Ihnen als Lehrenden erwarten. Im Verlauf des Studiums sollten die Studierenden in die Lage versetzt werden, zunehmend die Verantwortung für ihr eigenes Lernen zu übernehmen. Dies steht auch in Übereinstimmung mit ihrer kognitiven Entwicklung während des Studiums.

Studienanfänger verlassen sich noch auf die Autorität der Lehrenden im Hinblick darauf, was sie wissen müssen, wie gut sie es wissen müssen und wie sie ihr Wissen verwenden sollen. Fortgeschrittene Studierende sollten in der Lage sein, unterschiedliche Informationsquellen zu analysieren und zu beurteilen, Information aus verschiedenen Quellen zu einer Synthese zusammenzufassen usw. Im Idealfall sollten sich die Studierenden von einer dozentenzentrierten Orientierung zu selbständigen und autonomen Lernenden entwickeln. Dieser Entwicklungsfortschritt zeigt sich in dem Ausmaß, in dem die Studierenden ihre eigenen Ziele für die Veranstaltungen definieren, sie ihren eigenen Lernfortschritt überwachen und selbst Kriterien für die Beurteilung ihrer Leistung festlegen.

12.1 Die Förderung von Studierenden

Ein bekannter Chirurg fährt mit seinem Sohn zum Angeln. Auf dem Weg zum See gerät er mit seinem schweren Wagen in einer Kurve auf nassem Laub ins Schleudern. Der Wagen überschlägt sich schließlich und prallt gegen einen Baum. Der Vater ist anscheinend sofort tot, der Sohn schwer verletzt. Ein vorbeikommender Autofahrer fordert Hilfe an und der Sohn wird in das nächste Unfallkrankenhaus transportiert. Das Operationsteam ist bereits vorbereitet. Als der Sohn in den Operationssaal gefahren wird, beugt sich ein Mitglied des Teams über ihn und sagt: »Ich kann ihn nicht operieren. Er ist mein Sohn.«

Was ist geschehen? – *Denkpause* –

Geben Sie sich ein wenig Zeit für die Antwort. Ich habe einige Minuten gebraucht, um sie herauszufinden.

Annahmen und Überzeugungen darüber, dass Männer und Frauen sich auch in anderer Hinsicht unterscheiden als lediglich physisch,

z. B. in ihren Fähigkeiten, Fertigkeiten und Geschicklichkeiten, sind weit verbreitet. In der männlich dominierten Hochschullandschaft (weniger als 12 % der Hochschullehrer sind weiblich!) ist es jedoch nicht verwunderlich, wenn auch die Lehr- und Lernbedingungen eher auf männliche Studierende ausgerichtet sind. Frauen bilden dann den Sonderfall. Der Standardfall besteht darin, keine Frau zu sein. Die Regel ist männlich, Frau zu sein die Ausnahme. In der Hochschule sollte jedenfalls die Förderung aller Studierenden unabhängig von ihrem Geschlecht eine Selbstverständlichkeit sein.

In der Forschung hat sich zudem herausgestellt, dass maskuline Bezeichnungen in Texten oder im Sprachgebrauch weibliche Personen im Bewusstsein weniger vorstellbar oder sichtbar machen als männliche Personen. Der gedankliche Einbezug von Frauen kann jedoch durch die Nennung beider (Student/Studentin; Dozent/Dozentin) oder das große »I« (StudentInnen) gefördert werden.

Die folgende Zusammenstellung ist für Leser gedacht, die eine Lernumgebung schaffen wollen, die das Lernen von Studentinnen ebenso unterstützt wie das Lernen von Studenten, und die damit Chancengleichheit für beide Geschlechter anstreben (also, wie ich annehme, alle Leser).

Frauen fühlen sich z. B. in Diskussionen weniger wohl, besonders dann, wenn die Diskussionen kontrovers und streitbar geführt werden. Viele Frauen ziehen es vor, in solchen Diskussionen zu schweigen. Als Dozent können Sie ihre Beteiligung fördern, indem Sie Studentinnen direkt auffordern, an der Diskussion teilzunehmen und indem Sie dafür sorgen, dass die Beteiligung der Frauen ihrem zahlenmäßigen Anteil an der Gruppe entspricht. Sie können auch auf gute Beiträge von Studentinnen verweisen. Frauen stellen ihre intellektuelle Kompetenz eher in Zweifel als Männer, und dies, obwohl sie im Studium hervorragend abschneiden. Generell gilt: Wenn Sie ein positives Lernklima schaffen, dann erhöht sich die Wahrscheinlichkeit für eine Beteiligung aller Studierenden.

Es sind ganz subtile Mechanismen, welche bewirken, dass in der Wissenschaft immer noch die Männlichkeit als Norm betrachtet wird. In der Regel ist dies den Beteiligten überhaupt nicht bewusst. Sie können im Folgenden für sich feststellen, ob Sie in Ihrer Lehre wirklich beide Geschlechter gleichermaßen berücksichtigen und damit vorstellbar und sichtbar machen.

Welche geschlechtsbezogenen Botschaften sind z. B. in Ihren schriftlichen Unterlagen enthalten? Welche Aussagen werden über Frauen und Männer getroffen? Werden Frauen überhaupt erwähnt? Gehen Sie Ihre Unterlagen einmal daraufhin durch, ob beide Geschlechter in den Texten angemessen berücksichtigt sind.

Bewusstseinsfragen

Mit den folgenden Fragen können Sie zudem für sich selbst überprüfen, ob in Ihrem Bewusstsein Studenten und Studentinnen, Dozenten und Dozentinnen gleichermaßen vertreten sind:

- Unterstütze ich alle Studierenden, unabhängig von ihrem Geschlecht?
- Unterstütze ich Studenten mehr als Studentinnen, indem ich auf ihre Fragen und Kommentare häufiger eingehe und sie korrigiere?
- Kritisiere ich die Arbeiten von Studentinnen und Studenten in gleicher Weise?
- Stelle ich Studentinnen leichtere Fragen als Studenten?
- Führe ich schlechte Leistungen bei Studenten eher auf mangelndes Interesse oder geringe Anstrengung zurück, bei Studentinnen eher auf mangelnde Fähigkeiten?
- Halte ich gleichermaßen Augenkontakt zu Studentinnen und Studenten?
- Können sich Studentinnen in meiner Veranstaltung wohl fühlen und an den Diskussionen teilnehmen?
- Ist mein Lehrstil eher auf Studenten ausgerichtet als auf Studentinnen?

- Missbillige ich Sprachmuster, die diskriminierend für ein Geschlecht sind?
- Schreite ich ein, wenn Studenten oder Kollegen sexistische Kommentare äußern?
- Ist mir bewusst, dass Studentinnen eher Vorschläge unterbreiten als zu fordern oder zu verlangen und dass Studenten andere öfter unterbrechen?
- Wenn ich weiß, dass Studentinnen eher Erklärungen und Anweisungen und die Arbeit in Gruppen bevorzugen und Studenten es eher bevorzugen, unabhängig zu arbeiten: Wie kann ich diesem Umstand in meiner Veranstaltung Rechnung tragen?

Übrigens: Es ist eine Chirurg*in*, die Mutter!

12.2 Die Förderung der intellektuellen Entwicklung von Studierenden

Die ersten Untersuchungen zur intellektuellen und ethischen Entwicklung von Studierenden wurden ausschließlich mit männlichen Studierenden durchgeführt. Deshalb wurde zu Recht Kritik wegen der Vernachlässigung der Perspektive der anderen Hälfte der Studierenden laut, den Studentinnen.

In Studien mit Studentinnen wurde festgestellt, dass viele Frauen über eine andere Art des Wissens verfügen. Der wesentliche Unterschied besteht darin, dass männliche Studierende häufiger über »separates Wissen« verfügen. Dies ist eine Art des Lernens, die unpersönlich und objektiv ist und die mit kritischer Argumentation und Analyse verbunden ist, dem, was wir als die »wissenschaftliche Methode« bezeichnen.

Viele Frauen jedoch sind »connected learners«. Dies bedeutet, dass sie versuchen, Zugang zum Wissen anderer Personen zu gewinnen. Wesentlich für dieses Vorgehen ist die Fähigkeit zur Empathie. Dabei fragt die Studentin nicht danach, ob etwas richtig ist (»Wie können Sie das beweisen?«), sondern sie fragt danach, was es bedeutet (»Was hat Sie zu dieser Auffassung geführt?«). Dies geschieht am besten durch die Diskussion in einer Lerngemeinschaft, in der die Gedanken und Ideen über bestimmte Fragen und Probleme ausgetauscht werden. Für Studentinnen sind demnach Lerngruppen besser geeignet, um die Qualität ihres Lernens zu fördern. Beide Arten des Wissens sind jedoch für die intellektuelle Entwicklung von Studierenden gleichermaßen gut geeignet.

In einer später durchgeführten Längsschnittuntersuchung wurde bestätigt, dass Studentinnen häufiger »connected learners« sind und Studenten häufiger »separate learners«. Zusätzlich scheint es jedoch auch Mischformen zu geben, und die jeweils andere Konzeption ist in beiden Geschlechtern nicht selten vertreten.

In der Untersuchung konnten vier Entwicklungsstadien der erkenntnistheoretischen Reflexion von Studierenden unterschieden werden (vgl. Tab. 14).

Absolutes Wissen (1. – 2. Studienjahr)

In der Phase des absoluten Wissens nehmen die Studierenden an, dass es auf jede Frage nur eine richtige oder falsche Antwort gibt und dass die richtige Antwort, die Wahrheit, von einer Autorität gegeben wird – in der Regel vom Dozenten. Diese Antworten sollen kurz, klar und eindeutig sein. In diesen frühen Stadien der Entwicklung haben Studierende noch eine geringe Ambiguitätstoleranz (sie halten Mehrdeutigkeiten und Ungewissheiten nur schwer aus), sie akzeptieren jedoch, dass der Stand der Wissenschaft in einigen Fällen die Antwort noch nicht erlaubt. Die Studierenden tauschen mit den anderen Lernenden Unterrichtsmaterialien und Aufzeichnungen aus und erklären sich wechselseitig, was sie gelernt haben.

Der Dozent sollte auf dieser Stufe das Wissen auf eine angemessene Weise vermitteln und sicherstellen, dass die Studierenden es verstehen. Die Prüfungen sind für die Studierenden dazu da, dem Dozenten zu zeigen, was sie gelernt haben. Das Wissen gilt als gesichert oder absolut.

	1. Studienjahr	2. Studienjahr	3. Studienjahr	4. Studienjahr	5. Studienjahr	6. Studienjahr/ Abschluss
4. Stadium					kontextbezogenes Wissen im Kontext des Faches	
3. Stadium				unabhängiges Wissen inter-individuell orientiert	unabhängiges Wissen individuell orientiert	
2. Stadium			Übergangswissen sach-orientiert	Übergangswissen personen orientiert		
1. Stadium	absolutes Wissen aufnehmen	absolutes Wissen beherrschen				

Tab. 14: Intellektuelle Entwicklung von Studierenden im Verlauf des Studiums.

Zwei Wissensmuster lassen sich auf dieser ersten Stufe unterscheiden: Das Aufnehmen des Wissens und die Beherrschung des Wissens.

1. *Aufnehmen des Wissens:* Der aufnehmende Student hört zu und fertigt Aufzeichnungen an. Zu den Dozenten hat er keine besondere Beziehung. Mit den Kommilitonen redet er in entspannter Atmosphäre und stellt Fragen, um den Druck zu mildern. Die Prüfung sollte sich auf den gebrachten Stoff beziehen und verschiedene Möglichkeiten eröffnen, das Wissen zu zeigen. Das Wissen beinhaltet unterschiedliche Meinungen über die Fakten, und die Entscheidung darüber, was richtig oder falsch ist, wird über die persönliche Interpretation getroffen.
2. *Beherrschung des Wissens:* Studierende, die den Stoff beherrschen wollen, nehmen an den Aktivitäten im Unterricht teil und zeigen der Dozentin, dass sie daran interessiert sind. Sie betrachten die Kommilitonen als Partner, mit denen sie diskutieren und sich gegenseitig abfragen können.

Der Dozent sollte eine Vielfalt an Lehrmethoden einsetzen und den Studierenden hilfreiche Rückmeldungen über ihren individuellen Leistungsstand geben. Das Wissen wird über die Forschung und die Befragung von Experten gesichert.

Wie können Sie die Studierenden in dieser ersten Entwicklungsphase unterstützen?

- Als Lehrende sollten Sie Hilfsbereitschaft signalisieren und den Studierenden Gelegenheit geben, Sie kennen zu lernen.
- In der Lehrveranstaltung fördert der Einsatz aktivierender Lehrmethoden und die Bildung von Lerngruppen das studentische Lernen.
- Übertragen Sie den Studierenden Verantwortung und geben Sie ihnen Unterstützung bei der Erfüllung ihrer Aufgaben.
- Besonderen Wert sollten Sie darauf legen, den Studierenden die Lehrziele, die Art der Prüfung und die Kriterien für die Benotung zu erläutern.

Übergangswissen (2. – 4. Studienjahr)
Das Übergangswissen ist gekennzeichnet durch das Verständnis des Gelernten, das aktiv zwischen den Studierenden ausgetauscht wird. Der Lehrende sollte Lehrmethoden einsetzen, die das Verständnis und die Anwendung des Wissens fördern, und in den Prüfungen sollte das Verständnis des Gelernten verlangt werden. Hier beginnen die Studierenden Diversität und Ungewissheit zu erkennen. Sie stellen fest, dass die Autoritäten unterschiedliche Ansichten vertreten und die richtige Antwort noch nicht gefunden haben, und dass die Ansichten anderer Studierender von ihrer eigenen abweichen. Die Wahrheit kann aber immer noch gefunden werden. Das Lernen der Studierenden auf dieser Stufe ist entweder an der Sache orientiert oder an Personen orientiert.

1. *An der Sache orientiert:* An der Sache orientierte Studierende versuchen, den Stoff zu verstehen und darüber nachzudenken. Sie debattieren mit anderen darüber. Von diesen anderen erwarten sie, dass sie ihre Meinungen äußern und darüber mit ihnen debattieren.
   Der Lehrende sollte das Verständnis des Stoffs betonen und die Studierenden zum Denken herausfordern. Die Prüfung sollte fair und praktisch orientiert sein. Das Wesen des Wissens bewegt sich ausgewogen zwischen Gewissheit und Ungewissheit. Hierüber wird durch logische Vorgehensweise und Forschung entschieden.
2. *An Personen orientiert:* An Personen orientierte Studierende sammeln die Ideen anderer, sie lernen viel und praktischen Stoff. Die Mitstudenten eröffnen ihnen den Zugang zu neuen Ideen, sie sind viel mit ihnen zusammen und hören sich ihre Ansichten an.
   Die Dozentin sollte eine persönliche Beziehung zu ihnen entwickeln und sie am Prozess der Wissensgenerierung beteiligen. In der Prüfung sollten die persönlich begründeten Entscheidungen eine große Rolle spielen. Das Wissen ist nicht immer gesichert, und das persönliche Urteil entscheidet zuweilen darüber.

Wie können Sie die Studierenden in dieser zweiten Entwicklungsphase unterstützen?
- Entwickeln Sie eine gute Beziehung zu den Studierenden und zeigen Sie ihnen, dass Ihnen ihr Lernfortschritt wichtig ist.
- Setzen Sie interaktive Lehrstrategien ein, in denen die Studierenden aktiv beteiligt werden.
- Bilden Sie Gruppen, in denen das Teamlernen praktiziert wird.
- Unterstützen sie die Bildung von studentischen Netzwerken.
- Fördern Sie das Tiefenlernen.
- Diskutieren Sie unterschiedliche Ansichten, Auffassungen und Theorien.
- Schaffen Sie Gelegenheiten für praktische Erfahrungen.

Unabhängiges Wissen (4. – 5. Studienjahr)
Studierende, welche die Phase des unabhängigen Wissens erreichen, denken eigenständig, entwickeln eine eigene Perspektive und diskutieren ihre Auffassungen mit ihren KommilitonInnen. Der Dozent sollte das unabhängige Denken und den Austausch der Meinungen fördern. In den Prüfungen wird das unabhängige Denken hoch bewertet. Das Wissen ist nicht immer gesichert, jeder hat seine oder ihre eigene Meinung. Die Studierenden lösen diesen Konflikt, indem sie akzeptieren, dass in Streitfragen alle Ansichten gleich gültig sind und jeder ein Recht auf seine oder ihre eigene Meinung hat.

Zwei Orientierungen kennzeichnen diese Phase des Wissens: die interindividuelle und die individuelle Orientierung.

1. *Interindividuelle Orientierung:* Studierende mit interindividueller Orientierung denken selbständig, möchten jedoch ihre Ansichten mit den Kommilitonen teilen.
   Die Lehrende sollte den Austausch der Meinungen fördern. In der Prüfung sollte ein

wechselseitiger Austauschprozess zwischen Student und Dozent stattfinden. Das Wissen enthält Diskrepanzen, die auf die jeweilige Interpretation oder auf Vorurteile zurückzuführen sind.

2. *Individuelle Orientierung:* Individuell orientierte Studierende denken ebenfalls selbständig und erwarten dies auch von ihren KommilitonInnen.
   Der Lehrende sollte dem Studierenden erlauben, seine oder ihre eigenen Lernziele zu definieren und in der Prüfung auf unabhängiges Denken abzielen. Das Wissen enthält Diskrepanzen, weil jede(r) ihre oder seine eigene Auffassung hat.

Wie können Sie die Studierenden in dieser dritten Entwicklungsphase unterstützen?

- Behandeln Sie die Studierenden als Partner in einer Lerngemeinschaft.
- Entwickeln Sie eine gute Beziehung zu ihnen.
- Schaffen Sie eine Verbindung zwischen dem Lernstoff und der Realität.
- Bilden Sie kooperative Lerngruppen, in denen das unabhängige, kritische Denken sich entwickeln kann und die Studierenden ihre Glaubenssysteme (espoused theories) überprüfen können.
- Lassen Sie die freie Meinungsäußerung zu.
- Würdigen Sie gegensätzliche Ansichten und andere Ansichten als Ihre eigene.
- Geben Sie den Studierenden Gelegenheit, Führungsrollen einzunehmen und stärken Sie ihr Selbstbewusstsein.

Kontextbezogenes Wissen (Letztes Studienjahr und Jahr nach dem Studium)

Kontextbezogenes Wissen zeichnet sich aus durch den Austausch und den Vergleich der Perspektiven, das Durchdenken von Problemen und die Integration und Anwendung des Wissens. In diesem Stadium der Entwicklung trägt der Student selbst die Verantwortung für sein oder ihr Wissen. Die »peers« fördern das Lernen durch qualitativ anspruchsvolle Beiträge, die der Student gegebenenfalls in seinen Wissensbestand integriert.

Die Rolle des Dozenten sollte darin bestehen, die Anwendung des Wissens im Kontext des Fachs und die Diskussion der unterschiedlichen Perspektiven zu fördern. Die Prüfungen sollten die erreichte Fachkompetenz messen. Lehrende und Lernende arbeiten gemeinsam auf das angestrebte Ziel hin und überprüfen dabei häufig den gemachten Fortschritt. Das Wesen des Wissens ist kontextgebunden, es wird beurteilt auf der Basis seiner Evidenz im jeweiligen Kontext des Fachs. Hier treten Verantwortung und Engagement auf den Plan. Die Studierenden verschreiben sich bestimmten Werten, sozialen Beziehungen und finden zu persönlicher Identität. Dieser hohe qualitative Entwicklungsstand wird nur von etwa 10 % am Studienende erreicht.

Wie können Sie die Studierenden in dieser vierten und letzten Entwicklungsphase unterstützen?

- Betrachten Sie die Studierenden als (zukünftige) Kollegen in der Gemeinschaft der Experten und handeln Sie dementsprechend.
- Übertragen Sie ihnen die Verantwortung für ihr eigenes Lernen und geben Sie ihnen dazu Wahlmöglichkeiten.
- Schaffen Sie Gelegenheiten für interdependentes Arbeiten, d. h. eine wechselseitige Abhängigkeit zwischen den Lernenden, die nur durch gemeinsame Anstrengung ans Ziel gelangen können.
- Betonen Sie die wichtige Rolle der KommilitonInnen als Wissensträger.

12.3 Grundprinzipien für die Förderung von Studierenden

Die Ergebnisse der Studien zur intellektuellen Entwicklung von Studierenden lassen sich in vier Grundprinzipien zusammenfassen, die bei der Förderung der intellektuellen Entwicklung der Studierenden zu berücksichtigen sind.

1. Geben Sie den Studierenden das Gefühl, dass sie Wissensträger sind und dass ihr Wissen gewürdigt wird. Andernfalls sehen die Studierenden sich auch nicht in der Lage, ihr Wissen selbst zu konstruieren.
2. Beziehen Sie das Lernen auf die eigenen Erfahrungen der Studierenden. Sonst erscheint ihnen das Wissen unerreichbar und verbleibt damit im Besitz der Experten.
3. Definieren Sie Lernen als die gemeinsame Konstruktion von Sinn und Bedeutung. Dies versetzt die Studierenden in die Lage, sich selbst als diejenigen zu begreifen, die ihr eigenes Wissen konstruieren.
4. Die Beziehungskomponente (connected learning) ist der Schlüssel zu komplexen Formen des Lernens. Dies betrifft sowohl die Beziehung zwischen Dozent und Student als auch die gemeinsame Beziehung zum Prozess der Wissenskonstruktion.

13 Sieben Grundsätze guter Praxis in der Hochschullehre

Die folgenden sieben Grundsätze bilden die Quintessenz aus dem Vorangegangenen. Sie sind von einer Gruppe von Experten entwickelt worden und haben auch Eingang gefunden in einen Fragebogen zu diesen Grundsätzen. Wir stellen zunächst den Fragebogen vor (Sie sind hiermit eingeladen, ihn für sich selbst zu beantworten) und erläutern dann die Grundsätze sowie die daraus folgenden effektiven Lehrstrategien im Einzelnen.

13.1 Die sieben Grundsätze

Der folgende Fragebogen ist entwickelt worden, um Lehrenden detaillierte Rückmeldungen darüber zu geben, inwieweit sie in ihrer Lehre die Grundsätze guter Praxis in der Hochschullehre verwirklicht haben.

Er besteht aus insgesamt sieben Skalen, mit denen diese Grundsätze guter Praxis erfasst werden:

1. Kontakt zwischen Student und Dozent
2. Kooperation zwischen den Studierenden
3. Aktives Lernen
4. Prompte Rückmeldung
5. Studienbezogene Tätigkeiten
6. Hohe Ansprüche
7. Unterschiedliche Fähigkeiten und Lernwege

Der Fragebogen ist nicht neutral. Die Grundsätze resultieren aus 50 Jahren Forschung über Lehren, Lernen und die Erfahrung des Studiums. Es ist leicht zu ersehen, welches die »guten« Antworten zu den einzelnen Fragen sind. Daher ist es auch einfach, ein positiveres Bild der Praxis in der Hochschullehre vorzugeben als der Wirklichkeit entspricht. Der Fragebogen ist jedoch nur in dem Ausmaß nützlich, in dem die Antworten ein ehrliches Bild des individuellen Lehrverhaltens wiedergeben.

Der Zweck des Fragebogens ist die Verbesserung der Lehre und nicht die Evaluation von Personen oder Institutionen. Er erfüllt seinen Zweck am besten, wenn er als Diagnoseinstrument verwendet wird. Aus den Ergebnissen lassen sich sowohl Hinweise für die Verbesserung der Effizienz der individuellen Lehre ableiten als auch Hinweise für erforderliche Maßnahmen zur Weiterbildung in der Hochschullehre gewinnen.

1. Gute Lehre fördert den Kontakt zwischen Student und Dozent	sehr oft	oft	gelegentlich	selten	nie
1. Ich berate meine Studenten über ihre beruflichen Möglichkeiten in ihrem Hauptfach.	☐	☐	☐	☐	☐
2. Studenten kommen auf einen Sprung zu mir ins Büro.	☐	☐	☐	☐	☐
3. Ich teile meine Erfahrungen, Einstellungen und Werte mit den Studenten.	☐	☐	☐	☐	☐
4. Ich nehme an studentischen Veranstaltungen teil.	☐	☐	☐	☐	☐
5. Ich arbeite mit den zuständigen Stellen in Fragen zusammen, die das studentische Leben außerhalb des Studiums betreffen.	☐	☐	☐	☐	☐
6. Ich kenne die Namen meiner Studenten nach zwei Sitzungen.	☐	☐	☐	☐	☐
7. Ich stehe den Studenten als Mentor oder informeller Berater zur Verfügung.	☐	☐	☐	☐	☐
8. Ich nehme Studenten auf Kongresse oder andere Veranstaltungen in meinem Fachgebiet mit.	☐	☐	☐	☐	☐
9. Wann immer es einen Konflikt gibt, in den Studenten involviert sind, versuche ich, zu dessen Lösung beizutragen.	☐	☐	☐	☐	☐
10. Ich stehe den Studenten außerhalb der offiziellen Sprechstunden zur Verfügung.	☐	☐	☐	☐	☐

Wenn ich mir meine Antworten anschaue, dann würde ich gern arbeiten an: ____________________

2. Gute Lehre fördert die Kooperation zwischen den Studenten	sehr oft	oft	gelegentlich	selten	nie
1. Ich bitte die Studenten, sich gegenseitig über ihre Interessen und fachlichen Hintergründe zu informieren.	☐	☐	☐	☐	☐
2. Ich ermuntere meine Studenten, sich gemeinsam auf Lehrveranstaltungen und Prüfungen vorzubereiten.	☐	☐	☐	☐	☐
3. Ich ermutige Studenten zu gemeinsamen Projekten.	☐	☐	☐	☐	☐
4. Ich fordere meine Studenten auf, ihre Arbeiten gegenseitig kritisch zu evaluieren.	☐	☐	☐	☐	☐
5. Ich bitte meine Studenten, sich schwierige Inhalte gegenseitig zu erklären.	☐	☐	☐	☐	☐
6. Ich ermutige meine Studenten, die Leistungen der anderen zu würdigen.	☐	☐	☐	☐	☐

7. Ich sage meinen Studenten, dass sie Grundbegriffe und Prinzipien mit anderen Studenten diskutieren sollen, die anderer Auffassung sind als sie.	☐	☐	☐	☐	☐
8. Ich sorge dafür, dass Lerngemeinschaften, Studiengruppen oder Projektteams in meinen Veranstaltungen eingerichtet werden.	☐	☐	☐	☐	☐
9. Ich ermuntere die Studenten, sich in der akademischen Gremienarbeit zu engagieren.	☐	☐	☐	☐	☐
10. Ich lege meine Kriterien/ Maßstäbe für die Beurteilung der studentischen Leistungen offen.	☐	☐	☐	☐	☐

Wenn ich mir meine Antworten anschaue, dann würde ich gern arbeiten an: ________________

3. Gute Lehre fördert aktives Lernen	**sehr oft**	**oft**	**gelegentlich**	**selten**	**nie**
1. Meine Studenten können ihre Arbeiten in der Lehrveranstaltung präsentieren.	☐	☐	☐	☐	☐
2. Ich lasse meine Studenten Ähnlichkeiten und Unterschiede zwischen verschiedenen Theorien und Forschungsergebnissen zusammenfassen.	☐	☐	☐	☐	☐
3. Ich ermuntere meine Studenten, Beziehungen herzustellen zwischen dem, was wir in der Veranstaltung behandeln und Ereignissen oder Aktivitäten außerhalb des Kurses.	☐	☐	☐	☐	☐
4. Ich fordere meine Studenten zu eigener Forschung und selbständigem Studium auf.	☐	☐	☐	☐	☐
5. Ich ermutige Studenten, die präsentierten Ideen oder die verwendete Literatur kritisch zu kommentieren.	☐	☐	☐	☐	☐
6. Ich lasse meine Studenten konkrete und reale Situationen analysieren.	☐	☐	☐	☐	☐
7. Ich setze Simulationen, Rollenspiele oder Tätigkeiten im Labor ein.	☐	☐	☐	☐	☐
8. Ich frage meine Studenten nach ihren Vorschlägen für Literatur, Forschungsprojekte, Exkursionen oder andere Aktivitäten.	☐	☐	☐	☐	☐
9. Ich führe mit meinen Studenten Forschungsprojekte durch.	☐	☐	☐	☐	☐
10. Ich gehe mit den Studenten auf Exkursionen.	☐	☐	☐	☐	☐

Wenn ich mir meine Antworten anschaue, dann würde ich gern arbeiten an: ________________

4. Gute Lehre gibt prompte Rückmeldung	sehr oft	oft	gelegentlich	selten	nie
1. Ich lasse Probeklausuren schreiben.	☐	☐	☐	☐	☐
2. Ich gebe Übungsaufgaben aus, mit denen die Studenten ihren Leistungsstand feststellen können.	☐	☐	☐	☐	☐
3. Ich gebe Prüfungen und Ausarbeitungen innerhalb einer Woche zurück.	☐	☐	☐	☐	☐
4. Ich gebe den Studenten während des Semesters detaillierte Rückmeldungen über ihren Leistungsstand.	☐	☐	☐	☐	☐
5. Ich spreche mit den Studenten über ihren Lernfortschritt.	☐	☐	☐	☐	☐
6. Ich gebe den Studenten schriftliche Kommentare über ihre Stärken und Schwächen.	☐	☐	☐	☐	☐
7. Zu Beginn jeder Veranstaltung gebe ich meinen Studenten einen Vortest, um ihren Kenntnisstand festzustellen.	☐	☐	☐	☐	☐
8. Ich fordere die Studenten auf, Lerntagebücher zu führen.	☐	☐	☐	☐	☐
9. Ich diskutiere die Ergebnisse der Abschlussprüfung mit meinen Studenten.	☐	☐	☐	☐	☐
10. Ich kümmere mich um Studenten, die nicht in der Veranstaltung erscheinen.	☐	☐	☐	☐	☐

Wenn ich mir meine Antworten anschaue, dann würde ich gern arbeiten an: ______________

5. Gute Lehre legt besonderen Wert auf studienbezogene Tätigkeiten	sehr oft	oft	gelegentlich	selten	nie
1. Ich erwarte von meinen Studenten, dass sie ihre Aufgaben pünktlich erledigen.	☐	☐	☐	☐	☐
2. Ich sage meinen Studenten deutlich, wie viel Zeit sie mindestens für die Vorbereitung der Veranstaltungen benötigen.	☐	☐	☐	☐	☐
3. Ich mache meinen Studenten klar, welche Zeit sie investieren müssen, um komplizierte Sachverhalte zu verstehen.	☐	☐	☐	☐	☐
4. Ich helfe den Studenten dabei, sich anspruchsvolle Ziele für ihr eigenes Lernen zu setzen.	☐	☐	☐	☐	☐
5. Wenn Studenten Präsentationen halten sollen, dann rate ich ihnen, diese zuvor einzuüben.	☐	☐	☐	☐	☐
6. Ich unterstreiche die Wichtigkeit eines optimalen Zeitmanagements für ein erfolgreiches Studium.	☐	☐	☐	☐	☐

7. Ich weise meine Studenten auf die Konsequenzen hin, wenn sie nicht an der Veranstaltung teilnehmen.	☐	☐	☐	☐	☐
8. Ich mache den Studenten klar, dass das Studium sie mindestens vierzig Stunden/Woche in Anspruch nimmt.	☐	☐	☐	☐	☐
9. Ich treffe mich mit Studenten, die Lernrückstände haben, um mit ihnen zu besprechen, wie sie diese aufholen können.	☐	☐	☐	☐	☐
10. Wenn Studenten in der Veranstaltung fehlen, dann gebe ich ihnen Gelegenheit, den Stoff nachzuholen.	☐	☐	☐	☐	☐

Wenn ich mir meine Antworten anschaue, dann würde ich gern arbeiten an: ____________________

6. Gute Lehre stellt hohe Ansprüche	**sehr oft**	**oft**	**gelegentlich**	**selten**	**nie**
1. Ich sage den Studenten, dass ich von ihnen einen hohen Arbeitseinsatz erwarte.	☐	☐	☐	☐	☐
2. Ich betone die Wichtigkeit hoher Standards für akademische Leistungen.	☐	☐	☐	☐	☐
3. Zu Beginn einer jeden Veranstaltung erläutere ich sowohl mündlich als auch schriftlich meine Erwartungen.	☐	☐	☐	☐	☐
4. Ich helfe den Studenten, sich anspruchsvolle Ziele für ihr eigenes Lernen zu setzen.	☐	☐	☐	☐	☐
5. Ich erkläre den Studenten, was geschieht, wenn sie ihre Arbeiten nicht fristgerecht abgeben.	☐	☐	☐	☐	☐
6. Ich schlage die Bearbeitung zusätzlicher Aufgaben vor.	☐	☐	☐	☐	☐
7. Ich ermutige die Studenten, sich viele Notizen zu machen.	☐	☐	☐	☐	☐
8. Ich lobe öffentlich exzellente Leistungen meiner Studenten.	☐	☐	☐	☐	☐
9. Ich überarbeite meine Veranstaltungen regelmäßig.	☐	☐	☐	☐	☐
10. Ich diskutiere regelmäßig während des Semesters, wie gut wir arbeiten.	☐	☐	☐	☐	☐

Wenn ich mir meine Antworten anschaue, dann würde ich gern arbeiten an: ____________________

7. Gute Lehre respektiert unterschiedliche Fähigkeiten und Lernwege	**sehr oft**	**oft**	**gelegentlich**	**selten**	**nie**
1. Ich ermutige die Studenten, sich zu melden, wenn sie etwas nicht verstehen.	☐	☐	☐	☐	☐
2. Ich unterbinde herabsetzende oder sarkastische Bemerkungen, Frotzeleien u. ä.	☐	☐	☐	☐	☐
3. Ich setze verschiedene Lehrmethoden ein.	☐	☐	☐	☐	☐
4. Ich stimme die Inhalte auf die Lernvoraussetzungen der Studenten ab.	☐	☐	☐	☐	☐
5. Ich bereite zusätzliche Unterlagen oder Übungen für Studenten vor, die wesentliche Voraussetzungen nicht erfüllen.	☐	☐	☐	☐	☐
6. Ich treffe Vorkehrungen für Studenten, die innerhalb meines Kurses selbständig studieren wollen.	☐	☐	☐	☐	☐
7. Ich habe Lernalternativen für meine Veranstaltungen entwickelt (Zielvereinbarungen, computergestütztes Lernen o.ä.).	☐	☐	☐	☐	☐
8. Ich ermutige meine Studenten, sich ihre Studienpläne nach ihren Interessen zusammen zu stellen.	☐	☐	☐	☐	☐
9. Ich versuche zu Beginn des Kurses, soviel als möglich über die Lernstile, Interessen oder Lernhintergründe der Studenten zu erfahren.	☐	☐	☐	☐	☐
10. Ich biete den Studenten Alternativen für ihre Leistungsnachweise an.	☐	☐	☐	☐	☐

Wenn ich mir meine Antworten anschaue, dann würde ich gern arbeiten an: ______________________

Zusammenfassung
Nach der Durchsicht meiner Antworten auf die Fragen zu den sieben Grundsätzen würde ich gern an den folgenden Hauptpunkten arbeiten:

____

____

____

____

Nach Chickering, Gamson (1991). Erweitert und für deutsche Verhältnisse adaptiert.

13.2 Praktische Anwendung der sieben Grundsätze im Hochschulunterricht

1. *Gute Lehre fördert den Kontakt zwischen Student und Dozent*

Häufiger Kontakt zwischen Studierenden und Dozenten innerhalb und außerhalb der Lehrveranstaltung ist der wichtigste Faktor für die Motivation und das Engagement der Studierenden. Wenn Studierende einige Mitglieder des Lehrkörpers näher kennen lernen, dann hilft ihnen dies auch durch schwierige Zeiten des Studiums und vermittelt ihnen einen Eindruck von den Werten und der Lehr-, Lern und Forschungskultur im Studienfach. Voraussetzung hierfür ist, dass Sie den Studierenden zur Verfügung stehen.

2. *Gute Lehre fördert die Kooperation zwischen den Studierenden*

Das Lernen wird erheblich erleichtert, wenn es ein gemeinsames Unterfangen ist und keine Solonummer. Wie im Arbeitsleben auch, ist effektives Lernen kollaborativ und sozial. Wenn Studierende miteinander arbeiten, fördert dies ihren eigenen Lernprozess. Gemeinsam Gedanken zu entwickeln und auf Ideen anderer zu reagieren, fördert die Denkfähigkeit und vertieft das Verständnis des Gelernten. Bilden Sie Lerngruppen, vergeben Sie Teamaufgaben, fördern Sie alles, was zum Lernen im Team führt.

3. *Gute Lehre fördert aktives Lernen*

Wenn Studierende in einer Veranstaltung sitzen und die meiste Zeit nur zuhören müssen, um danach das Gelernte in Prüfungen detailgetreu wiederzugeben, dann lernen sie daraus wenig. Sie müssen darüber reden, schreiben, es an ihre Erfahrungen anknüpfen können und auf ihr tägliches Leben oder auf reale Situationen beziehen. Geben Sie den Studierenden Gelegenheit, das Gelernte zu üben, zu diskutieren, in Projektgruppen zu arbeiten und sich der Kritik ihrer Kommilitonen zu stellen.

4. *Gute Lehre gibt prompte Rückmeldung*

Wenn Studierende darüber informiert sind, was sie bereits wissen und was sie noch dazulernen müssen, dann hilft ihnen das, ihr zukünftiges Lernen genau darauf zu konzentrieren. Darum muss ihnen häufig Gelegenheit gegeben werden, ihren Wissensstand zu überprüfen. Planen Sie häufige kleine Zwischenprüfungen mit schneller Rückmeldung ein (und nicht nur eine Prüfung am Ende des Semesters oder am Ende des Studienjahrs oder gar erst zur Diplomvorprüfung. Ich hoffe, Letzteres gibt es nicht mehr).

5. *Gute Lehre legt besonderen Wert auf studienbezogene Tätigkeiten*

Lernen = Zeit + Energieaufwand. Studierende benötigen Unterstützung beim effektiven Zeitmanagement. Hierzu gehört auch, dass die Dozenten realistische Zeitansätze für das studentische Lernen einplanen. Der Tag hat auch für Studierende nur 24 Stunden, und es kann von ihnen nicht erwartet werden, was auch Dozenten nicht zu leisten bereit sind: der 25-Stunden-Tag. Wenn Sie einmal die Gesamtbelastung der Studierenden berechnen, die theoretisch resultiert, wenn sie alle gestellten Studienanforderungen erfüllen wollen, dann wird Ihnen rasch klar, dass dies selbst den motiviertesten Studierenden schlicht unmöglich ist (welche Folgen hat das für Ihr Curriculum?).

6. *Gute Lehre stellt hohe Ansprüche*

Hohe (und erfüllbare) Erwartungen an die Leistung führen zu hohen Leistungen. Wenn Sie den Studierenden diese Botschaft übermitteln und sie selbst authentisch verkörpern, dann wird sie zu einer sich selbst erfüllenden Prophezeiung. Ziele, die leicht über dem erreichten Leistungsstand liegen, bilden für die Studierenden eine Herausforderung, der sie sich gern stellen werden.

7. *Gute Lehre respektiert unterschiedliche Fähigkeiten und Lernwege*

Es gibt viele Möglichkeiten, effektiv zu lernen. Verschiedene Studierende verfügen über unterschiedliche Lernstrategien und Lernstile. Je mehr Wahlmöglichkeiten Sie den Studierenden geben, ihre Aufgaben zu bewältigen, umso mehr werden Sie diesen unterschiedlichen Herangehensweisen an das Studium gerecht. Setzen Sie daher eine Vielzahl unterschiedlicher Lehr- und Lernstrategien und Prüfungsformen ein.

14 Die Zukunft des Lehrens und Lernens

The aim of teaching is simple:
it is to make student learning possible.

Ramsden 1992

The aim of scholarly teaching is also simple:
it is to make transparent
how we have made learning possible.

Trigwell et al. 2000

Die Zukunft des Lehrens und Lernens an der Hochschule kann sicherlich nicht darin bestehen, »mehr von dem Gleichen« zu tun, d.h. mit den Lehrmethoden des Mittelalters zu versuchen, die Lehr- und Lernprobleme der Gegenwart und der Zukunft zu lösen. Erfreulicherweise lassen sich jedoch seit den 90er-Jahren erste Anzeichen für eine Veränderung hin zu einer modernen Auffassung des Lehrens und Lernens an der Hochschule erkennen.

Ein Paradigmenwechsel kündigt sich an: Der Übergang von der analytisch orientierten Forschung »erster Ordnung« zu derjenigen »zweiter Ordnung«. In jener wird die Realität des Lehrens und Lernens aus der Perspektive unabhängiger Beobachter oder Forscher zumeist quantitativ analysiert und beschrieben; Ziel ist die Verbesserung der Lehrstrategien, der Lehrstile und Lehrmethoden. In der »Perspektive zweiter Ordnung«, die qualitativ orientiert und systemisch ist, wird die Perspektive des Lernenden eingenommen. Die Absicht der Analyse – für die der Terminus »phenomenography« geprägt wurde – ist herauszufinden, welches Verständnis oder welche Konzeption der Lernende von dem Phänomen hat, über das jeweils gerade nachgedacht wird.

Dies bedeutet einen Figur-Grund-Wechsel, einen Wechsel vom Lehr- zum Lernparadigma. Die Aufgabe der Lehrenden in den Hochschulen wird nunmehr darin gesehen, Lernumgebungen zu schaffen, in denen studentisches Lernen ermöglicht und erleichtert wird. Gute Lehre ist eine Lehre, die studentisches Lernen bewirkt und die zu hoher Qualität dieses Lernens führt. Die dem Lernparadigma zugrundeliegende konstruktivistische Sicht des Lernens geht davon aus, dass Wissen für die Person erst dann Bedeutung gewinnt, wenn es aktiv durch individuelle Erfahrungen konstruiert, geschaffen und verändert wird. Lernen wird als das selbstgesteuerte Entstehen von Wissensstrukturen und als qualitative Entwicklung und Veränderung von Konzeptionen verstanden.

Dieses Paradigma entspricht den Ergebnissen der modernen kognitiven Psychologie, die darauf hinweist, dass die wesentliche Aufgabe des Lehrenden darin bestehen sollte, den Lernenden zur aktiven Auseinandersetzung mit dem Gegenstand des Lernens zu veranlassen. Dies bedeutet, dass die Aktivitäten des Studierenden wesentlich wichtiger dafür sind, was und wie gelernt wird, als die Aktivitäten des Dozenten. Es entspricht auch modernen kognitiven Modellen des Lehrens und Lernens (s. a. Winteler, 2001, 2002).

14.1 Die veränderten Rollen der Lernenden und Lehrenden

Wenn Lernen als aktiver und selbstgesteuerter Prozess der Wissenskonstruktion begriffen wird, dann verändern sich auch die Rollen, die Lernende und Lehrende in diesem Prozess spielen. Die Studentenrolle verändert sich vom passiven Informationsempfänger zum aktiven und unabhängigen Lernenden, die Rolle des Dozenten verändert sich vom »sage on the stage« zum »guide on the side«, von der reinen Wissensvermittlung zur Unterstützung und Begleitung selbstregulierter Wissenskonstruktion des Studierenden.

Hierbei stellt sich die Frage, ob die Dozenten und Studierenden an unseren Hochschulen (und die Hochschulen selbst) auf diese Veränderung ihrer Rollen überhaupt vorbereitet sind. Denn eine wesentliche Voraussetzung für die Ausbildung eines neuen Rollenverständnisses, deren Akzeptanz und die Integration in die Person der Lehrenden und Lernenden ist die Entwicklung und Veränderung der bisher bestehenden Lehr- und Lernkonzeptionen, die vorrangig auf die Vermittlung und den Konsum von Wissensbeständen ausgerichtet sind. In Folge des Fokus-Wechsels vom dozentenorientierten Lehren auf das studentische Lernen und der Veränderung von Wissen und Wissenskonzeptionen hat sich auch das Interesse der Forschung vermehrt dieser Frage zugewandt.

14.2 Scholarship of Teaching: Professionalisierung in der Hochschullehre

Ebenfalls seit den 90er-Jahren wird eine lebhafte internationale Debatte darüber geführt, welche Wege zu einer professionellen Lehre (scholarly teaching) und schließlich zu einer Professionalisierung in der Lehre (Scholarship of Teaching) beschritten werden können. Diese Diskussion findet bis heute vorwiegend in den englischsprachigen Ländern statt. Unter dem Begriff Professionalisierung der Lehre wird eine Professionalisierung mit Verwissenschaftlichung verstanden, im Unterschied zu einer Verberuflichung ohne das Merkmal der Wissenschaftlichkeit. Denn Verbesserungen des Lernens und Lehrens hängen von der Entwicklung einer Professionalisierung in der Lehre und damit von ihrer Verwissenschaftlichung ab. Dieser Frage wenden wir uns als Nächstes zu.

Scholarly teaching: Professionelle Lehre

Professionelle Lehre bezieht sich auf die Qualität der eigenen Lehrpraxis. Es ist eine Lehre, die den Studierenden gerecht wird. Professionell zu lehren erfordert, dass Sie als Lehrende nicht nur auf dem aktuellen Stand ihrer Disziplin sind, sondern auch auf dem aktuellen Stand der Forschung zum studentischen Lernen und zum Lehren in Ihrer Disziplin. Professionell Lehrende verfügen über ein breites Repertoire an Lehrmethoden und sind in der Lage, die jeweils angemessene Methode für den jeweiligen Gegenstand der Lehre unter Berücksichtigung der Merkmale der teilnehmenden Studierenden auszuwählen. Sie überprüfen ihre eigene Lehrpraxis sorgfältig und kritisch.

Scholarship of Teaching: Professionalisierung der Hochschullehre

Professionalisierung in der Lehre kann sich zum einen darauf beziehen, das gesicherte Wissen über den Prozess des Lehrens und Lernens auf die eigene Lehre anzuwenden. Auf der anderen Seite kann sie sich darauf beziehen, professionelles Wissen durch Lehre zu schaffen. Lehrende tragen damit zur Professionalisierung in der Lehre bei und gewinnen neue Erkenntnisse über den Prozess des Lehrens und Lernens an der Hochschule. Ihre Erkenntnisse über Lehre machen sie öffentlich, womit sie offen für Kritik und Evaluation sind und ihre Einsichten auch von anderen Lehrenden angewendet werden können. Dass ein so verstandener Begriff der Professionalisierung gleichermaßen für die Lehre wie für die Forschung gilt, wird in den folgenden Beispielen deutlich.

Beispiel 1: Stellen Sie sich vor, dass Sie gerade dabei sind, Mittel für ein Forschungsprojekt zu einem hoch interessanten Aspekt Ihres Spezialgebiets zu beantragen. Was tun Sie?

Vermutlich werden Sie sich dazu die (meisten der) folgenden Fragen stellen:

- Welche Fragestellung genau will ich bearbeiten?
- Welches Ziel will ich mit meinem Projekt erreichen?
- Welche Untersuchungsmethode(n) setze ich ein?
- Woran erkenne ich, dass das Projekt erfolgreich ist?
- Wie begründe ich, dass sich das Projekt dennoch gelohnt hat, auch wenn es ein Fehlschlag war?

Beispiel 2: Und jetzt stellen Sie sich eine andere Situation vor: Sie treffen gerade Vorbereitungen für eine Lehrveranstaltung, um Studierende in einem hoch interessanten Aspekt Ihres Spezialgebiets zu unterrichten. Welche Fragen stellen Sie sich in diesem Fall?

- Welche inhaltlichen Ziele will ich mit meiner Lehre erreichen?
- Mit welcher Lehrmethode erreiche ich diese Ziele am besten?
- Wie überprüfe ich, ob die Studierenden erfolgreich gelernt haben?
- Wie rechtfertige ich meine Vorgehensweise, auch wenn nicht alle Studierenden gute Ergebnisse erreicht haben?

Die Parallelen zwischen diesen beiden Beispielen sind offensichtlich und bedürfen keines weiteren Kommentars: Die Beschäftigung mit der Hochschullehre kann auf dieselbe Weise erfolgen und denselben Beurteilungskriterien unterworfen werden, wie in der Forschung üblich. In der Forschung werden Ihre Entscheidungen vor allem von Ihrem Interesse an der Sache und von Ihrer Neugier geleitet. In der Lehre werden Ihre Entscheidungen vor allem davon geleitet, ob sie damit studentisches Lernen ermöglichen. Die studentenzentrierte Erleichterung des Lernens steht im Mittelpunkt Ihres Interesses.

Wie können Sie feststellen, wie weit Sie auf dem Weg zur Professionalisierung in Ihrer Lehre vorangeschritten sind?

Hierfür sind vier Dimensionen wesentlich:

1. *Wissensdimension:* Diese Dimension reicht von der Information über die Literatur zum Lehren und Lernen bis hin zur eigenständigen Handlungsforschung und pädagogischem Wissen;
2. *Reflexionsdimension:* Keine oder diffuse Reflexion über Lehre bis zur Frage, was ich darüber wissen muss und wie ich mich darüber informieren kann;
3. *Kommunikationsdimension:* Nicht vorhanden bis zu Publikationen in international anerkannten Zeitschriften zum Thema Lehren und Lernen;
4. *Konzeptionsdimension:* Dozentenzentrierte Wissensvermittlung versus studentenzentrierte Erleichterung des Lernens.

Der Grad der Professionalisierung in der Lehre liegt dabei zwischen zwei Extremen:

1. *Keine Professionalisierung* in der Lehre ist bei Lehrenden vorhanden, die
   - informelle (implizite, persönliche) Theorien des Lehrens und Lernens in ihre Lehrpraxis einfließen lassen,
   - wenig darüber reflektieren, was sie in ihrer Lehre tun,
   - darüber reflektieren, was sie tun und nicht, was die Studierenden erleben,
   - ihre Gedanken und Ideen für sich behalten und die Lehre als eine persönliche, private Tätigkeit ansehen.
2. *Professionalisierung in der Lehre* ist dann ausgeprägt vorhanden, wenn Dozenten
   - die einschlägige Literatur studieren,
   - Beratung in Fragen der Lehre suchen,
   - ihre eigene Lehre zum Gegenstand der Forschung machen,
   - über ihre Lehre aus der Perspektive der Lehrziele reflektieren,

- die Lehre aus der Sicht der Studierenden sehen,
- ihre Ergebnisse und Ideen ihren Kollegen mitteilen.

Die meisten Lehrenden befinden sich im Hinblick auf die Professionalisierung in ihrer Lehre irgendwo zwischen diesen beiden Extremen (wo innerhalb dieses Spektrums befinden Sie sich zur Zeit?).

14.3 Die Entwicklung der Professionalisierung in der Hochschullehre

Voraussetzung für die Entwicklung einer Professionalisierung in der Hochschullehre ist eine entsprechend gestaltete Lehr-/Lernumgebung an den Hochschulen. Der Prozess des Lehrens und Lernens findet stets in einem sozialen Kontext statt. Veränderungen in diesem Kontext geschehen durch Diskussion und Dialog, die zur Entwicklung gemeinsamer Ziele und Erwartungen führen können. Lehr- und Lernumgebungen von hoher Qualität finden sich stets in solchen Institutionen, in denen eine gemeinsame Lehr- und Lernkultur vertreten wird. Sie äußert sich in einem kollegialen und unterstützenden Klima, in dem offene Kommunikation und Vertrauen vorherrschen und alle Beteiligten zur Entwicklung der Institution beitragen können.

Insbesondere die Unterstützung durch die Institution bildet eine der wesentlichen Voraussetzungen für die Wiederherstellung der Balance zwischen Forschung und Lehre und die Etablierung einer gemeinsamen Lehr- und Lernkultur. Wesentliche Einflussvariablen sind hier die Freiheitsgrade in der Lehre, eine angemessene Veranstaltungsgröße, eine angemessene Arbeitsbelastung und die Unterstützung der Lehre durch die Fakultät und die Universitätsleitung.

Die wesentlichen Merkmalen einer Lehr- und Lernkultur, welche die Lehre und ihre Verbesserung unterstützen, sind:

- Die vorbehaltlose Unterstützung der Lehre und ihrer Verbesserung durch die Hochschulleitung.
- Eine bestehende Übereinstimmung in der Wertschätzung der Lehre zwischen Leitung und Lehrpersonal.
- Die Beteiligung der Lehrenden bei der Planung und Implementierung von Programmen zur Verbesserung der Lehre, so dass die Lehrenden sie als »ihre« Programme ansehen können.
- Dekane, die aktiv die Bedeutung der Lehre und ihre Verbesserung unterstützen.
- Häufige Interaktionen und die Zusammenarbeit zwischen den Lehrenden.
- Gemeinsam getragene Überzeugungen, was die hohe Bedeutung der Lehre anbetrifft.
- Ein Programm zur Weiterbildung der Dozenten oder ein Zentrum für Lehren und Lernen.
- Ein erweitertes Verständnis des Hochschullehrerberufs.
- Entscheidungen über Festanstellung und Beförderung, die an rigorose Evaluationen der Lehre geknüpft sind.
- Demonstration effektiver Lehre als Bestandteil des Berufungsprozesses für neue Dozenten.

Ein wesentliches Hindernis auf dem Wege zur Entwicklung und Veränderung der Lehrqualität und der Lehrkonzeptionen ist der immer noch bestehende Mangel an Reflexion über die Lehre sowie die ausgeprägte Haltung, den Aufgabenbereich des Lehrens lediglich als etwas zu betrachten, das eher hinderlich für die Forschung ist und ihr im Wege steht. Dies ist die Folge aus der deutlich höheren Wertschätzung (und Belohnung), die den Forschungsaktivitäten von Hochschuldozenten zuteil wird.

Der Unterschied in der Betrachtung von Lehre und Forschung wird besonders an der Art und Weise deutlich, wie auftretende Probleme in dem einen oder anderen Bereich behandelt werden. In der Forschung bilden Probleme die Grundlage des Forschungsprozesses. Wenn Sie einen Kollegen zu Forschungsproblemen befragen, dann wird er dies als eine gute Gelegenheit betrachten, lang und breit darüber mit Ihnen zu reden. In der Lehre wird ein Problem als etwas gesehen, was man nicht haben will und daher möglichst schnell los zu werden sucht. Wenn Sie den Kollegen nach Problemen in seiner Lehre fragen, wird er dies wahrscheinlich eher als peinlich und unangenehm empfinden. Hierfür gibt es keinen Grund.

Professionalisierung in der Lehre bedeutet, Probleme in der Lehre zu entdecken, miteinander darüber zu reden und sie zum Gegenstand von Untersuchungen zu machen.

Die Forschung an den deutschen Hochschulen ist international anerkannt. Es ist höchste Zeit, dass dieses Ziel auch für die Lehre in Angriff genommen wird, wie dies in den meisten Ländern Europas und insbesondere in den angloamerikanischen Ländern bereits seit längerer Zeit der Fall ist. Was wir benötigen, ist eine Haltung der Lehrenden gegenüber der Lehre, wie sie gegenüber der Forschung eingenommen wird: kritisch, hinterfragend und kreativ. Die Lehrenden müssen dabei unterstützt werden, ihr Engagement in der Lehre als etwas zu betrachten, das Sinn für sie macht und das einen hohen Stellenwert einnimmt, weil es ihr Selbstkonzept als autonome, effektive »scholars« festigt und zu persönlicher Befriedigung und Kompetenzerleben in sozialen Lernsituationen führt.

Anderenfalls steht zu befürchten, dass die Bemerkung des Generalsekretärs des Stifterverbands für die deutsche Wissenschaft mit allen daraus folgenden Konsequenzen traurige Realität bleibt:

> *»Die deutsche Forschung spielt in der Weltliga, die deutsche Hochschullehre aber in der Bezirksklasse …«*

Wie geht es weiter?

Ein Buch über erfolgreiche Hochschullehre aktiv zu lesen und zu verarbeiten, ist ein sehr guter Anfang auf dem Weg zu professioneller Lehre. Nachdem Sie dieses Buch gelesen haben, werden Sie sich vielleicht fragen: Das ist ja alles schön und gut, aber was nun? Wie wird sich das von mir Gelernte in der Praxis auswirken? Wie kann ich es dort umsetzen?

Jede Veränderung – auch diese – braucht ihre Zeit. Wissenschaftliche (R)Evolutionen benötigen eine ganze Generation, um eine alte Weltsicht abzulösen. So viel Zeit benötigt Ihr Organismus nicht. Genau so, wie sich das Lernen bereits erworbener Gewohnheiten in Stufen oder Phasen vollzogen hat, ebenso vollzieht sich auch das Lernen neuer Gewohnheiten in Stufen oder Phasen:

- *Erste Stufe:* Ich weiß nichts von meiner Inkompetenz.
- *Zweite Stufe:* Ich bin mir meiner Inkompetenz bewusst.
- *Dritte Stufe:* Ich bin mir meiner Kompetenz bewusst.
- *Vierte Stufe:* Ich handle kompetent, ohne es zu wissen.

Sie befinden sich jetzt in einer Phase des Lernens, die zwischen bewusster Inkompetenz (2.) und bewusster Kompetenz (3.) liegt. In einigen der Fertigkeiten, die wir hier vorgestellt haben und die Sie z. T. geübt haben, haben Sie eine bewusste Kompetenz erworben. Einige andere der Fertigkeiten zu erwerben, ist Ihnen vielleicht nicht leicht gefallen, und Sie sind sich Ihrer noch geringen Kompetenz darin bewusst. Ein Weg, die nächste Lernstufe zu erreichen, ist die bewusste Übung Ihrer Fertigkeiten bei jeder sich bietenden Gelegenheit, wie dies exzellente Lehrende tun, die reflexive Praktiker sind.

Eine solche Gelegenheit bietet die aktive Teilnahme an einem Workshop oder Seminar zum Lehren und Lernen an der Hochschule. Hier können Sie das Gelernte im Kreise Gleichgesinnter und im geschützten Raum aktiv ausprobieren und erproben und Rückmeldungen darüber erhalten, wie es bei den anderen ankommt. Diese Art des Lernens festigt das Gelernte und lässt es verhaltenswirksam werden.

Epilog

Vergegenwärtigen Sie sich – als Gedankenexperiment und zunächst nur für diesen Augenblick – das folgende Szenario: Sie befinden sich in der Zukunft, und das Lernparadigma ist so selbstverständlich vorherrschend wie das Instruktionsparadigma der Gegenwart. Sie begeben sich in eine Hochschule und erleben sie als einen Ort, in dem der Hauptzweck des Lehrens darin gesehen wird, die Studierenden zu selbständigem und unabhängigem Lernen zu befähigen. Das Lernen geschieht in Lernumgebungen, welche die Studierenden dazu ermutigen, ihr Wissen selbständig zu konstruieren, und ermöglicht damit individuelle Wissensentwicklung und die Veränderung von Wissensstrukturen. Die Lehr-Lern-Strukturen sind flexibel und dem individuellen Lernfortschritt angepasst. Die interdisziplinäre Zusammenarbeit wird gefördert, der Lernfortschritt extern evaluiert und der Abschluss gemäß dem nachgewiesenen Wissensstand und den demonstrierten Fertigkeiten verliehen. Das Lernen ist studentenzentriert, und die Leistung des Lernenden besteht darin, Informationen aktiv zu verarbeiten. Lernumgebung und Lernen sind kooperativ und unterstützend angelegt. Die Lehrenden sind primär Gestalter von geeigneten Lernmethoden und Lernumgebungen. Lehrende und Lernende arbeiten gemeinsam in Teams und mit anderen Lehrenden zusammen. Die Kompetenzen und Fähigkeiten jedes einzelnen Studierenden werden entwickelt. Die Lehrenden haben die Aufgabe, studentisches Lernen und studentischen Erfolg zu ermöglichen. Kriterium für den Erfolg der Hochschule sind Quantität und Qualität des resultierenden Lernergebnisses der Studierenden (aus: Winteler, 2000).

Befinden Sie sich noch in der Zukunft – oder erleben Sie dieses Szenario bereits als Gegenwart? Würde es sich nicht lohnen, an der Gestaltung der Zukunft schon jetzt mitzuwirken?

Allgemeine Literatur (Auswahl)

Deutschsprachige Literatur

Das Hochschulwesen. Forum für Hochschulforschung, -praxis und -politik. Bielefeld: Universitätsverlag Webler. (Erscheinungsweise zweimonatlich)

Fischer, D., B. Friebertshäuser, E. Kleinau (Hrsg.) (1999): Neues Lehren und Lernen an der Hochschule. Einblick und Ausblicke. Weinheim: Deutscher Studienverlag.

Knoll, J. (1993): Kurs- und Seminarmethoden. Weinheim: Beltz Verlag.

Krempkow, R. (1998): Ist ›gute Lehre‹ meßbar? In: Das Hochschulwesen, 4, 195 – 199.

Lompscher, J., H. Mandl (Hrsg.) (1996): Lehr- und Lernprobleme im Studium. Bedingungen und Veränderungsmöglichkeiten. Bern: Verlag Hans Huber.

Meer, D. (1998): Der Prüfer ist nicht der König. Mündliche Abschlußprüfungen in der Hochschule. Tübingen: Max Niemeyer Verlag.

Neues Handbuch Hochschullehre. Informationen und Handreichungen aus der Praxis für die Hochschullehre. Bonn: Raabe. (fortlaufende Loseblattsammlung seit 1994; umfasst bis jetzt 4 Bände)

Preis, W. (1998): Vom Projektstudium zum Projektmanagement. Ein Werkzeugkasten für Theorie und Praxis. Freiburg: Lambertus.

Reinmann-Rothmeier G., H. Mandl (1998): Wissensvermittlung. Ansätze zur Förderung des Wissenserwerbs. In: Birbaumer, N., F. Klix, H. Spada (Hrsg.): Enzyklopädie der Psychologie, Bd. 6. Göttingen Hogrefe: 457 – 500.

Schaeper, H. (1997): Lehrkulturen, Lehrhabitus und die Struktur der Universität. Eine empirische Untersuchung fach- und geschlechtsspezifischer Lehrkulturen. Weinheim: Deutscher Studien Verlag.

Viebahn, P. (1990): Psychologie studentischen Lernens. Ein Entwurf der Hochschulpsychologie. Weinheim: Deutscher Studien Verlag.

Wagemann, C.-H. (1998): Die Botschaft überbringen. Gedanken über Fachunterricht an Hochschulen. Weinheim: Deutscher Studien Verlag.

Webler, W.-D. (2003): Lehrkompetenz – über eine komplexe Kombination aus Wissen, Ethik, Handlungsfähigkeit und Praxisentwicklung. In: Welbers, U. (Hrsg.): Hochschuldidaktische Aus- und Weiterbildung. Grundlagen. Handlungsformen. Kooperationen. Blickpunkt Hochschuldidaktik, Bd. 110. Bielefeld: Bertelsmann, 53 – 82.

Winteler, A. (2001): Lehrende an Hochschulen. In: Krapp, A., B. Weidenmann (Hrsg.): Pädagogische Psychologie. Ein Lehrbuch. Weinheim: Psychologie Verlags Union, 332 – 346.

Winteler, A., A. Krapp (1999): Programme zur Förderung der Qualität der Lehre an Hochschulen. In: Zeitschrift für Pädagogik, 45, 1, 45 – 60.

Internationale Literatur

Angelo, T. A., K. P. Cross (1993): Classroom Assessment Techniques. A Handbook for Teachers. San Francisco: Jossey-Bass.

Astin, A. W. (1993): What matters in College. Four critical years revisited. San Francisco: Jossey-Bass.

Barr, R. B., J. Tagg (1995): From teaching to learning. A new paradigm for undergraduate education. In: Change, 27, 6, 12 – 25.

Cross, K. P., M. H. Steadman (1996): Classroom Research: Implementing the Scholarship of Teaching. San Francisco: Jossey Bass.

Davis, B. (1993): Tools for Teaching. San Francisco: Jossey-Bass.

Gaff, J. G., L. M. Lambert (1996): Socializing Future Faculty to the Values of Undergraduate Education. In: Change, 28, 4, 38 – 45.

Glassick, C., M. Huber, G. Maeroff (1997): Scholarship assessed. Evaluation of the Professoriate. San Francisco: Jossey-Bass.

Hutchings, P., L. Shulman (1999): The Scholarship of Teaching. New Elaborations, New Developments. In: Change, 31, 5, 10 – 15.

Pascarella, E., P. Terenzini (1991): How college affects students. San Francisco: Jossey-Bass.

Ramsden, P. (1992): Learning to Teach in Higher Education. London, New York: Routledge.

Shulman, L. S. (2000): From Minsk to Pinsk. Why A Scholarship Of Teaching And Learning? In: The Journal of Scholarship of Teaching and Learning, 1, 1, 48 – 53.

Tice, S. L., J. G. Gaff, A. S. Pruitt-Logan (1998): Preparing Future Faculty Programs. Beyond TA Development. In: Marincovich, M., J. Prostco, F. Stout (Eds.): The Professional Development of Graduate Teaching Assistants. The Practitioner's Handbook. Boston: Anker.

Trigwell, K., E. Martin, J. Benjamin, M. Prosser (2000): Scholarship of Teaching. A model. In: Higher Education Research and Development 19, 2, 155 – 168.

Trigwell, K., M. Prosser (1999): Understanding learning and teaching. Buckingham: Open University Press.

Literatur zu den einzelnen Kapiteln

Kapitel 1

Berendt, B. (2000): Was ist gute Hochschullehre?. In: Helmke, A., W. Hornstein, E. Terhart (Hrsg): Qualitätssicherung im Bildungsbereich. Schule, Sozialpädagogik, Hochschule. Zeitschrift für Pädagogik, 41, Beiheft, 247 – 260.

Feldman, K. A. (1988): Effective College Teaching from the Students' and Facultys' View: matched or mismatched priorities? In: Research in Higher Education, 28, 4, 291 – 344.

Feldman, K. A. (1998): Teaching and Learning in the College Classroom. Massachusetts: Simon & Schuster.

Kember, D. (1997): A reconceptualisation of the research into university academics´ conceptions of teaching. In: Learning and Instruction, 7,3, 255 – 275.

Trigwell, K., M. Prosser (1993): Development of an »Approaches to teaching questionnaire«. In: Higher Education, 15, 468 – 473.

Trigwell, K., M. Prosser (1996): Congruence between intention and strategy in science teachers' approach to teaching,. In: Higher Education, 32, 77 – 87.

Trigwell, K., M. Prosser, P. Taylor (1994): Qualitative Differences in Approaches to Teaching First Year University Science. In: Higher Education, 27, 75 – 84.

Winteler, A. (2001): Lehrende an Hochschulen. In: Krapp, A., B. Weidenmann (Hrsg): Pädagogische Psychologie. Ein Lehrbuch. Weinheim: Psychologie Verlags Union, 332 – 346.

Winteler, A. (2002a): Lehrqualität = Lernqualität? Über Konzepte des Lehrens und die Qualität des Lernens (1). In: Das Hochschulwesen, 50, 2, 2 – 9.

Winteler, A. (2002b): Lehrqualität = Lernqualität? Über Konzepte des Lehrens und die

Qualität des Lernens (2). In: Das Hochschulwesen, 50, 3, 82 – 89.
Winteler, A. (2002c): Evaluation – und was dann? Zur Professionalisierung in der Hochschullehre. In: Forschung und Lehre, 10, 529 – 531.

Kapitel 2

Boice, R. (1992): The New Faculty Member. San Francisco: Jossey-Bass.

Kapitel 3

Bergquist, W. H., R. A. Gould, E. M. Greenberg (1981): Designing Undergraduate Education. San Francisco: Jossey-Bass.
Diamond, R. M. (1998): Designing and Assessing Courses and Curricula. A Practical Guide. Rev. ed. San Francisco: Jossey-Bass.
King, A. (1993): From sage on the stage to guide on the side. In: College Teaching, 41, 30 – 35.

Kapitel 4

Will, H. (2002): Mini-Handbuch Vortrag und Präsentation. 3., neu ausgestattete Aufl., Weinheim: Beltz.

Kapitel 5

Heller, E. (2000): Wie Farben auf Gefühl und Verstand wirken. München: Droemer Verlag.
Hierhold, E. (2002): Sicher präsentieren – wirksamer vortragen. 6. Aufl., Frankfurt, Wien: Ueberreuther.
Kiefer, R. (2002): Professionell präsentieren mit Powerpoint. Begleitbuch zu einem Seminar »EDV- und Persönlichkeitstraining« an der TU München. München: Technische Universität München.
Regionales Rechenzentrum für Niedersachsen (2002): Powerpoint 2002 – Grundlagen. Hannover: Regionales Rechenzentrum.
Reinke, H., Kommer, I., Schiecke, D. (1999): Microsoft Powerpoint 2000. Das Handbuch. Das ganze Softwarewissen. Unterschleißheim: Microsoft Press Deutschland.
Rock, I. (1998): Wahrnehmung. Vom visuellen Reiz zum Sehen und Erkennen. Heidelberg: Spektrum Akademischer Verlag.

Kapitel 6

Apel, H., S. Kraft (2003): Online Lernen. Planung und Gestaltung netzbasierter Weiterbildung. Bielefeld: Wissenschaftlicher Buchverlag.
Bentlage, U., P. Glotz, I. Hamm, J. Hummel (Hrsg.) (2002): E-Learning. Märkte, Geschäftsmodelle, Perspektiven. Gütersloh: Verlag Bertelsmann Stiftung.
Fachhochschule Augsburg: http://www.fh-augsburg.de/suche/ (Suche: multimediale Online-Lehrveranstaltungen)
Hauff, M. (Hrsg.) (1998): Media@uni-multimedia? Entwicklung – Gestaltung – Evaluation neuer Medien. Münster: Waxmann.
Issing, L. J., G. Stärk (Hrsg.) (2002): Studieren mit Multimedia und Internet. Ende der traditionellen Hochschule oder Innovationsschub? Münster: Waxmann.
Reinmann-Rothmeier, G., H. Mandl (2001) (Hrsg.): Virtuelle Seminare in Hochschule und Weiterbildung. Bern: Hans Huber.
Schulmeister, R. (2001): Virtuelle Universität – Virtuelles Lernen. München: Oldenbourg Verlag.
Teaching and Learning on the Web: http://www.mcli.dist.maricopa.edu/tl/
Virtuelle Hochschule Bayern: http://www.vhb.org
Weidenmann, B. (2001): Lernen mit Medien. In: Krapp, A., B. Weidenmann (Hrsg): Pädagogische Psychologie. Ein Lehrbuch. Weinheim: Beltz, 415 – 466.

Kapitel 7

Besser Lehren (1998/ 2000): Praxisorientierte Anregungen und Hilfen für Lehrende in Hochschule und Weiterbildung. Hefte 1 – 7, 1998; 8 —10, 2000. Arbeitsgruppe Hochschuldidaktische Weiterbildung an der Albert-Ludwigs-Universität Freiburg i. Br. Weinheim: Deutscher Studienverlag.

Deci, E. L., R. M. Ryan (1993): Die Selbstbestimmungstheorie der Motivation und ihre Bedeutung für die Pädagogik. In: Zeitschrift für Pädagogik, 39, 223 – 228.
Grinder, M. (1991): NLP für Lehrer. Ein praxisorientiertes Arbeitsbuch. Freiburg: Verlag für Angewandte Kinesiologie.
Krapp, A. (1998): Entwicklung und Förderung von Interessen im Unterricht. In: Psychologie in Erziehung und Unterricht, 44, 185 – 201.
Krapp, A. (1999): Intrinsische Lernmotivation und Interesse. In: Zeitschrift für Pädagogik, 45, 387 – 406.
Neues Handbuch Hochschullehre (2002). Informationen und Handreichungen aus der Praxis für die Hochschullehre. Bonn: Raabe.
Prenzel, M. (1997): Sechs Möglichkeiten, Lernende zu demotivieren. In: Gruber, H., A. Renkl (Hrsg.): Wege zum Können. Göttingen: Hogrefe.
Schiefele, U., O. Köller (1998): Intrinsische und extrinsische Motivation. In: D. H. Rost (Hrsg.), Handwörterbuch Pädagogische Psychologie. Weinheim: Psychologie Verlags Union, 193 – 197.
Schulz von Thun, F. (1991): Miteinander reden. Bde. 1 und 2. Hamburg: Reinbek.
Watzlawick, P. , J. Beavin, D. Jackson (1969): Menschliche Kommunikation. Bern: Verlag Hans Huber.
Winteler, A., P. Forster (1995): Ich bin ganz Ohr. Wie Kommunikation gelingt. Genf: Ariston.
Winteler, A. (2001): Lehrende an Hochschulen. In: Krapp, A., B. Weidenmann (Hrsg): Pädagogische Psychologie. Ein Lehrbuch. Weinheim: Psychologie Verlags Union, 332 – 346.
Winteler, A. (2000): Zur Bedeutung der Qualität der Lehre für die Lernmotivation Studierender. In: Schiefele, U., K.-P. Wild (Hrsg.): Interesse und Lernmotivation. Münster: Waxmann, 133 – 144.

Kapitel 8

Angelo, T. A., K. P. Cross (1993): Classroom Assessment Techniques. A Handbook for College Teachers. San Francisco: Jossey-Bass.
Birkel, P. (1982): Mündliche Prüfungen. In: Klauer, J. (Hrsg.): Handbuch der Pädagogischen Diagnostik, Bd. 2. Düsseldorf, 633 – 645.
Bloom, B.S. (1976): Taxonomie von Lernzielen im kognitiven Bereich. 5. Aufl. Weinheim: Beltz.
Neues Handbuch Hochschullehre (2002). Informationen und Handreichungen aus der Praxis für die Hochschullehre. Bonn: Raabe.

Kapitel 9

Zentrale Evaluations- und Akkreditierungsagentur Hannover (ZevA) (2003). Handbuch zur Qualitätssicherung in Lehre und Studium. Schriftenreihe »Lehre an Hochschulen« 33/ 03. Hannover.
Deutsche Gesellschaft für Evaluation (DgfE) (2002). Standards für Evaluation. Köln.
Shulman, L., P. Hutchings (1995): Exercise 1-teaching as Scholarship. Reflections on a syllabus. In: Hutchings, P. (Ed.): From idea to prototype. The peer review of teaching. A project workbook. Washington, DC: AAHE.

Kapitel 10

Mandl, H., H. Gruber, A. Renkl (1993): Neue Lernkonzepte für die Hochschule. In: Das Hochschulwesen, 41, 126 – 130.
Lompscher, J., H. Mandl (Hrsg.) (1996): Lehr- und Lernprobleme im Studium: Bedingungen und Veränderungsmöglichkeiten. Göttingen: Hogrefe.

Kapitel 11

Bataillard, V. (1997): Strukturiertes Brainstorming: So entfesseln (und ordnen!) Sie Ihre Gedanken. In: Der Organisator, Juni 1997.
Collaborative/Cooperative Learning: Johnston A.K. Njokus Artikel: http://www.wku.edu/teachingapmeth.htm.

Duch, B. J., S. E. Groh, D. E. Allen (Eds.) (2001): The Power of Problem Based Learning: A Practical »How-to« for Teaching Undergraduate Courses in Any Discipline. Sterling, Virginia: Stylus Publishing.

Problem-based Learning: Theory, Practice and Research (1997). In: Zeitschrift für Hochschuldidaktik Themenheft 1997, 1.

Problem-based Learning: Elizabeth Shoenfelts Artikel http://www.wku.edu/Dept/Support/AcadAffairs/CTL/booklets/problnr.htm, s. a. http://www.udel.edu/pbl

Springer, L., M. E. Stanne, S. S. Donovan (1999): Effects of Small Group Learning on Undergraduates in Science, Mathematics, Engineering, and Technology. A Meta-Analysis. In: Review of Educational Research, 69, 1, 21 – 51.

Winteler, A. (2003): Entwicklung und Förderung nachhaltiger Lernmotivation im (Hochschul-)Unterricht. In: ISB und AGW München (Hrsg.): Nachhaltige Lernmotivation und schulische Bildung. München, 31 – 41.

Kapitel 12

Baxter Magolda, M. B. (1992): Knowing and Reasoning in College. Gender-Related Patterns in Students' Intellectual Development. San Francisco: Jossey-Bass.

Gallos, J. (1995): Gender and Silence. In: College Teaching, 43, 3, 101 – 105.

Grossman, R., S. Grossman (1994): Gender Issues in Education. Boston: Allyn and Bacon.

Miller, C., K. Swift (1977): Words and Women. New York: Doubleday, Anchor Press.

Streitmatter, J. (1992): Toward Gender Equity in the Classroom. Everyday Teachers' Beliefs and Practices. New York: State University of New York Press.

Kapitel 13

Chickering, A. W., Z. F. Gamson (1991): Applying the 7 principles for good practice in undergraduate education. New directions for teaching and learning. Jossey-Bass higher and adult education series. San Francisco, CA: Jossey-Bass.

Kapitel 14

Ramsden, P. (1992): Learning to Teach in Higher Education. London, New York: Routledge.

Trigwell, K., E. Martin, J. Benjamin, M. Prosser (2000): Scholarship of Teaching: a model. In: Higher Education Research and Development, 19, 2, 155 – 168.

Winteler, A. (2001): Professionalisierung in der Hochschulehre. In: Deutsche Universitätszeitung, 23, DUZ extra.

Winteler, A. (2002): Lehrqualität = Lernqualität? Über Konzepte des Lehrens und die Qualität des Lernens. Das Hochschulwesen, 50, 2, 2 – 9; 3, 82 – 89.

Winteler, A. (2002): Evaluation – und was dann? Zur Professionalisierung in der Hochschullehre. In: Forschung und Lehre, 10, 529 – 531.

Register